| 内蒙古自治区中俄蒙合作研究院

中蒙俄经济走廊

国别经贸投资风险评估及对策研究

内蒙古自治区中俄蒙合作研究院
新华社
内蒙古自治区社会科学院
内蒙古财经大学

中国发展出版社
CHINA DEVELOPMENT PRESS

图书在版编目（CIP）数据

中蒙俄经济走廊国别经贸投资风险评估及对策研究 / 内蒙古自治区中俄蒙合作研究院等著. —北京：中国发展出版社, 2022.7

ISBN 978-7-5177-1114-8

Ⅰ. ①中… Ⅱ. ①内… Ⅲ. ①国际贸易—国际投资—投资风险—研究—中国、蒙古、俄罗斯 Ⅳ. ①F75

中国版本图书馆CIP数据核字（2020）第002409号

书　　名：中蒙俄经济走廊国别经贸投资风险评估及对策研究
著作责任者：内蒙古自治区中俄蒙合作研究院　新华社　内蒙古自治区社会科学院
内蒙古财经大学
责 任 编 辑：雒仁生
出 版 发 行：中国发展出版社
联 系 地 址：北京经济技术开发区荣华中路22号亦城财富中心1号楼8层（100176）
标 准 书 号：ISBN 978-7-5177-1114-8
经　销　者：各地新华书店
印　刷　者：北京市密东印刷有限公司
开　　本：787mm × 1092mm　1/16
印　　张：17
字　　数：266千字
版　　次：2022年7月第1版
印　　次：2022年7月第1次印刷
定　　价：79.00元

联 系 电 话：（010）68990630　82097226
购 书 热 线：（010）68990682　68990686
网 络 订 购：http://zgfzcbs. tmall. com
网 购 电 话：（010）88333349　68990639
本 社 网 址：http://www.develpress. com
电 子 邮 件：370118561@qq. com

《中蒙俄经济走廊国别经贸投资风险评估及对策研究》编委会

前　言

党的十九大报告提出要推动形成全面开放新格局，要以“一带一路”建设为重点，坚持“引进来”和“走出去”并重，遵循共商共建共享原则，加强创新能力开放合作，创新对外投资方式，促进国际产能合作，形成面向全球的贸易、投融资、生产、服务网络，加快培育国际经济合作和竞争新优势。创新对外投资方式这一战略部署，为我国今后一个时期的对外投资合作工作指明了方向，对实现与投资目的国互利共赢具有重要指导意义。随着中蒙俄经济走廊建设的深入推进，中国企业赴蒙、俄投资经营规模不断扩大，经贸合作在取得一定成绩的同时，也面临着诸多困难和挑战。本书旨在为政府发挥引导作用提供决策参考，为企业提供有关国家投资环境信息，投资安全风险解析，为我国政策、战略有效融入当地发展和规划，创新对外投资合作发展模式，实现可持续发展。

《中蒙俄经济走廊国别经贸投资风险评估及对策研究》梳理了中蒙俄三国经济社会情况，全方位、多角度分析了对蒙、俄投资过程中可能存在的风险，提出了预防和规避不同风险的对策建议，为进一步夯实三国经济合作，为丝绸之路经济带对接“发展之路”、欧亚经济联盟这一目标的实现提供理论支持，为推动中蒙俄经济走廊建设尽快取得阶段性成果建言献策。本课题是内蒙古自治区发展和改革委员会2019年度前期费支持课题，由内蒙古自治区中俄蒙合作研究院组织，新华社中国经济信息社“新华智库”、内蒙古自治区社会科学院、内蒙古财经大学等科研机构的青年研究人员组成的课题组承担。

本书由八章组成，分别为中蒙俄经济走廊沿线国家社会经济基本情况、中蒙俄经济走廊投资的政策环境风险研究、中蒙俄贸易风险评估及对策研究、中蒙俄经济走廊沿线国家基础设施现状与投资风险、“一带一路”倡议下中国同俄罗斯金融合作现状及风险、中蒙俄经济走廊沿线国家产业发展现状及合作前景、中蒙俄经济走廊沿线国家投资的生态环境风险研究、中蒙俄经济走廊沿线国家的投资风险防范。

由于编者水平所限，本书疏漏之处，敬请批评指正。本书在写作过程中，得到相关领导的指导和帮助，借此机会，谨致谢忱。

编　者

2020年2月

目　录

第一章　中蒙俄经济走廊沿线国家社会经济基本情况……………………………1

第一节　中国概况 …………………………………………………………… 2

第二节　蒙古国概况 ………………………………………………………… 3

第三节　俄罗斯概况 ………………………………………………………… 4

第二章　中蒙俄经济走廊投资的政策环境风险研究…………………………… 5

第一节　中蒙俄经济走廊沿线国家投资政策环境分析 ……………………… 6

第二节　中国投资的政策风险对策研究 ……………………………………37

第三章　中蒙俄贸易风险评估及对策研究……………………………………59

第一节　中蒙俄三国贸易合作现状 …………………………………………61

第二节　中蒙俄贸易互补性分析 ……………………………………………65

第三节　中国与俄罗斯、蒙古国贸易合作存在的风险及问题 ……………72

第四节　促进中蒙俄贸易合作发展的对策措施 ……………………………83

第五节　中蒙俄贸易合作方略 ………………………………………………96

第六节　中国—东盟、北美国家贸易和投资合作相关经验借鉴 …………99

第四章　中蒙俄经济走廊沿线国家基础设施现状与投资风险………………107

第一节　中蒙俄经济走廊基础设施建设现状 ……………………………… 108

第二节　中蒙俄经济走廊基础设施建设投资前景分析 …………………… 133

第三节　跨境基础设施投资的机遇与风险并存 …………………………… 136

第四节　中蒙俄经济走廊基础设施建设投资面临的困难………………… 140

第五节　中蒙俄经济走廊跨境基础设施投资创新模式的框架构想 ……… 143

第六节　对蒙俄跨境基础设施投资风险防控与投资建议………………… 149

第五章　“一带一路”倡议下中国同俄罗斯金融合作现状及风险……157
第一节　俄罗斯融资困局与中国的互补关系……159
第二节　中俄金融合作现状……162
第三节　问题与建议……168
第四节　总结……171
第六章　中蒙俄经济走廊沿线国家产业发展现状及合作前景……173
第一节　蒙古国产业发展现状及合作前景……174
第二节　俄罗斯产业发展现状及投资前景……184
第七章　中蒙俄经济走廊沿线国家投资的生态环境风险研究……213
第一节　俄罗斯和蒙古国生态环境现状……214
第二节　中国企业到俄罗斯和蒙古国投资存在的生态环境风险……220
第三节　应对中蒙俄经济走廊沿线国家投资的生态环境建议……227
第八章　中蒙俄经济走廊沿线国家的投资风险防范……237
第一节　中蒙俄经济走廊范畴内中国企业的投资风险……238
第二节　中蒙俄经济走廊沿线国家的风险防范及投资建议……249

后记……263

第一章

中蒙俄经济走廊沿线国家社会经济基本情况

第一节　中国概况

中国位于亚洲大陆的东部、太平洋西岸，同14个国家接壤，东北与朝鲜接壤，东北、西北与俄罗斯、哈萨克斯坦、吉尔吉斯斯坦、塔吉克斯坦为邻，正北方是蒙古国，西部毗邻阿富汗、巴基斯坦，西南与印度、尼泊尔、不丹相接，南面有缅甸、老挝和越南。

中国地势西高东低，呈阶梯状下降，山地、高原和丘陵约占陆地面积的67%，盆地和平原约占陆地面积的33%。西部的青藏高原平均海拔4000米以上，有“世界屋脊”之称，珠穆朗玛峰海拔8848.86米，为世界第一高峰。全国有许多大江大河，其中流域面积超过1000平方千米的河流有1500多条。长江是中国第一大河，也是亚洲最长的河流，全长约6300千米；黄河是中国第二大河，全长约5500千米。

中国气候以大陆性季风气候为主，夏季高温多雨，冬季寒冷少雨。从温度带划分看，有热带、亚热带、暖温带、中温带、寒温带和青藏高原区。年降水量从东南沿海向西北内陆递减，东南沿海以及台湾等地区年降水量为1500 ~ 2000毫米，长江中下游以南地区为1000 ~ 1600毫米，淮河、秦岭一带和辽东半岛年降水量为800 ~ 1000毫米，黄河下游、渭河、海河流域以及东北大兴安岭以东大部分地区为500 ~ 750毫米，西北内陆地区年降水量为100 ~ 200毫米。中国旱涝灾害平均每年发生一次，北方以旱灾居多，南方旱涝灾害均有发生。

中国有34个省级行政区，包括23个省、5个自治区、4个直辖市、2个特别行政区。中国时区横跨5个地理时区，中国使用的标准时间为东八区时间。

第二节　蒙古国概况

蒙古国是世界第二大内陆国家，地处东亚，面积 156.4 万平方千米，居世界第 19 位，亚洲第 6 位。蒙古国横跨 3 个地理时区，首都乌兰巴托所处时区为东八区，与北京无时差。全国行政区划分为首都和 21 个行政省。

蒙古国北面与俄罗斯为邻，东、南、西三面与中国接壤，中蒙两国边境线长达 4710 千米。国内大部分地区为山地或高原，平均海拔 1580 米。西部为山地，阿尔泰山自西北向东南蜿蜒，群山之间多盆地和谷地；东部为地势平缓的高地；南部是占国土面积 1/3 的戈壁地区。位于中蒙边界上的友谊峰海拔 4374 米，为全国最高峰。主要河流为色楞格河、鄂尔浑河、科布多河、克鲁伦河、扎布汗河等。最大咸水湖乌布苏湖面积 3350 平方千米。库苏古尔湖是蒙古国最大的淡水湖及最深湖。蒙古国没有出海口，这一地理条件严重影响了蒙古国的对外贸易，货物出海需借道中俄进行。

蒙古国大部分地区属大陆性温带草原气候，季节变化明显，冬季长，常有大风雪；夏季短，昼夜温差大；春、秋两季短促。蒙古国以“蓝天之国”闻名于世，一年有 2/3 时间阳光明媚，同时每年有一半以上时间为大陆高气压笼罩，是蒙古高气压中心，为亚洲季风气候区冬季“寒潮”的源地之一。无霜期大约从 6 月到 9 月，只有 90 ~ 110 多天。降水很少，年平均降水量 120 ~ 250 毫米，70%集中在 7、8 月；西北部地区属温带针叶林气候，许多高峰终年积雪。

根据蒙古国统计局数据，截至 2017 年，蒙古国人口为 3177899 人。喀尔喀蒙古族约占全国人口的 80%，此外还有哈萨克族等少数民族。蒙古语为官方语言。当地居民主要使用喀尔喀蒙古语，文字为西里尔蒙古文及回鹘式蒙古文。

第三节　俄罗斯概况

俄罗斯联邦横跨欧亚大陆，东濒太平洋，西接波罗的海芬兰湾，东西最长9000千米，南北最宽4000千米，领土面积约1709.82万平方千米，是世界上领土面积最大的国家。西北与挪威、芬兰接壤，西与爱沙尼亚、拉脱维亚、立陶宛、波兰、白俄罗斯相邻，西南与乌克兰接壤，南与格鲁吉亚、阿塞拜疆、哈萨克斯坦相邻，东南有中国、蒙古国和朝鲜。东面与日本和美国隔海相望。海岸线长33807千米。领土的36%在北极圈内，自北向南为北极荒漠、冻土地带、草原地带、森林冻土地带、森林地带、森林草原地带和半荒漠地带。

俄罗斯幅员辽阔，气候复杂多样，总体基本属于北半球温带和亚寒带的大陆性气候，依其大陆性程度的不同，以叶尼塞河为界分为两部分，西部属温和的大陆性气候，西伯利亚属强烈的大陆性气候。西北部沿海地区具有海洋性气候特征，而远东太平洋沿岸则带有季风性气候的特点。俄罗斯大部分地区冬季漫长寒冷，夏季短促温暖，春秋两季很短。

俄罗斯横跨11个时区，首都莫斯科位于东三时区。根据俄联邦政府规定，从2011年3月27日起俄全境开始永久实行夏时制，因此，莫斯科与北京的时差是4个小时。

截至2018年10月，俄罗斯人口约1.469亿，民族194个，其中俄罗斯族占77.7%，主要少数民族有鞑靼、乌克兰、巴什基尔、楚瓦什、车臣、亚美尼亚、阿瓦尔、摩尔多瓦、哈萨克、阿塞拜疆、白俄罗斯等。俄语是俄罗斯联邦全境内的官方语言。

第二章

中蒙俄经济走廊投资的政策环境风险研究

第一节 中蒙俄经济走廊沿线国家投资政策环境分析

一、中国宏观政策环境

（一）“一带一路”倡议

“一带一路”是“丝绸之路经济带”和“21世纪海上丝绸之路”的简称。历史上，陆上丝绸之路和海上丝绸之路就是中国同中亚、东南亚、南亚、西亚、东非、欧洲经贸和文化交流的大通道，“一带一路”是对古丝绸之路的传承和提升，获得了广泛认同。

中蒙俄经济走廊是“一带一路”六大经济走廊之一，由两大通道组成：中国华北经内蒙古自治区通往蒙古国和俄罗斯；中国东北通往俄罗斯。中蒙俄在“一带一路”框架下，在“共商、共建、共享”和“合作共赢”原则指引下，共建中蒙俄经济走廊，这对三国经济社会的发展、睦邻友好合作关系的深化，以及区域经济一体化的推进、北亚经济板块的崛起，都具有重大而深远的战略意义。

（二）对外投资相关政策

中国加入WTO以后，对外投资进入快速发展时期。2004年颁布的《国务院关于投资体制改革的决定》，奠定了中国对外直接投资政策体系转型的基础。其后，中国政府出台了一系列法规和措施，例如《关于对国家鼓励的境外投资重点项目给予信贷支持政策的通知》等，基本形成了一个全新的企业“走出去”政策体系。

综上所述，改革开放40多年来，中国企业“走出去”政策体系从无到有，逐渐形成了一整套对外直接投资的审批、管理和促进政策措施体系，推动了中国对外直接投资的稳步发展。

（三）投资需求因素

1. 中国对俄罗斯的投资供给需求

中国对俄罗斯的投资需求主要是自然资源和科学技术。俄罗斯和中国在能源合作方面已成为全面战略伙伴，能源合作是双方经济交往事务的重中之重（见表2–1）。俄罗斯所蕴含的丰富矿产是当今中国发展可持续经济所需要的，尤其是丰富的石油、天然气等工业原动力，更使中国政府积极推进对俄罗斯的投资项目，希望两国以长期友好的投资合作的形态，为工业的运转提供保证。2014年10月13日，第一届中俄能源投资论坛在莫斯科举行。论坛举办过程中，双方均表达要共同开创能源投资合作新未来的意向。

表2-1　　俄罗斯对中国出口主要商品构成　　单位：百万美元

商品类别	2018年	2017年同期	同比（%）	占比（%）
矿物燃料、矿物油及其产品；沥青等	41218	25264	63.2	73.5
核反应堆、锅炉、机械器具及零件	1509	1564	–3.5	2.7

资料来源：商务部网站。

中国对俄罗斯进行投资的另一个需求因素是俄罗斯具备的强大科技力量。俄罗斯作为老牌科技强国，在很多领域都领先于世界，因此，中国与俄方进行科技领域的投资交流，并寻求更高端的科技合作，共同在高精领域研发合作，在合作中汲取经验，增强实力。俄罗斯广阔的市场也是中方企业投资俄罗斯的因素之一。俄罗斯的轻工业相对较弱，居民使用的轻工业产品多靠进口提供。中国早在20世纪90年代初就作为日用品生产大国，以其充足的社会产能恰好满足了俄罗斯人民对生活必需品、轻工业产品的需求（见表2–2）。

表2-2　　2015—2018年俄罗斯与中国贸易发展

	中国同俄罗斯进出口总额（万美元）	中国对俄罗斯直接投资净额（万美元）	中国实际利用俄罗斯外商直接投资金额（万美元）	中国对俄罗斯劳务合作派出人数（人）
2015年	6801554	296086	1312	5016
2016年	6961592	129307	7343	1040
2017年	8422089	154842	2384	2181
2018年	10710745	72524	5677	1503

资料来源：国家统计局网站。

2. 中国对蒙古国投资需求

从长远来看，蒙古国丰富的矿产资源与中国对资源的大量需求形成了很强的互补性。投资开发蒙古国矿产资源是解决中国矿产资源短缺、实现能源进口渠道多元化、资源稳定供应的重要途径，对优化能源结构、确保经济安全运行具有重要意义（见表2–3）。

表2-3　　2015—2018年蒙古国与中国贸易发展

	中国同蒙古国进出口总额（万美元）	中国对蒙古国承包工程完成营业额（万美元）	中国实际利用蒙古国外商直接投资金额（万美元）	中国对蒙古国劳务合作派出人数（人）
2015年	536608	93484	101.40	201
2016年	461124	74583	158.10	1000
2017年	640293	106814	308	939
2018年	798900	75721	41	1489

资料来源：国家统计局网站。

一直以来，蒙古国在地质勘探、矿产开采等方面存在技术、管理人才短缺以及劳动力资源不足等问题，而中国在矿产资源勘探、矿产开发及加工方面则有丰富的管理经验、先进的设备和技术水平，能够满足蒙古国矿产资源开发对有相应劳动技能和较高技术水平与管理水平人才的需求。

畜牧业不仅是蒙古国的传统基础产业，也是保证国家经济安全的战略产业。

草原畜牧业使蒙古国成为完全保留了游牧文化的世界少数地区之一，其未受工业污染的草地、森林、湖泊、河流是生产完全天然的肉类食品的有利条件。这些绿色产品对人类的身体健康无疑是有益的。但这种经营模式生产组织程度低，市场信息比较闭塞，分散的牧户因此不能做出有效的决策，导致畜牧业产业链条短、畜产品加工能力低。同时，传统的分散经营，面对竞争激烈的市场经济体制和自然条件的限制，产业发展容易发生较大程度的波动。此外，蒙古国国内的加工企业生产能力不足，技术设备落后，都在很大程度上限制了畜牧业深加工规模化、产业化的发展。因此，从经济稳定的角度出发，蒙古国有必要改变现有的传统畜牧业发展模式。

与蒙古国相比，一方面，中国在畜产品加工方面拥有先进的技术与管理经验，中国企业可利用地缘优势，内蒙古自治区、东北地区等对蒙古国畜产品深加工进行投资以满足国内需求，同时也可带动蒙古国就业增长。而且，中蒙两国除了在发展牧业方面进行合作外，中国可以投资或中蒙合资建立肉类食品、乳制品等畜产品加工厂，其产品除了在蒙古国国内销售外，还可以出口到东北亚各国。

另一方面，中国东北地区素有中国商品粮基地和中国粮食安全的“稳压器”之称，在农业生产方面不仅拥有丰富的自然资源，而且拥有大量先进的技术设备和管理人才，并在农产品深加工方面有着自己独特的经营模式。东北地区与蒙古国开展农业合作具有广阔的发展前景，双方可实现资源互补，共赢发展：于蒙古国而言，可提高其农业技术水平，扩大农产品深加工，确保粮食安全；于中国而言，蒙古国农业生产技术与深加工能力提高了，有利于实现对华农产品出口，对保障中国及至东北亚地区的粮食安全都会起到积极的稳定作用。

（四）中国对外投资的管理体制

目前，对外投资管理主要涉及 3 个部门，即发展和改革部门（包括国家发展和改革委员会及省级发展和改革委员会，以下分别简称“国家发展改革委”和“省级发展改革委”）、商务主管部门（包括商务部和省级商务主管机关，以下简称“商务部”和“省级商务委或商务厅”）以及国家外汇主管部门（包括国家外汇管理局和省级外汇主管部门，以下分别简称“国家外汇局”和“省级外汇局”）。

1. 发展和改革部门境外投资项目备案核准

根据国家发展改革委2014年颁布的《境外投资项目核准和备案管理办法》及《关于修改〈境外投资项目核准和备案管理办法〉和〈外商投资项目核准和备案管理办法〉有关条款的决定》，国家发展改革委对境外投资项目实施以备案为主、核准为辅的管理方式。除涉及敏感国家和地区、敏感行业的投资项目需要履行核准程序外，其他境外投资项目实行备案管理。

2. 商务部门境外投资企业设立备案核准

商务部最新修订的《境外投资管理办法》自2014年10月6日起实施后，商务主管部门对境内企业境外设立企业的管理转变为“备案为主、核准为辅”的模式，即除境内企业境外投资涉及敏感国家和地区或敏感行业的企业设立实行核准管理外，其他境内企业境外设立企业均实施备案管理，相关办理程序也较之前得到了较大的简化。

3. 外汇部门境外投资外汇管理

根据国家外汇局2015年2月发布的《关于进一步简化和改进直接投资外汇管理政策的通知》，自2015年6月6日13时起，取消境内企业境外直接投资的外汇登记核准，改为“银行办理、外管监督”的模式，具体包括：第一，取消直接投资项下外汇登记核准，境外投资主体可直接到银行办理境外直接投资项下相关外汇登记；第二，取消境外再投资外汇备案，境内投资主体设立或控制的境外企业在境外再投资设立或控制新的境外企业时，无须办理外汇备案手续；第三，取消直接投资外汇年检，改为境外直接投资存量权益登记，放宽登记时间，允许企业通过多种渠道报送相关数据；第四，加强事中事后监管，改革后，主要由银行通过外汇局资本项目信息系统，办理和完成企业境外直接投资的相关外汇登记手续，而国家外汇管理部门的职能逐步转变为事后监管。

（五）中国对外投资的趋势

中国对外直接投资曾连续多年大幅增长。2012—2017年，中国对外直接投资快速增长，年均增长率为 18.4%。2016 年，中国企业对外直接投资 1830 亿美元，连续第二年位列世界第二，其中，非金融类对外直接投资 1701 亿美元，同比大幅增长 44.1%，投资覆盖全球 160 多个国家和地区。2018 年，投资态势有所回落，降至 1300 亿美元。

中国对“一带一路”沿线国家和地区投资急剧增长。据商务部数据，2017 年 1 ~ 6 月中国向“一带一路”沿线 47 个国家的非金融类直接投资金额达 66.1 亿美元，占同期总额 13.7%，较去年同期上升 6 个百分点。同期在“一带一路”沿线国家和地区新签对外承包工程合同额达 714 亿美元，同比增长 39%。因此，服务于中国新一轮的对外开放格局，带动国内经济增长是中蒙俄经济走廊最直接的利益诉求。

由此可以认为，中国未来对外投资将主要支持“一带一路”的布局，同时，从区域安全格局和国内产业升级改革角度考虑，针对蒙古国和俄罗斯的投资将具有重要的战略意义，同时也具有现实的实施可能，通过对外投资，将国内过剩产能和不均衡的产业结构进行调整，实现区域发展共赢。

二、蒙古国宏观政策环境

（一）国家战略

1. 蒙古国“发展之路”

随着中蒙两国全面战略伙伴关系的确立，2014 年 11 月蒙古国提出基于地处欧亚之间的地理优势，准备实施“草原之路”倡议，在 2017 年将该倡议升级为“发展之路”，通过运输和贸易振兴蒙古国经济。

蒙古国通过“发展之路”计划为蒙古国新建交通干道沿线带来更多的商机，并带动当地各类产业的升级改造，特别是能源产业和矿业，必将使行业得到新的腾飞（详见附录 1）。

2. 矿业兴国战略

蒙古国矿产资源较为丰富，部分储量在国际上处于领先地位，且未进行大规模勘探开发。矿产资源丰富、经济增长前景良好、市场化程度较高，这些使蒙古国拥有吸引外国投资的竞争优势，而且矿产品出口占蒙古国总产品出口比重超过 70%，是拉动蒙古国经济增长的重要力量，国民经济对矿业高度依赖（详见附录 1）。

（二）投资优惠政策

针对外商投资，蒙古国制定了一系列鼓励和优惠政策。截至目前，蒙古国已经与 50 多个国家和地区签订了鼓励投资协议，与 42 个国家和地区签订了免征双重税务协议，也出台了一系列外资优惠政策。例如，对列入蒙古国政府《重点鼓励外商投资项目目录》的项目，给予 2 ~ 10 年的所得税减免。在环保法规方面，蒙古国要求：外来投资企业须向当地及中央行政机构提交对环境影响的评估和环保计划。在得到有关环保部门书面许可之前，不允许进行勘探和开发活动；对于开采过的矿区，外来投资企业必须恢复原地貌。此外，蒙古国还实施环保押金制度。为了保护环境和本国资源，蒙古国还特别针对金矿开采企业额外征收销售税。

1. 优惠政策框架

蒙古国自 2013 年 11 月 1 日开始实施《投资法》，鼓励外商投资。根据该法，对投资提供的扶持由税收和非税收组成。

（1）对投资的税收扶持

蒙古国政府向投资者提供下列税收扶持：

① 免税；

② 减税；

③ 加速式核减纳税收入中的折旧费；

④ 从未来收入中核减纳税收入中的亏损；

⑤ 纳税收入中核减员工培训费用。

下列情况下免除进口机器设备在安装过程中的关税及可将增值税税率降至 0：

① 建设建材、石油、农牧业加工和出口产品工厂；

② 建设包含纳米技术、生物技术和科技创新产品工厂；

③ 建电厂及铁路。

此外，还可按税法调整对投资者提供上述两大类扶持。

（2）对投资的非税收扶持

蒙古国政府按下列形式对投资提供非税收扶持：

① 允许以合同占有、使用土地最长 60 年，并可按原有条件将该期限延期至最长 40 年；

② 向自由贸易区、工业技术园区经营的投资者提供扶持，简化注册登记和检验通道手续；

③ 扶持基础设施、工业、科技、教育建设项目，增加引进外国劳动及技术人员数量，免除岗位费，简化相关许可审批；

④ 扶持科技创新项目的融资，向生产出口型创新产品的融资提供担保；

⑤ 依法向在蒙古国投资的投资者及其家人发放多次往返签证及长期居住许可；

⑥ 法律规定的其他扶持。

或者按《土地法》《自由贸易区法》《工业技术园区地位法》《科技创新法》《劳务输出与劳务及技术人员输入法》以及其他相关法律调整对投资的非税收扶持。

（3）稳定税收比例

为增强外国投资者信心，蒙古国《投资法》规定稳定税收比例（税率），向符合条件的投资者授予稳定证书，按稳定证书在其有效期内稳定的税费的课征率：

① 企业所得税；

② 关税；

③ 增值税；

④ 矿产资源补偿费。

投资法人在蒙古国实施的项目完全符合下列条件则授予稳定证书（见表 2–4、表 2–5）。

表2-4　　蒙古国矿业开采、重工业、基础设施领域稳定证书授予条件

投资额（亿图格里克）	授予稳定证书的期限（年）					投资期限（年）
	乌兰巴托地区	中部地区	杭爱地区	东部地区	西部地区	
300～1000	5	6	6	7	8	2
1000～3000	8	9	9	10	11	3
3000～5000	10	11	11	12	13	4
5000以上	15	16	16	17	18	5

资料来源：蒙古国《投资法》。

表2-5　　蒙古国其他领域稳定证书授予条件

投资额（亿图格里克）					授予稳定证书的期限（年）	投资年限（年）
乌兰巴托地区	中部地区	杭爱地区	东部地区	西部地区		
100～300	50～150	40～120	30～100	20～80	5	2
300～1000	150～500	120～400	100～300	80～250	8	3
1000～2000	500～1000	400～800	300～600	250～500	10	4
2000以上	1000以上	800以上	600以上	500以上	15	5

资料来源：蒙古国《投资法》。

2. 行业鼓励政策

蒙古国目前没有特别针对行业的鼓励政策，但是在税收稳定等方面，对矿业开采、重工业、基础设施领域有一定的政策倾斜。

3. 地区鼓励政策

蒙古国目前没有特别针对地区的鼓励政策，但是在税收稳定等方面，对中部地区（戈壁松贝尔省、东戈壁省、中戈壁省、达尔汗乌勒省、南戈壁省、色楞格省、中央省）、杭爱地区（后杭爱省、巴彦洪格尔省、布尔干省、鄂尔浑省、前杭爱省、库苏古尔省）、东部地区（东方省、苏赫巴托省、肯特省）和西部地区（巴彦乌列盖省、戈壁阿尔泰省、扎布汗省、乌布苏省、科布多省）有一定的政策倾斜。

4. 特殊经济区域的规定

2002 年 7 月，蒙古国政府通过了《蒙古国关于建立自由贸易区法》，并在 2002 年通过了开设四大自由经济区的计划，但由于缺少资金、地理位置偏远、交通不便等，建设进程缓慢。蒙古国建设四大自由经济区的计划出台后，中国、俄罗斯及欧盟各国支持并增加了对蒙古国的投资。

阿拉坦布拉格自由贸易区。对在该自由贸易区投资基础设施建设的投资者，免征所得税；还按照国际惯例对该企业运入自由贸易区的货物免征税。2014 年 6 月 22 日，该自由贸易区开始试运营。

扎门乌德自由经济区。由商务贸易区、旅游娱乐区和国际机场 3 个部分组成，建成后将是蒙古国境内面积最大、功能最全的自由经济区，受蒙古国中央政府垂直管理，行政长官由总理直接任命，也是蒙古国“境内关外”形式运行的单独保税区。外商进入该区享受免除关税等优惠政策，外国公民可以凭护照（免签证）或本人身份证自由出入。目前，中蒙两国政府正在极力推动中蒙—二连浩特—扎门乌德跨境经济合作区的快速发展。

蒙古国规划建设赛音山达重工业园区。园区重点发展的项目主要有洗煤炼焦、炼钢、炼油、铜冶炼等矿产资源加工。生产出的产品除通过中国二连浩特口岸销往中国市场外，还将通过俄罗斯符拉迪沃斯托克港口出口到日本、韩国、印度等国家和地区。

查干诺尔自由贸易区。蒙古国的查干诺尔自由贸易区由于远离主要市场并缺少现成的交通运输基础设施，将其建成贸易自由区的难度是很大的，而且目前蒙古国也没有制定相关的法律法规。

同时，蒙古国欲在天津建立专属经济区，同时打通乌兰巴托到天津的出海通道。

（三）投资供给互补性

在经济规模和结构上，中国如今已跃居世界第二大经济体，经济结构趋于协调并向优化升级的方向发展。而蒙古国的经济规模不大，且经济结构上具有一定的单一性：第一产业因环境因素，主要向畜牧业方向发展，第二产业发展受各种因素制约发展滞后，第三产业则起步较晚。这种差异决定了两国只有合作才能产生资金流动、技术交流、劳务输出、经贸互补的可能。

1. 中蒙农牧业领域的互补性

从地理条件上看，蒙古国地处蒙古高原，西部和北部与俄罗斯接壤地区为山地地形，中东部为丘陵和平原，有一马平川的天然牧场，而南部则为矿产资源丰富的戈壁和沙漠。在畜牧业方面，蒙古国的畜产品价廉质高，而且产量稳定；中国同样是畜牧业大国，但由于国内需求量较大，需要大量从蒙古国进口。在种植业方面，蒙古国种植业发展落后，食品大部分依赖于进口，尤其是大米、砂糖、植物油100% 依靠进口；而中国是世界上的农业大国，农产品产量大、产品种类丰富。可以说，中蒙两国在农牧业方面具有很强的互补性。

2. 中蒙矿产资源互补性

在矿产资源方面，随着中国经济的发展，对能源、矿产等原材料的需求越来越大，中国资源紧缺的矛盾日益凸显。而蒙古国则是一个矿产资源丰富的国家，其中，最有资源开发前景的矿产主要是铜、金、铀等；盐、天然碱具有较大优势；在能源矿产中，煤炭比较丰富，石油具有开发潜力。历史和现实原因，蒙古国的很多矿产资源还处于有待勘探和开发阶段，而中国是能源大国，在矿产资源开发等领域有着雄厚的技术和资金基础。因此，中蒙之间在矿产开发合作上具有较强的互补性。

3. 中蒙劳动力、资金和技术上的互补性

在劳动力、资金和技术等方面，中国相对蒙古国都具有很大优势。蒙古国劳动力资源稀缺，人口约 318 万（截至 2018 年 6 月），且人口密度小，增长率偏低。比较而言，中国仅内蒙古自治区人口就达到 2528.6 万（截至 2017 年底），其中蒙古族人口达到 423 万。相对于蒙古国，中国庞大的人口优势不仅为蒙古国提供了广阔的出口市场，蒙古国也可以成为中国主要的劳务输出目的国。同时，蒙古国在经历民主政治体制改革和经济私有化运动的阵痛之后，在经济发展过程中资金匮乏、技术落后；而中国通过 40 多年的改革开放，经济发展强劲，资金量充足，技术和经验相对蒙古国先进，能够形成联合发展的共赢模式。

（四）管理机制

蒙古国主管外国投资的政府部门是外国投资局。2013 年 11 月 1 日正式实施的蒙古国《投资法》规定，主管外国投资事务的国家行政机关具有下列职责：

（1）落实和监督《投资法》的实施。

（2）起草投资政策及扶持投资措施提交政府做出决定。

（3）对外国国有资产法人在矿业、金融、新闻通信领域开展经营活动的蒙古国法人总股份占比达到 33% 或以上的进行审批。

（4）负责央行、劳动、税务、海关、社会保险、注册登记、外国公民事务管理等国家机关按半年、全年提供有关投资信息。

（5）法律规定的其他权力。

（五）营商环境

1. 投资法律环境

从执法环境来看，区别对待国外居民的现象在蒙古国时有发生。

2. 投资领域要求

根据蒙古国《投资法》，除蒙古国法律法规禁止从事的生产和服务行业以外，都允许外商投资。蒙古国法律明确禁止的行业是麻醉品、鸦片和枪支武器生产等，除此之外没有其他禁止投资的行业。

（1）外国投资实施方式

在蒙古国的外国投资按下列方式实施：

投资人单独或与其他投资人合作成立企业；

投资人购买股票、债券和其他有价证券；

通过并购、合并公司的方式进行投资；

签署租让权、产品分成、市场营销、经营管理合同和其他合同；

融资租赁和专营权形式的投资；

法律未禁止的其他形式。

（2）外国投资安全审查

根据《投资法》规定，外国国有资产法人在矿业、金融、新闻通信领域开展经营活动且其持股比例达到 33% 或以上的，须报主管投资事务的中央行政机关（即外国投资局）进行审批。

（3）经营者集中反垄断审查

蒙古国《竞争法》规定，具有支配地位[①]的商业实体意图通过合并、兼并或收购 20% 以上普通股或 50% 以上优先股的方式，改组与其在市场上销售同一产品或合并、兼并了相关商业实体的竞争企业，需要向蒙古国公平竞争和消费者保护局进行申报。

公平竞争和消费者保护局审查认为交易将对经济环境产生限制竞争影响的，可以否决交易，注销已经完成的企业。但如果能够证明交易本身给国家经济带来的利益超过对竞争的损害，该交易将不被否决。

3. 劳动就业的有关规定

（1）劳动就业的核心内容

2003 年修订的蒙古国《劳动法》对劳动关系的产生、内容，劳动合同的签订，劳动双方的权利、义务，福利报酬，就业及保护，妇女和未成年人的雇佣，劳资纠纷的解决及对劳动法律执行情况的监督做出了规定。

① 签订劳动合同

劳动合同应在双方协商的基础上以书面形式签订，劳动合同可以签订定期和不定期两种。合同期满之前，经劳资双方协商可延长合同期限。合同期满，如无任何一方要求终止合同或受雇方仍在工作，可视为延长合同期限。

② 解除工作合同

企业遇取消、缩编或裁员需与员工终止合同时，须提前 1 个月告知员工，禁止企业单方面终止合同。员工因技术、能力或健康状况不能胜任工作，企业不能单方面终止合同。以上两种情况下确需解除劳动合同的，企业负责将员工信息提交到劳动市场注册，并承担相应税款。员工向企业提出辞职申请 1 个月以后，合同自动终止。

③ 劳动报酬

职工的最低工资额由蒙古国政府规定（截稿时为 24 万图格里克 / 月）。职工工

① “具有支配地位”，是指一个商业实体单独或与其他商业实体或关联企业共同在相关产品市场上生产销售的市场份额超过1/3。

资可按计件、计时和按劳动效益方式发放。企业在改变发放工资形式、标准或实行新形式、新标准 1 个月前，须通知职工。法定工作时间为一昼夜不超过 8 小时。蒙古国实行每周 5 天工作制，除从事国防、减灾、公共服务设施供应维护工作的人员，限制企业要求员工加班外，企业要求职工连续 2 天加班不得超过 4 小时。

④ 休假规定

除国家规定的公休节日和周末休息日外，职工每年还享受年休假，休假期为 21 个工作日。此外，根据职工的工龄和从事劳动强度的不同，还可享受 3 ~ 18 个工作日不等的补充休假。

（2）外国人在当地工作的规定

① 工作许可制度

根据蒙古国《输出劳动力和引进外国劳动力、专家法》规定，在蒙古国雇用外国劳动力和专业技术人员需要向当地劳动部门提出申请，经政府主管部门审核后颁发劳务许可。一般劳务许可的有效期为 1 年（实际操作中，无论何时申请，有效期都到本年度 12 月 31 日终止），如需要延期，需由雇主向有关部门提出申请。

② 外籍劳务岗位费

企业单位雇用外国劳务必须按月缴纳岗位费，每月岗位费标准是蒙古国政府规定的最低工资的 2 倍，目前是 28.08 万图格里克。从事矿产开发的企业，需根据《矿产法》的规定为外籍劳务缴纳蒙古国最低工资标准 10 倍的“岗位费”。外交机构、领事代表处和国际机构代表处雇用的外国员工，教育科技领域的外国专家、技术人员，以及根据政府间相关协定工作的专家和工作人员不缴纳岗位费。缴纳、减免岗位费由蒙古国政府决定。

4.《土地法》相关要求

（1）《土地法》的主要内容

蒙古国《宪法》规定：

——除草场、公用和国家特需外的土地，只能分给蒙古国公民所有，但不包括地下矿藏。禁止公民以出售、交易、赠送、抵押等方式将私有土地移交外国公民和无国籍人士所有，并且未经国家主管部门批准，不得让他人占有和利用；

——国家可使土地所有者承担与其占有地相适应的义务，根据特殊需要有偿更换或收回土地。该地的使用如与人民健康、自然保护和国家安全的利益相抵触，国家可没收之；

——国家允许外国公民、法人、无国籍人士有偿、定期和按法律其他规定条件占用土地。

蒙古国《土地法》相关规定：

——蒙古国境内全部土地，无论所有形式和用途均纳入统一土地库内，根据土地用途可将土地划分为农牧用地、城市用地、道路管网用地、林地、水源地和特殊用途用地 6 类；

——蒙古国境内土地所有权、占有权只属于蒙古国公民、企业和机构，外国和国际组织、外国法人、外资企业和外国公民、无国籍人士在规定用途、期限、条件和合同基础上依法使用土地；

——蒙古国土地管理部门可向蒙古国公民、企业和机构颁发土地持有证书，外国和国际组织、外国法人、外资企业和外国公民、无国籍人士可依法获取土地使用证书；

——占有、使用土地的个人、企业和机构根据相关法律法规及合同缴纳土地费，土地费金额及其减免、缴纳依法制定，对未按规定按期缴纳相应土地费的个人、企业和机构，政府部门有权撤销其土地占有权、使用权；

——土地占有、使用者应按照相关法律法规妥善利用和保护土地，土地的使用如与人民健康、自然保护和国家安全的利益相抵触，国家可依法没收其土地。

（2）外资企业获得土地的规定

蒙古国《投资法》允许外国投资者以合同占有、使用土地最长 60 年，并可将该期限按原有条件延期至 40 年。目前，蒙古国正在对《土地法》进行修订，未来对外资企业获得土地相关规定或将更加严格和规范。

5. 环保方面要求

（1）对环保保护的有关法律规定

环保主管部门：

蒙古国主管环境保护的政府部门是自然环境与绿色发展部。该部在首都乌兰巴托市。各省设有自然环境分支机构，各县配有环保工作者。

（2）环保法律法规基本要点

蒙古国环保法律较多，内容可通过自然环境与绿色发展部的网站进行查询。

环保评估的相关规定：

2006年蒙古国《矿产法》（新版）对环保方面的规定包括：

① 向主管环境问题的中央国家机关和有关省、县（市区）行政长官提交对环境影响的评估和环保计划；

② 许可证持有者，在取得有关环保部门书面批准同意之前，禁止开始进行勘探和开发活动；

③ 对开采过的矿区要恢复原地貌；

④ 实行环保抵押金制度。为确保许可证持有者，完全履行在环保方面承诺的义务，要求将相当于实施环保措施所需年度预算50%的资金作为抵押金，转入项目所属县（区）行政长官办公室专项账户内。

6. 其他投资规定

（1）蒙古国反对商业贿赂有关规定

蒙古国目前尚未出台针对反对商业贿赂的专门法律，但蒙古国《刑法》第二十八章渎职犯罪中对国家公职人员受贿和向国家公职人员行贿等相关内容作了规定。

（2）蒙古国对外国公司承包当地工程有关规定

许可制度：

按蒙古国法律规定，外国承包商在蒙古国承包工程需在蒙古国注册公司并获得蒙古国建筑与城市建设部颁发的《建筑工程许可证》，项目开工时，要到国家技术监督总局办理《建设开工许可证》。国际招标的大型综合性工程需根据招标方要求执行。

招标方式：

蒙古国承包工程项目实行招（议）标制度。国家投资（包括国际组织援助项目）

的大型项目多通过国际公开招标进行，部分中小型项目多采用灵活的议标形式或自行协商签约方式进行。由于蒙古国相关法律不健全，招投标由发标单位单独决定，多数没有监督单位和公证单位参与。

（3）仲裁制度

中资企业或个人在蒙古国投资合作发生纠纷时，可协商由蒙古国国内或国外仲裁机构裁决。

7. 蒙古国对中国企业投资合作有关保护政策

中国与蒙古国于 1991 年 8 月 26 日签署了《关于鼓励和相互保护投资协定》《关于对所得避免双重征税和防止偷税漏税的协定》，同时还签署了多项其他投资贸易协定，如 2014 年的《中华人民共和国与蒙古国政府经贸合作中期发展纲要》《中华人民共和国与蒙古国经济技术合作协定》等。

2016 年 5 月，商务部部长高虎城率中国政府经贸代表团访问蒙古国，双方签署了《中蒙经贸联委会第 14 次会议纪要》《中国商务部与蒙古工业部关于中蒙二连浩特—扎门乌德跨境经济区合作共同总体方案》等经贸合作文件。

8. 营商环境总体评价

世界银行从 2003 年开始对全球 100 多个经济体的营商环境进行排序。此举对各国吸引投资乃至于经济社会发展，均产生极其广泛的影响。以 2018 年报告为例，世界银行对 190 个经济体开办企业、办理施工许可证、电力供应、登记财产、获得信贷、保护中小投资者、纳税、跨境贸易、执行合同和办理破产 10 个评价项，进行全面评估并逐一排名。在有其他机构给出更全面、更权威的评估报告之前，世界银行的排名无疑具有风向标的意义。其中，蒙古国一直处于 60 ~ 80 位之间，但总体来说从 2015 年的 62 位降至 2019 年的 74 位，可见在经济全球化发展过程中，蒙古国的营商环境建设相对滞后了。

（六）投资注意事项

（1）充分考虑法律环境的复杂性和不稳定性。蒙古国法律修订频繁，中国企业到蒙古国投资，首先应该注意法律环境问题，就蒙古国的整体投资和相关行业法律法规进行深入调研和评估，切忌盲目从众。同时，密切关注当地法律修订的情况，及时调整决策和部署。在当地聘请律师作为公司法律顾问，处理所有与法律相关事宜。

（2）注册公司要慎重。在蒙古国注册公司手续相对简单，但退出机制烦琐。在蒙古国注册公司前，一定要做好项目可行性研究，慎重决策后再启动公司的注册手续；在注册公司时，应带蒙语翻译亲自到国家登记总局办理，对申报材料做到心中有数，事后核实，不要找熟人或中介公司办理，以免引发争议和纠纷。

（3）做好企业经营成本核算。从表面看，蒙古国商品消费价格较高，有限的几个税种税率均不高，投资项目大部分利润丰厚、前景看好，但考虑到蒙古国政府部门办事花费时间较长、办事成本较高等因素，企业实际的经营成本很高，成立企业前如不进行认真成本核算，可能会导致在经营中陷入进退两难的境地。

（4）鉴于中蒙合资公司发生的问题较多，且发生纠纷后很难解决，特提醒中国到蒙古国投资的公司或个人：与蒙方合作伙伴成立合资公司要特别慎重，注意防范风险。

三、俄罗斯宏观政策环境

（一）国家战略

1. 欧亚经济联盟

欧亚经济联盟是在关税同盟和统一经济空间的基础上成立的。2017 年 5 月 17 日在阿斯塔纳经济论坛期间，欧亚经济联盟与中国签署了经贸合作协议，这是双方首次达成的经贸领域重要制度性安排，标志着双方经贸合作从项目带动进入制度引领的新阶段。对于推动“一带一路”建设与欧亚经济联盟建设对接合作具有里程碑意义（详见附录 1）。

2. 俄罗斯远东开发战略

远东地区与中国东北相毗邻，双方互补性强。远东开发战略（详见附录 1）

与中国东北振兴战略、丝绸之路经济带倡议有许多契合点。远东大开发的步伐恰巧与中国“一带一路”倡议的实施进程相契合。中俄双方经过交流磋商，于2015年发表了《中俄关于丝绸之路经济带建设和欧亚经济联盟建设对接合作的联合声明》，宣布发展“一带一盟”对接合作，加强区域经济一体化。东北地区与远东是未来提升中俄整体合作水平的重要力量，是促进中俄关系不断深化的领跑者。中国积极参与远东开发既可以深化两国经贸合作，又可以丰富丝绸之路经济带倡议内涵。

（二）投资优惠政策

1. 鼓励行业

俄罗斯政府鼓励外商直接投资领域大多是传统产业，如石油、天然气、煤炭、木材加工、建材、建筑、交通和通信设备、食品加工、纺织、汽车制造等行业。2011年，俄罗斯对《外国投资法》进行了修改，旨在降低外资进入门槛，目前政府已通过一揽子修改条款，涉及简化外资进入食品、医疗、银行及地下资源使用等行业的手续。

2. 鼓励性措施

（1）税收优惠

减免进口关税和增值税：外国投资者作为法定投入而进口的技术设备及零配件属于生产性固定资产的物资免征进口关税。

减免利润税：外商投资俄政府鼓励的优先发展领域项目，且外方投资占项目总投资的30%以上，投资额不低于1000万美元，前两年免交利润税，第3年交纳40%的利润税，第4年交纳50%的利润税。

《俄联邦产品分成协议法》提供的税收优惠是征税基本上被按协议条款分配产品所取代。在协议有效期内，投资者免交除企业所得税、资源使用税、俄籍雇员的社会医疗保险费和俄罗斯居民国家就业基金费以外的其他各种税费。

俄罗斯海关法和俄联邦税收法规定，对外国投资者和有外国投资的商业组织实施优先投资项目时给予海关税费优惠。

（2）经济特区优惠政策

税收方面，《俄罗斯联邦经济特区法》规定，入驻企业的利润税由 20% 降至 15.5% ~ 16%；5 年内免征财产税、土地税和交通工具税（个别特区可免 10 年）；在进口用于本企业生产所需货物时，可免缴俄罗斯联邦进口关税和增值税，或在货物输出俄罗斯关境时予以退税；区内生产的商品可免税出口；技术推广型特区企业的强制保险缴费可以享受过渡期优惠。

财务方面，加快和简化对企业研发费用支出的确认程序。

特殊行政制度方面，降低行政门槛，提供海关、税收、移民注册等“一站式”服务。各个特区都设立商务中心、办事处、展览和会议中心，税务局、移民局、海关署、房地产局、国家建筑监管机构等实行联合办公。

（3）地区优惠政策

一般性地区优惠政策。俄联邦主体和地方自治机关在各自管辖范围内可以给予外国投资者优惠和保障，用俄联邦主体预算资金和地方预算资金以及预算外资金对外国投资者实施的投资项目进行拨款并给予其他形式的支持。俄罗斯各地区、州、边疆区、共和国分别根据本地区的不同情况，分别制定地方法律和法规，对外国投资实行不同的减免税的优惠政策，以吸引外国投资者对本地区进行投资活动。

3. 保护性措施

对俄联邦境内外国投资者的权益给予充分的保护。对于因国家机关、地方自治机关或其工作人员的非法行为（不作为）而给外国投资者造成的损失，外国投资者有权根据俄联邦民事立法要求赔偿。俄政府保障外资重点项目在投资期内免受政策法令变更的影响；外资的权利与义务可以向第三方转让；其财产不被非法没收、征用和国有化，因特殊原因发生上述情况，俄政府必须给予赔偿；外资依法纳税后，可以自由支配其收入（利润、股息、利息等），包括将收入汇出境外；外资在俄境内发生争议和诉讼时将得到公正待遇；其有权将投资带入的资产、资料带出俄境。

4. 近期俄新出台的政策和举措

（1）简化公司注册程序。2013 年 3 月，俄时任总理梅德韦杰夫批准了俄经济发展部起草的“简化法人和个体工商户注册程序”路线图，拟计划采取的措施主要有：可通过中介（公证处、律所、银行）递交注册材料，放宽注册资本金缴纳期限，出台注册标准化公司供注册人使用，缩短联邦税务局和预算外基金间信息交换时间，取消“公司注册前必须持有公章”和“法人及个人户须向税务部门和非国家基金方面通报开设与关闭银行账号的信息”的规定。

（2）批准《公私合营法》。2013 年 3 月，俄政府批准《公私合营法》，法案允许国家和地方政府与私人投资者签订各种形式的合同，对私人投资、外资进入俄垄断行业、公共服务领域，并参与政府采购奠定了法律基础。

（3）批准禁止外国银行设立分行法律。2013 年 3 月，俄联邦委员会（议会上院）批准了一项涉及禁止外国银行在俄境内设立分行的法律。该法律是俄政府根据俄银行业 2015 年前发展战略以及俄入世议定书而起草的。

（4）吸引外资政策放宽。加入世贸组织后，放宽对国内外投资商投资领域的限制政策，吸引和鼓励外商和私有资金投资俄市场。

（三）投资供给因素

当前的俄罗斯已经将中国定义为今后经济发展密切联系的伙伴，双方的投资合作可以为如今的俄罗斯提供援助，更可以为今后的顺利发展奠定基础。

当前的俄罗斯急需利用中国资本盘活经济，而俄罗斯所拥有的得天独厚的自然资源、矿产资源是吸引中国对俄投资最大的砝码。俄罗斯可以为中国提供丰富的木材、石油、铁矿、电力，这些生产动力是当前寻求可持续发展的中国所急迫需要的。俄罗斯可以提供给中国的不仅有丰富的自然资源，更有广阔的海外市场。由于欧美企业纷纷撤离俄罗斯，俄罗斯市场的可占空间增大，中国企业可乘胜追击，通过绿地投资或并购投资的方式开拓海外市场，从而获得更大的市场占有率。

（四）管理机制

俄罗斯主管国内和国外投资的政府部门主要有经济发展部、工业和贸易部、国家资产委员会、司法部国家注册局、反垄断署、联邦政府外国投资咨询委员会、中央银行、财政部、联邦金融资产管理署。但是俄罗斯没有专门负责对外直接投资的部门，目前俄罗斯正在考虑建立专门负责对外直接投资的对外投资局，来管理对外直接投资，为对外直接投资者提供援助和服务，协调解决对外投资者遇到的困难和争端等。

——经济发展部负责制定包括外商投资企业在内的商业活动等领域的国家政策和规范性法律文件，包括俄经济特区和运作等相关法律；

——工贸部负责制定国防工业相关国家政策及法规，对机械制造等具体行业提供管理服务，对关税及俄入世以后的对外经贸活动行使管理职能；

——国家资产委员会负责国有财产的管理；

——俄联邦国家注册局负责对外资企业、外国公司驻俄境内的代表处进行统计和注册，办理燃料能源综合体外资企业及外资额超过 1 亿卢布企业的注册，对在俄境内注册的外资企业进行国家登记，办理外国公司派驻俄境内代表处的委派手续和国家综合登记等；

——反垄断署负责对外国投资的反垄断监督与调节；

——联邦政府外国投资咨询委员会主要职能是为政府制定和调整吸引外资政策提供决策参考；

——俄中央银行职能包括与政府配合制定和执行统一的国家货币信贷政策，制定银行业务原则、发放、暂停和吊销从业许可证，组织和实施外汇调节和外汇监督，确定与国际组织、外国、法人和自然人间结算程序，制定外汇交易所进行外币买卖业务程序和条件，发放、暂时终止和吊销外汇交易所进行买卖外币业务许可证等；

——财政部负责制定联邦税收的分成定额草案、采取措施发展金融市场、对联邦预算资金的收入和使用情况实施财政监督等；

——俄罗斯联邦资产管理署负责组织联邦财产私有化活动、出售联邦财产、依据司法决定或有权作出财产处罚决定的组织实施强制执行措施、依法将没收财产、私有无主财产和其他财产转为国有财产等。

（五）营商环境

1. 法律体系

对于海外投资，俄罗斯的法律条文有不少限制，尤其是涉及技术方面，另外对原材料采购和用人等方面也会进行限制。俄罗斯现行的联邦级别的鼓励和调节外商投资的基础性法律文件是《俄罗斯联邦外国投资法》，与外国投资有关的法律有《俄罗斯联邦租赁法》《俄罗斯联邦产品分成协议法》《俄罗斯联邦土地法典》《俄罗斯联邦经济特区法》《俄罗斯联邦海关法典》《俄罗斯联邦税务法典》《俄罗斯联邦矿产资源法》《俄罗斯联邦劳动法典》等

2. 投资行业的规定

（1）禁止的行业

赌博业、人寿保险业，禁止外资银行设立分行；禁止外国保险公司参与其强制保险方案。

（2）限制的行业

2008 年 5 月 5 日，普京签署了《有关外资进入对国防和国家安全具有战略性意义行业程序》联邦法。该法第 5 款明确规定十三大类 42 种经营活动被视为战略性行业，主要包括：国防军工、核原料生产、核反应堆项目的建设运营、用于武器和军事技术生产必需的特种金属和合金的研制生产销售、宇航设施和航空器研究、密码加密设备研究、天然垄断部门的固定线路电信公司、联邦级的地下资源区块开发、水下资源、覆盖俄领土一半区域的广播媒体、发行量较大的报纸和出版公司等。

此外，俄罗斯法律规定俄罗斯中央银行有权对外资信贷机构在业务和最低注册资本方面提出补充要求；外国投资者不能参加航空业股东大会和董事会的管理工作。2017 年 9 月，俄罗斯联邦总理梅德韦杰夫签署决议，在两年内限制外国家具及木制品参与俄政府采购。

（3）鼓励的行业

俄罗斯政府鼓励外商直接投资领域大多是传统产业，如石油、天然气、煤炭、

木材加工、建材、建筑、交通和通信设备、食品加工、纺织、汽车制造等行业。

（4）跨国并购

俄罗斯允许外资并购本地企业，但对战略性企业的并购比重有明确的法律限制：对联邦级地下资源公司的控股权不得超过5%，对其他部门战略性公司的控股权不得超过25%～50%。

若外资企业希望在按法律规定具有战略意义的相关公司或地下资源区块项目中取得10%以上的控股权，必须向相关全权机构（之前为向俄联邦反垄断署）提交申请，并经由联邦安全会议牵头组成的跨部门专门委员会审核。

（5）股票收购

俄罗斯《有价证券市场法》规定，外国投资者有权购买俄联邦境内企业的股份、股金、股票和其他有价证券。购后必须在俄联邦财政部或其他授权的国家机构进行登记，按照证券交易所的有关规定进行。

3. 土地法律

俄罗斯社会转型进程中土地改革最具标志性的成果，就是国家土地所有权垄断被打破，建立了平等、多样化的公有与私有并存的土地所有权体系，这成为俄罗斯土地法律制度全新构建的基点。按照俄联邦《外国公民法律地位法》第2条的规定，外国公民是指非俄罗斯公民并且拥有其他国家身份证明的自然人。外国法人以及外国组织统称为外国投资者，俄联邦《外国投资者法》第2条将其定义为，依据注册国法律确定其民事权利能力并有权在俄罗斯投资的外国法人。无国籍人是指不拥有俄罗斯国籍也不具有其他国家国籍的人。按照上述立法定义，被确认为外国公民、无国籍人、外国法人的主体在取得和利用俄罗斯土地时，将受到俄罗斯立法的特别规制。

（1）取得土地所有权的特别限制

俄联邦《宪法》第36条第1款规定，公民及其联合体有权取得私有土地。俄罗斯民事立法与土地立法等规范性法律文件为实现该宪法原则提供了有效的可操作性。同时，俄联邦《宪法》还规定，外国人、无国籍人与俄罗斯公民一样行使权利与履行义务，联邦法律和俄联邦国际条约另有规定除外。俄罗斯对于外国公民和外国法人取得和利用俄罗斯土地规定了一定的立法限制。禁止无偿取得土地。在俄罗斯，外国公民、无国籍人和外国法人，没有无偿取得国有、自治地方土地所有权的机会。

2011 年 1 月 9 日，俄联邦总统签发了“关于确认外国人、无国籍人、外国法人不能取得土地所有权边境地区清单”的命令。该总统令规定一些自治地方清单，列入清单内的这些自治地方土地同样不能被外国公民、无国籍人、外国法人所有。总统令对《土地法典》第 15 条进行了扩张，其划定的很多限制外国主体取得土地所有权的地域已经不再限于边境地区，外国主体取得土地所有权的空间被进一步压缩。

（2）优先取得土地所有权的特别限制

俄联邦《土地法典》第 35 条第 5 款规定，作为他人土地上建筑物、构筑物、设施所有人的外国人、无国籍人和外国法人，享有对该土地的优先购买权或租赁权。但俄联邦总统可以规定不适用这一规则的建筑物、构筑物、设施种类清单。这意味着，作为列入总统令清单的建筑物、构筑物、设施所有人的外国人、无国籍人和外国法人取得土地优先权被限制。这种限制同样适用于作为建筑物、构筑物、设施所有人的外国主体，行使对国有、自治地方土地排他私有化权的情形。

（3）取得土地所有权许可程序的特别限制

2013 年 10 月，俄联邦经济发展部根据总统普京的年度规划和俄联邦政府授权，制定了关于外国人不动产交易特点和修订 1997 年 7 月 21 日关于不动产及其协议国家登记的联邦法律草案。该草案的核心规则是，对于外国公民、无国籍人和外国法人以及外国资本超过 50% 的俄罗斯公司不动产交易设立许可程序。

俄罗斯立法频繁变动是常态，针对外国投资者的不动产交易规则也常处于的不确定性变动。

上述关于专门针对外国主体取得、利用土地的立法限制，是中国投资者利用俄罗斯土地时必须清楚的基础性常识，以避免在涉及土地以及建筑物交易过程中遭遇致命风险。实践中，对于上述限制在必要情况下可以利用俄罗斯立法规则予以合理规避。例如，针对外国法人以及外资比例超过 50% 的法人不能取得农用土地所有权的限制，可以由中国企业出资在俄罗斯设立一个全资子公司，再由该全资子公司出资设立一个新公司，由该新公司取得农用土地，这样就达到了中国企业间接所有并实际控制农用土地的目的；针对外国公民不能取得农用土地所有权的限制，则可以通过将该土地登记在俄罗斯籍配偶名下的方式予以解决。

4. 劳动就业有关规定

2001 年 12 月颁布的《俄罗斯联邦劳动法典》是俄罗斯调节劳动关系的大法。该法典的主要目的是对劳动权利和公民自由确立国家保障、创造良好的劳动条件、保护劳资双方的权利与义务。该法律的主要任务是为合理调节劳资双方的权利与义务、保护国家利益创造必要的法律条件，对劳动关系以及与其相关的间接关系（劳动的组织与管理、劳动安置、职业培训和进修、监督遵守劳动法和缴纳社会保险情况、解决劳动纠纷）进行法律调节。

（1）签订工作合同

雇用员工的依据是劳动合同。劳动合同分为定期合同与不定期合同。未规定期限的合同视为不定期合同。试用期一般不超过 3 个月。对企业负责人、总会计师及其副手试用期不能超过 6 个月。劳动合同到期时，任何一方均未提出解除合同，则合同自动延长。

（2）解除工作合同

经双方同意，任何时候都可以解除劳动合同。对定期劳动合同，在合同到期之前 3 天书面通知员工，即可解除劳动合同。员工提出解除劳动合同应提前 2 周书面通知雇主。在要辞职通知到期前，员工有权撤回辞职报告。在辞职报告到期后，员工有权终止工作。

（3）劳工报酬

《俄罗斯联邦劳动法典》中规定员工的劳动报酬受国家保护，国家规定员工最低工资标准。2009 年 1 月 1 日开始实施的最低工资标准为 4330 卢布。最低工资标准中不包括补助、补贴、奖金和其他奖励。

（4）法定工作时间

每天工作 8 小时，一周不超过 40 小时。每周 5 天工作制，加班加点应有额外工作报酬。员工第一年连续工作满 6 个月后有权享有 28 天带薪休假。

（5）职工社会保险（见表 2–6）

表2-6　　俄罗斯职工社会保险

保险和社保基金种类	相当于工资额的百分比（%）	支付责任
退休保险	28	雇主全部承担
社会保险	4	雇主全部承担
医疗保险	3.6	雇员全部承担

资料来源：俄罗斯联邦财政部。

5. 外国人在当地工作的规定

（1）外来劳务的基本政策

俄罗斯对外来劳务采用配额管理办法。根据俄罗斯劳务移民法规，用工企业和部门每年向当地劳动就业部门及移民局申请下一年度使用外来劳务的数量，次年 5 月之前，使用外来劳务配额（许可证）发放完毕（补充配额除外）。根据《俄罗斯联邦外国公民法律地位法》规定，外国公民根据劳资双方签订的劳动合同，取得俄罗斯工作许可证的情况下，可以在俄从事相关的劳动活动。在俄罗斯合法居留的外国公民与俄罗斯公民享有平等权利并承担相应义务。外国公民应根据《俄罗斯出入境法》办理工作签证和到俄罗斯以后居留手续。雇主需向俄罗斯移民局提供雇用外国劳工许可证，为每名外国工人办理劳务许可的文件（其中含有批准俄联邦各地劳务配额）。俄罗斯移民局将根据每年劳务市场需求情况发放劳动许可证。

（2）政策措施和近期走向

近年来，受全球性金融危机和俄罗斯国内就业压力增大影响，俄罗斯对外籍劳务的政策导向也正在发生些许变化：

① 不断缩减外来劳务配额。从 2006 年起，俄罗斯政府开始大幅削减除独联体外来劳务配额，计划每年削减幅度 50%。

② 为保证国内就业，对使用外来劳务实施行业性禁止措施。2006 年底，俄罗斯政府颁发禁止外来劳务从事零售业的规定，执行日期定于 2007 年 4 月 1 日。

③ 力图改善外来劳务结构。较为可行的方案为 2008 年俄罗斯联邦委员会准备修改“有关针对外国公民”的法律条款，建议在外国劳动移民中引用俄语考试制度，

要求在俄罗斯劳务移民需要掌握的基础词汇量为 780 个俄语单词。据报道，该政策主要是在劳动移民中推广俄语合格证制度，语言成绩用人单位不会强制需要，但自愿通过考试的外国人可享受工作许可期限由一年延长为两年的优待。

④ 严厉打击非法劳务移民。

6. 环境保护的相关要求

（1）环保法律法规基本要点

《俄罗斯联邦环境保护法》和《俄罗斯联邦生态评估法》是环保基本法律。《俄罗斯联邦环境保护法》规定每个人都有权享有良好环境的权利，保障每个人享有良好的生活条件。

（2）环境保护的重点领域

俄罗斯自然资源和生态部是负责在环境保护和生态安全领域制定国家政策和实施管理，以及在以上领域协调联邦其他权力执行机构工作的政府职能部门。环境保护的重点领域包括水资源、生物多样性、土地、矿产资源、森林资源、海洋资源、动植物群、臭氧、废物利用和其他经济活动。

此外，俄罗斯的自然资源和生态部与卫生部卫生防疫监督站、国家渔业委员会、农业部、国家标准委员会、经济发展部、税务部、司法部、原子能部等在环境保护领域密切联系，协同做好国家环境保护工作。

（3）环保评估的相关规定

《俄罗斯联邦生态评估法》规定，要对与生态评估的客体有关的经营活动相关文件进行评估，确认其符合环境保护领域的技术规章和法律的要求，防止该活动对环境产生负面影响。

7. 外汇管理制度

2006 年 6 月末，俄联邦政府通过了对《外汇调节及监管联邦法》的有关修订，从 2006 年 7 月 1 日起取消了对外汇资本流动的有关限制，允许居民自然人和法人开立境外账户，并取消了自然人向境外账户汇款不能超过 15 万美元的限制。

此外，根据该法，外国人可以在指定银行自由开立外汇账户，存入带进、汇进的资金，接受经营或投资收益、利息等。也可使用账户内的资金支付商品和劳务，用于储蓄生息。账户内的资金可不受限制地汇出境外，包括投资收益和分红。利润为税后部分，可以自由汇出。

8. 其他要求

（1）对外国公司承包当地工程的有关规定

许可制度：

根据《俄罗斯联邦建筑法》的规定，俄罗斯为保障建筑的牢固与保护历史文物和城建风貌，公民与法人的建筑活动均应获得许可证。另据《俄罗斯联邦建筑法》2008 年 7 月 25 日生效的修改本规定，自 2010 年 1 月 1 日起取消在建筑领域国家许可证制度，实行建筑领域准入制度。

招标方式：

俄罗斯建筑工程均实行公开招标制度。

（2）反对商业贿赂法律规定

2008 年 12 月 25 日，俄罗斯出台了《俄罗斯联邦反贪污贿赂法》，该法使俄罗斯联邦实现了从“权力反腐”向“制度反腐”的转变。2012 年 12 月 5 日，俄罗斯公布了《审查公务员消费占收入比例法》，该法案要求公务员申报自己、配偶和未成年子女的支出。

（3）外商投资争议解决制度

在俄投资活动的争议解决途径主要有：①俄境内的诉讼与仲裁；②国际诉讼与仲裁；③ ICSID 仲裁。此外还可借助诉讼与仲裁前的调停机制解决争议问题。

9. 对中国企业投资合作有关保护政策

中国与俄罗斯签署双边投资保护协定：

2006 年中国与俄罗斯签订《中俄政府间关于鼓励和相互保护投资的协定》。

中国与俄罗斯签署避免双重征税协定：

1994 年中国与俄罗斯签订《中俄政府间关于对所得税避免双重征税和偷漏税的协定》。2015 年 3 月，俄罗斯政府批准了中俄避免双重征税协定的修正案。之前协议规定中方贷款在俄产生的利息收入需向俄方缴纳最多 5% 的利息税，俄方在华亦然，修正后，中方贷款在俄产生的利息收入仅需在中国缴纳，在俄罗斯免征。

10. 营商环境总体评价

世界银行从 2003 年开始对全球 100 多个经济体的营商环境进行排序。此举对各国吸引投资乃至于经济社会发展，均产生极其广泛的影响。在有专业机构进行更全面、更权威的评估之前，世界银行的排名无疑具有风向标的意义。

在 2012 年 5 月的法令中，俄罗斯总统普京责成政府采取措施，提高俄罗斯在世界银行《营商环境报告》中的排名。目前，排名已从 2011 年的第 120 名提升至 2019 年的第 31 名（见表 2-7），可以说俄罗斯整体的营商环境正在显著改善，也将为外来投资提供更好的环境保障。

表2-7　　2019年俄罗斯在世界银行营商环境的排名

评价项	DB2019排名	DB2019营商环境便利度分数	DB2018营商环境便利度分数	营商环境便利度分数变化
总体	31	77.37	76.76	↑0.61
开办企业	32	93.04	93.03	↑0.01
办理施工许可证√	48	74.61	71.92	↑2.69
获得电力√	12	94.00	92.81	↑1.19
登记财产	12	88.74	88.72	↑0.02
获得信贷	22	80.00	80.00	0
保护少数投资者	57	61.67	61.67	0
纳税√	53	79.77	79.29	↑0.48
跨境贸易√	99	71.06	70.20	↑0.86
执行合同	18	72.18	72.18	0
办理破产	55	58.61	57.83	↑0.78

注：√=营商环境改革使它更容易做生意。

（六）投资注意事项

（1）了解相关法规和双边协议。2008 年 5 月 7 日，俄罗斯颁布了《外资进入对国防和国家具有战略意义行业部门程序法》，规定在关系到国家安全的 42 个战略领域，对于外商的投资比例严格设限。建议投资方向当地资深律师咨询项目的可行性及投资领域、规模、期限等限制。中俄两国签订有相互保护投资协定等协议，建议投资者充分了解其内容，以维护自身利益和保护合法权益。

（2）选择合作伙伴。选择可靠的、实力雄厚的合作伙伴是在俄罗斯投资项目成功的关键。如果是中方独资项目或企业，亦须聘请有经验、有实力的顾问，帮助协调解决与各级政府部门和企业之间的相关事宜。

（3）考虑地区差异。俄罗斯横跨欧亚大陆，东西长 11 个时区，南北气候差异较大。俄各边疆区、州、自治区、特区对外资企业的税收优惠政策不同。因此，投资方在俄注册企业或投资项目应充分考虑企业税费、产品生产条件、销售市场、交通运输、人文、气候和民族风俗等各种因素。

（4）办好注册手册，认真对待合同条款。俄罗斯注册企业要提供的文件较多，并有一定的文件格式和程序，最好聘用当地律师协助准备注册文件，正确履行相关程序。俄方严格按合同办事，如对合同条款不够了解，往往会被设计和算计，最终遭受损失。

（5）有效雇用当地劳动力。俄罗斯有相关法律以配额方式限制外籍劳务，且配额逐年递减。俄罗斯本地工资和税赋水平因地区及行业而异，投资方必须遵守俄罗斯各项法律规定，选择自己需要的当地劳务，有效配置劳动力资源，提高劳动生产率。

（6）充分核算成本。俄财会法规与中国相关规定差异较大，在俄投资或经营应充分了解其财务规定，以免遭受损失。由于基础性建材价格居高不下，且产能不足，原材料供应易出现问题，如砖、瓦、水泥、钢筋等基础性建材市场价格比国内高出数倍，且在全款预付的情况下仍不能保证交货期。建议“走出去”的企业在成本核算时，应对当地物价和供应情况进行充分调研。

（7）其他注意事项。外国人在俄罗斯从事投资和生产等经营活动，必须严格遵守俄罗斯相关法律。首先要获得合法的身份，缴纳税费，其次要加强与所在地政府部门、执法机关的沟通，还要融入当地社会，建立平等互利的合作伙伴关系，建立安全责任体系和应急机制，在俄罗斯出现重大安全责任事故，项目将被勒令停产，责任人将被追究刑事责任。

第二节 中国投资的政策风险对策研究

从地区发展以及中蒙俄三国的国家利益角度出发，中蒙俄之间在发展过程中存在巨大的互补及相互支持的潜力，但是地区保护主义以及社会环境等导致中蒙俄迟迟不能打开新的发展格局。当前，中国发展依托“一带一路”倡议，以全面对外开发的姿态面向世界，相较而言，中国具有巨大的市场、资金以及成熟的技术，而蒙古国和俄罗斯具有更丰富的资源、更广阔的空间以及巨大的发展潜力，因此中蒙俄能够通过国家投资与民间贸易形成稳固的双赢机制，但是也需要搭建更好的合作平台和贸易通道。

这样的发展前景需要我们积极排除合作障碍，防范若干风险，并提出针对性解决方案，从而实现三国合作共赢的发展目标。

一、目前存在的风险问题

中蒙、中俄间的经济关系日益密切，同时中国需要矿产、木材、油气资源在当地相关利益集团看来不利于本国的产业升级与创新。蒙古国和俄罗斯担心自身成为中国原料的供应地，对投资合作的开展极为谨慎。这其中涉及多方面的问题，是中国企业对外投资过程中不可忽视的风险问题。

（一）中国对蒙古国投资的风险问题

1. 投资领域的实施风险估计不足

（1）投资的产业分布不合理

由于中国和蒙古国两个国家在社会、政治、经济等方面存在着许多差别，中国企业在对蒙古国的投资中存在着极大的盲目性，缺乏总体明确的战略规划，投资扎堆的现象比较明显。在中国对蒙古国投资结构上，资源密集型和劳动密集型行业成为中国企业投资者的重点投资领域，例如中国企业在蒙古国的直接投资行业中采矿业占据了相当大的比重，产业结构严重失衡，同时也面临蒙古国国内的众多约束，诸如资源、市场和政策制度的影响。

（2）中国对蒙古国投资缺乏统筹规划和制度支持

当前，虽然中国对外投资企业较多，但是统一管理境外企业的相关制度的缺位造成部分企业出于自身利益最大化的考虑，通过不正当竞争的方式牟取非法利益，这不仅扰乱了正常的蒙古国市场秩序，而且对中国企业的集体形象产生了不利影响，不利于中国企业对蒙古国投资的可持续性。同时，因为在蒙古国投资的外商企业中还有相当数量的韩国、欧洲等地区的企业，这种不正当竞争的行为一旦对中国形象产生负面影响，也会不利于中国在其他地区开展国际合作项目。

解决对策构思：投资企业做好地区研究准备工作，聘请熟知地方投资相关信息的专业人士进行前期策划，提出风险评估报告，规避投资存在的壁垒，同时积极建立完善的对外投资相关制度，与东道主国家的相关法律共同约束企业的投资行为，遏制不法活动，保障国家和投资方利益。

2. 投资法律风险

中国企业进入蒙古国投资，必然要面临与国内截然不同的法律体系。蒙古国现在存在着法律制度比较宽松、有关的投资法律不健全等问题。由于以上问题的存在，蒙古国有关部门执法薄弱，监督不力。尤其是在中国对蒙投资较为集中的矿产领域，新矿产法的颁布使企业对矿产的开发障碍重重。再加上某些企业的经营较差，信誉度较低，更加大了中国企业对蒙投资的风险。

解决对策构思：专门设置法律研究机构，提供相关法律的解释和服务工作，避开法律禁区，严格遵守法律要求，合法合理地开展投资工作，同时借助国家力量，控制法律变动引起的投资风险系数，保障中方投资企业的合法利益。

综合分析，我们不难发现，针对蒙古国和俄罗斯现有的投资风险存在较大的相似性。这和地缘政治、自然条件以及历史遗留问题等存在密切联系，因此，中国在中蒙俄经济走廊方面的投资风险防范对策能够在统一的思路和框架下，建立起相互平等、合作共赢的区域协作。

（二）中国对俄罗斯投资的风险问题

1. 合作平台机制迟迟无法实现

当前社会对中俄合作战略的重要性，取得了广泛共识，但是具体的合作平台和协作机制迟迟无法实现，受到国内外的政治经济因素影响，一直处于理论研究阶段，这导致双方合作存在较大的阻碍，投资变数较大，无法实现双方的预期目标。

解决对策构思：尽快实现国家战略的对接，从国家层面达成合作共识，同时建立协作机制，高层直接对接，设立事务机构，制定统一的规划和实施方案，尽快通过国家力量推动中俄投资。

2. 相关政策文件执行不到位

2009年中俄领导人签署了相关合作协议，主要目的是推动中国对俄的经济投资，使整个投资过程的安全都得到保障，中国公民能够在俄罗斯境内享受比如工作、签证等方面的便利。俄罗斯将会尽最大可能保证中国企业不会受到歧视或者阻挠。

（1）俄罗斯对其投资优惠承诺的兑现存在不确定性

俄罗斯目前在法律法规的制定上基本按照 WTO 规则的要求行事，这并不意味着俄罗斯在其法律法规的实际执行及其程序设置上兑现其投资优惠的承诺。被纳入俄罗斯法律中的 WTO 法律和规则在多数情况下未反映到受法律约束的文件中，因此不会有实际具体的措施。此外，俄罗斯法律条文难以准确识别，特别是俄地区政府还不能保证所有地方性法律法规的公开性。对境外投资者而言，投资承诺的透明度原则是必要的，否则入世后俄罗斯的投资优惠政策一定意义上讲更具有表面性质。

（2）俄罗斯政策多变性使投资的风险度提升

目前俄罗斯的外资政策特点之一可归纳为经常变动，缺乏相应的连贯性和一致性。俄罗斯有关外国投资的法律至今仍不够健全和完善，联邦法律与地方法规有些地方脱节，不同领域的经济法律在同一类问题上缺乏一致性，而且这些法律变动较频繁，缺乏稳定性。外资政策执行缺乏附加保障体系且执行不透明，因此境外投资者与俄罗斯政府之间很难互相信任，从而致使俄罗斯每年都有大量的外资流失。而且，俄罗斯联邦政府和地方政府在外商投资管理上各有分工，其审批程序烦琐，在外资流入过程中容易造成管理多头、无序管理。

解决对策构思：投资企业做好地区研究准备工作，聘请熟知地方政策的专业人士进行前期策划，提出风险评估报告，规避投资存在的壁垒，提出针对性的解决方案，同时借助国家力量，自上而下地获取地方政策支持。

3. 俄罗斯法律条文对海外投资的限制

对于海外投资，俄罗斯的法律条文有不少限制，尤其是涉及技术方面时，更是如此。另外对原材料采购和用人等方面也会进行限制。最近几年尽管俄罗斯投资的内外部环境得到改善，税收政策也进行了调整，进入俄罗斯投资的国家数量增多，但是地方性的法律条文却时常变动，不少地方政府制定了具有地方特色的政策，法律杂乱无章，导致个别地区出现随意执法现象。

（1）政府对于战略性行业开放的严格控制

俄罗斯政府在出台许多鼓励外商投资的政策的同时也制定了一系列限制外资的政策，主要有：限制外资进入俄罗斯的战略性行业，如飞机制造、航天、军工生产、原子能和专用技术。而且，对于俄罗斯战略性企业外资并购过程极为复杂和严格，并购所涉及许可及程序需俄政府专门委员会批准，通常耗时以年为单位。此外，俄罗斯政府对外国企业在某些战略领域的具体项目投资总额设定最高额限制，对外资进入某些行业领域进行苛刻的审查。这样，一定程度上影响了外资的进入。

（2）俄罗斯政府对于其市场和国内产业较浓的保护意识引发投资障碍

对于外资而言，俄罗斯政府始终无法放弃外资进入可能会排挤和控制民族产业、可能致使国家利益流失的忧虑。这种情绪在俄政策层面中反映在对于一些敏感行业如军工航天领域，政府在环境、技术等方面设置许多壁垒，阻碍外资的进入。此外，一些敏感性产业诸如能源产业等在引入外资或涉及海外并购时往往受到政府的特别关注。例如股权比例限制和产品分割协议。

二、风险防范对策

（一）达成三国利益统一，搭建协作共赢平台和机制

在区域协作发展中，三国的利益诉求没能达成统一，从而在实施过程中由于种种偏差协作项目迟迟不能推进，这影响中蒙俄经济走廊的建设，基于这样的认知，本着求同存异的思想，我们应该从以下几方面尽快达成共识：

1. 加强国家战略对接，尽快达成战略协作平台

（1）中蒙国家战略对接

“一带一路”倡议和“发展之路”倡议在不同层面的合作中也有着丰富的层次和具体内涵。可以预见的是，随着中蒙两国合作的逐渐深化，两大倡议之间的对接基础将变得更为扎实。

综合中蒙两国现阶段的发展特点与战略规划，中蒙两个发展倡议的对接可以以交通基础设施的建设为基础，以互补性经济的合作为重点。“发展之路”建设的重点就是跨境铁路、跨境高速公路的修建。蒙古国认为，当前其较为落后的交通基础设施是制约其发展的重要因素。希望通过修建跨境铁路实现与周边国家尤其是中俄两国更深层次的合作。蒙古国跨境铁路的修建可以与中俄之间的跨境铁路实现对接，按照中国铁路的国际技术标准进行建设。由于工业欠发达、科技落后，蒙古国既可以与中国加强技术层面的交流合作，又可以借参与“一带一路”发展的契机，通过国家间的合作，尽快完成其跨境铁路、跨境高速公路的修建。中国较为雄厚的资金、技术优势将给蒙古国交通基础设施的改善带来极大的便利。中蒙两国应该充分发挥各自优势，寻找中蒙经济合作中新的经济增长点，应该在互联互通的基础上实现互惠互利，充实中蒙俄经济走廊建设的内容。

（2）中俄国家战略对接

中国丝绸之路经济带与欧亚经济联盟的对接是推动区域经济合作的重大战略举措。作为对接合作的基本架构，它需要进行战略与政策的相互协调，建立各种协商与合作机制，确定相互对接的优先合作领域，从而形成中国丝绸之路经济带与欧亚

经济联盟对接的整体构想和路线图。

确定中国丝绸之路经济带与欧亚经济联盟对接的优先合作领域。首先，推动交通运输基础设施建设。欧亚经济联盟各国先后提出了建设欧亚运输走廊和贸易通道的发展设想。其次，发展贸易便利化和互联互通。中国与欧亚经济联盟各国是重要贸易伙伴，扩大中国与欧亚经济联盟各国经济贸易合作具有极大发展潜力。在这方面，要反对贸易保护主义，消除各种贸易壁垒和非关税措施；拓宽贸易领域，改善贸易结构，提高贸易质量；简化海关程序，降低通关成本，提高通关能力；加强检验检疫、认证认可、标准计量、统计信息的合作；发展电子商务，为商品贸易和流通创造有利条件。最后，扩大投资和产能合作。中国与欧亚经济联盟各国的投资合作不断扩大。拓展投资合作领域，加强能源资源勘探开发、深加工技术、装备与工程服务合作；推动新兴产业合作，加强在信息技术、生物、新能源、新材料等领域的合作。探索投资合作新模式，鼓励合作建设境外经贸合作区、跨境经济合作区等各类产业园区，促进产业集群发展。

2. 职能主管部门对接，搭建长效对话平台

（1）中蒙国家政府对接

中蒙双方应在原有会晤机制的基础上，建立更加规范、更加正式的会议机制和磋商机制。

蒙古国主管外国投资的政府部门是外国投资局，而中国负责对外投资的部门主要是以国家发改委、商务部以及外汇局为主，因此在明确职能主管部门的前提下，加强管理部门之间的联系，尽快达成长期稳定的投资贸易对话通道，搭建类似于“上海合作组织”的稳定的会晤磋商平台，组建中蒙联合办公的投资协调委员会，由中蒙两国主管部门派出外派机构，及时有效地解决在中蒙投资贸易中产生的一系列问题，加强国家之间的政治交流。

积极开展各类论坛会议来推进两国社会的彼此认同，建立各种层面和各种行业领域的政府沟通平台，例如中蒙俄旅游论坛、中蒙合作论坛、中蒙影视合作论坛等，逐步加强相互融合、相互信任的协作通道，从而在国家利益、社会民间以及产业相关性方面达成发展共识。

（2）中俄国家政府对接

管理在中国的外国投资者的活动和中国投资者在国外的项目活动的中国主要国家机构是中国国家发展和改革委员会与中国商务部。

2015 年 5 月 8 日在莫斯科，俄罗斯经济发展部和中国国家发展和改革委员会在加强经济和投资合作的框架内签署了一份谅解备忘录。根据备忘录，俄罗斯和中国在平等互利的基础上支持两国企业之间的经济和投资合作项目的实施。

组建中俄投资委员会，对双方投资合作进行总体把控。两国政府间的合作机制是中国和俄罗斯投资合作的保障。借助现有的国际组织机制，例如应依托上海合作组织、金砖机制等，将双方有关执行机构有效衔接起来，构建顺畅的交流、沟通、磋商渠道和机制，并更有效地对接有关资源，及时解决规划实施和项目执行中面临的问题和困难，实现自上而下的协作机制建设，完成政策沟通的先决条件。

3. 中蒙俄地区发展规划对接，统一决策高层的战略目标

研究制定经济走廊建设规划，包括建设具体内容、运作机制、路线图和时间表，引领经济走廊顶层设计。同时，要重视国家智库以及区域协作发展机制的研究人员，从中蒙俄三国软环境入手，率先搭建沟通的桥梁。

（1）《建设中蒙俄经济走廊规划纲要》

从战略角度研究中蒙俄经济走廊建设，在具体实施层面就是要将三国的战略发展规划进行对接，在实施重大项目时要相互联系，从空间、产业、人文、制度等方面产生呼应关系，才能在未来的发展过程中实现一体化建设发展，才能将三个整体逐渐融合为一个国际经济区。按照中国“一带一路”倡议、蒙古国“发展之路”倡议、俄罗斯欧亚经济联盟和远东发展战略的对接，以平等、互利、共赢原则为指导，制定《建设中蒙俄经济走廊的规划纲要》，从宏观战略层面对未来的发展提出要求，为三国协作建设提出了具体的实施内容，其规划纲要具体内容如下。

①宗旨

建设经济走廊旨在通过在增加三方贸易量、提升产品竞争力、加强过境运输便利化、发展基础设施等领域实施合作项目，进一步加强中国、蒙古国和俄罗斯三边合作。

经济走廊以建设和拓展互利共赢的经济发展空间、发挥三方潜力和优势、促进共同繁荣、提升在国际市场上的联合竞争力为愿景。

三方坚信，推动经济走廊建设将促进地区经济一体化，促进各自发展战略对接，并为基础设施互联互通、贸易投资稳步发展、经济政策协作和人文交流奠定坚实基础。

三方应积极利用国际经济合作平台，为有效实施合作项目创造条件。

② 合作领域

——促进交通基础设施发展及互联互通；

——加强口岸建设和海关、检验检疫监管；

——加强产能与投资合作；

——深化经贸合作；

——拓展人文交流合作；

——加强生态环保合作；

——推动地方及边境地区合作。

③ 合作原则

在规划纲要框架下，对各方确定的地理范围内经三方协商一致的项目和活动开展研究。

④ 资金来源

规划纲要涉及项目的投融资将就具体情况以单独协议的形式落实，包括利用国家投资、私营机构投资，引入公私合营模式等可能性。共同推动国际金融机构融资，包括但不限于亚洲基础设施投资银行、金砖国家开发银行、上海合作组织银行联合体、丝路基金等金融机构的投融资支持。

（2）中蒙俄智库合作联盟

近年来，中国智库在政府决策过程中逐渐具有越来越大的影响力。为推进“一带一路”倡议中的中蒙俄经济走廊建设，由中国外交部倡议提出，中国内蒙古自治区发展研究中心联合中国国务院发展研究中心国际合作局、俄罗斯科学院远东所、蒙古国科学院、蒙古国国立大学，以及北京、内蒙古、黑龙江、吉林、辽宁等智库，于 2015 年共同发起创立“中蒙俄智库国际论坛”。论坛每年在相关国家举办，旨在汇聚三国智库力量，推动三国发展战略，为共商共建中蒙俄经济走廊搭建高端交流合作平台。2015 年论坛举行期间，由中国国务院发展研究中心国际合作局、内蒙古自治区发展研究中心、蒙古国科学院、俄罗斯科学院远东研究所等 14 家智库共商成立中蒙俄智库合作联盟，签署了《中俄蒙智库合作联盟章程》，制定了《中俄蒙智库合作联盟行动方案》，选举产生了智库合作联盟理事会。

构建三国智库网络平台，转变和创新智库交流合作方式。利用大数据资源和“互联网 +”，实现三国智力“联姻”，芯片串联。以三国智库网络为平台，建立智库研究成果交流、资源共享、成果发布、成果转化机制，联合召开小型学术研讨会和智库对话等；创新合作方式，建立常态化智库对话、人员交流与合作研究机制；建立智库专家互访机制，重点支持三国智库学者访问、研究和培训。通过三国智库开展全方位的合作和交流，充分调查、反映三国困难、问题、关切与疑虑，就经济发展战略和对策进行充分交流对接，增强信息交流，促进政策沟通，共同制定推进区域合作的规划和措施，协商解决合作中的问题，促进中蒙俄经济走廊建设的思路创新、决策咨询、磋商沟通与方案设计，进而实现国家间政治互信、政策协调。

（二）做好前期准备工作，掌握投资各项政策法律，做出合理的投资方案

从这些年中国对蒙古国及俄罗斯投资情况来看，存在一个极大的问题就是投资之前的项目准备工作不足，对投资对象国的经济、法律、优惠政策以及存在的风险研究不足，对当地居民的消费理念、消费心理，当地的政策法规没有很好的认识，因此往往盲目投资导致人财两失。

因此，我们在进行国家投资的过程中，要充分认识到在投资对象国的法律、政策以及管理体制方面存在的风险，做好自身的投资计划，提出针对性的方案，避免不必要的损失和麻烦。

针对这一问题，我们应该通过以下几个方面，建立法律和政策的保障，保障企业和投资国的利益，了解掌握地方信息，也便于投资纠纷的处理。

1. 中蒙之间政策信息对接

中国境外投资法律体系尚不健全，立法进程远远落后于投资实践。中国企业对外投资多为基础设施建设和能源领域的投资，与其合作的往往是政府或国有企业，且合同期限较长。东道国政府既是既得利益的一方，又是规则制定的一方，这对中国企业来说十分不利。商务部和相关立法部门应从保护企业的角度出发，完善境外投资法律体系，为企业提供法律保障。

（1）政策互通，法律相容

政府应该建立完备的对外政策，对涉及的企业投资具体规格制定明确的鉴定标准。尤其在对蒙矿业方面，要有详细、完善的投资政策，使企业在蒙古国进行矿业投资时能有明确的方向。与此同时，政府为了实现企业的经济效益应该鼓励国内企业的投资“走出去”。

中国的法律应当为在境外投资时合法利益受到侵害的人提供保护，同时为了避免出现更多的国际经济纠纷事件，对投资企业的行为进行规范和监督，防止本国企业形象受到影响。除建立支持中国对外投资的法律体系外，还应该积极与蒙古国进行法律体系方面的对接，从国家层面对中蒙两国的法律进行协调，在保证各方利益和国家安全的基础上，达成一定的共识，从而打通投资贸易之间的法律政策壁垒，推动中蒙投资贸易的快速发展。

（2）经济特区—自贸区的衔接

中蒙加强区域经济合作是符合两国经济发展现实需求，也是两国扩展对外贸易的重要路径。国际政治经济的激变与国际产业体系的转变，对发展中国家带来了新的挑战。在这种形势下，中蒙两国应该充分利用地缘优势、人文优势和经济互补优势，早日启动共建中蒙自贸区协定，积极探讨开展边界互贸活动。两国共同协商，借鉴国际惯例，以两国边境城市为依托，在内蒙古自治区境内选择适当的地点建立与扎门乌德自由经济区对应的狭义上的中蒙自贸区，从而形成互动机制，减免有些产品的关税，减小贸易壁垒，扩大国内市场，吸引更多企业在此自贸区入驻，并培育商贸、旅游和仓储等相关产业集群，创造更多就业机会，使中蒙自贸区成为两国加强区域经济合作的最重要的桥梁和纽带。

按照我国建设“一带一路”其他几个线路的模式，基本是以自贸区作为国内与沿线国家贸易往来的窗口，例如陕西自贸区对接古丝绸之路，上海、天津自贸区对接海上丝绸之路，四川自贸区对接西南经济走廊等，而直接面向中蒙俄经济走廊的自贸区尚未建立，因此在二连浩特或者是锡林郭勒盟建立对接蒙古国的自贸区具有相当可行性，有助于推动中蒙国家投资贸易机制的有效衔接，推动制定中蒙贸易投资政策和建立中蒙贸易投资管理平台。

2. 中俄之间信息对接

当前中俄关系处于历史最好时期，全面战略协作伙伴关系不断升级。为了有效规避对俄投资风险，政府还应从国家层面积极推动与俄罗斯的双边合作及多边合作，通过更加适宜的投资政策，加快自由贸易区的建设，建立全面深化的能源合作伙伴关系，签订互惠的投资贸易协定，从而为企业投资争取最大限度的优惠，也给企业提供制度保障。同时也要保障各方利益，建立公平公正公开的投资纠纷调解平台，并提供必要的国家援助。

（1）政策优化，制度创新

为了解决吸引投资的问题就需要严格的政府投资政策，而且应该是保障国家经济收入和解决经济领域投资规模、结构和方向的一套政策。国家投资政策最重要的目的是形成有利的环境，来吸引投资并提高投资资源在社会环境和经济发展中的使用效率。

① 完善经济特区功能

在俄罗斯，为了吸引外国投资和增加国内投资，俄政府设立特别经济区。建立这种经济特区的主要目的是从整体或局部解决国家战略发展的任务：吸引外国直接投资，引进先进技术；给高素质人才创造新的就业机会；发展出口基础；生产新类型的产品、发展进口替代生产、试验工作组织管理新方法；发展制造业和高科技产业；发展交通基础设施；发展旅游业和疗养区。对投资者来说，在这种地区投资是有利的，因为开发了新的销售市场，生产与消费者接近，费用最小化（由于出口和进口关税少），有可用的基础设施。俄罗斯专家和中国专家意见相一致——经济特区内企业享受一系列优惠政策，政府为其提供海关、税务、移民注册等一站式服务。

为吸引资本特别是外国投资，比起在整个国家，在经济特区创造一个企业活动的制度更加有利（通过创建自由经济区改善投资环境）。

此外，法律规定实实在在的简化签证制度，减少所得税和社会基金捐助税，在某些情况下，可以对经济特区的居民实行零关税。对大投资者将有额外的税收优惠和自由海关区制度。其中包括货物，以及进行活动所需的零件和设备可以免税进到半岛上。投资者有权将其产品投放到俄罗斯市场上，并向海关联盟国家进行出口。法律也简化了外国人办签证的程序，包括组织代表、投资者和被邀请在克里米亚和塞瓦斯托波尔讨论合作的可能性的人。

② 建立战略倡议公司（ASI）

2008—2009 年的经济危机过后，俄罗斯政府的政策发生了很大变化。俄罗斯政府承认，如果投资环境没有改善，那么实现经济稳定增长是不可能的，这就要求与商业集团对话。有力的投资环境在很大程度上决定着国家发展进程的质量：从企业登记注册迅速、联网简便到批准企业建设、竞争发展。同时，阻碍企业活动发展的部分政府壁垒在俄罗斯某些地区还存在。为给俄罗斯各主体招商引资创造有利条件，提高区域管理效率，战略倡议公司实施了一系列的相关项目。

——“生意导航仪”。“生意导航仪”是国民企业倡议的行动计划（NPI），旨在改善俄罗斯投资环境——简化，减价，加速招商手续办理。“生意导航仪”已被俄罗斯联邦政府认证。战略倡议公司照例对企业家进行问卷调查，评估“生意导航仪”所取得的效果。

——区域投资标准。区域投资标准是战略倡议公司的关键项目，目的是为地区招商创造有利条件，此外，包括经济发达区域的 15 个最优秀的投资实例。2012 年 11 个试验地区开始采用该标准。2012 年 12 月 27 日，俄罗斯联邦委员会会议仔细研究并承认了采用标准试验区的成功经验。根据国家委员会研究的结果，在所有俄罗斯地区采用投资标准是必要的。

——俄罗斯各区投资环境的国民评定。评定主要是评估各地区各级权力机关在创造有利的招商条件方面的力量。通过对地区企业家调查来确定指标的主要内容。根据俄联邦地区投资环境国民评定试验的结果，出现了最好的地区实践。为了进一步在整个国家推行实践经验，专家记录了18个地区的成功经验和其地区的企业和企业家，并把经验体系化。

——“投资电梯”。“投资电梯”是一个支持资本估值中等的有出口潜力的非资源公司的全面计划。该计划旨在消除限制，保障商业迅猛发展从而增加俄罗斯有潜力的公司的出口份额。

（2）寻找合作咨询机构，提供投资相关服务

由于中俄之间巨大的投资潜力，中国以及俄罗斯对投资贸易都极为关注。考虑到当前相对薄弱的投资合作现状，两国都在俄罗斯境内设立了为中国企业投资提供合作咨询的机构，以便于有效地沟通投资问题，疏通投资渠道，尽快推进中俄之间的投资贸易发展进程，实现互惠互利的合作目的。

（三）尽快完成投资贸易通道的疏通及支撑条件的完善工作

1. 简化通关手续，实现海关“一站式”作业

深化中蒙俄海关联合监管合作，进一步推动中蒙、中俄海关信息互通、监管互认、执法互助，全面提高投资贸易便利化水平。例如，中蒙统一的《载货清单》由二连浩特–扎门乌德口岸扩大到全部中蒙常年开放口岸，经一国海关签字确认的单证信息能够及时快捷地反馈到对方国家海关，在审单、查验、旅行等海关作业环节享受一定的通关便利，每票报关单减少通关时间约30分钟。

“一带一路”倡议提出以来，中国海关以促进“五通”（进行政策沟通、推动设施联通、促进贸易畅通、服务资金融通、带动民心相通）为目标，以“共识、共通、共赢”为着力点，以“监管互认、执法互助、信息互换”为合作支柱，努力推动“一带一路”沿线国家和地区海关大通关合作机制的建立，取得积极进展。

中国海关以重点项目为抓手，大力推动与沿线国家（地区）海关开展形式多样的务实合作，提升“一带一路”沿线国家和地区互联互通和贸易便利化水平，具体有：推行边境口岸快速通道，中蒙俄边境口岸开展农产品快速通关“绿色通道”项目，在中蒙俄三国边境口岸实现农产品进出口的无障碍通关。积极开展口岸合作，加强与周边国家口岸管理部门的合作，解决口岸开放、运行、基础设施互联互通等问题，

保障口岸通关顺畅与安全，发挥好国际运输大通道上的边境口岸的功能。

2. 推进基础设施建设加强道路联通

基础设施是经济走廊的基础，是三国政府进行投资合作的前提。基础设施的建设会使三国在中蒙俄经济走廊建设背景下的经济合作更紧密。基础设施落后是影响投资的重要因素，蒙古国和俄罗斯远东地区拥有丰富的矿产资源，可通过铁路与高速公路运输到中国，但蒙古国和俄罗斯远东地区的交通网由于完全不能满足运输的需求，阻碍了中国对蒙及俄油气的投资开发。因此三国首先要加强道路交通为主的基础设施联通建设，联结中蒙俄的国际运输通道；其次是油气传输管道的联通建设；最后推进供水、供电、通信及绿化环保等基础设施为主的保障工程建设，从而为中蒙俄三国开展投资合作奠定良好的硬件基础。中蒙俄毗邻地区作为中蒙俄经济走廊的桥梁与中枢，应利用自身优越的区位优势，积极发挥经济走廊桥梁的重要作用，加强边境城市基础设施建设，完善通关口岸配套服务设施，提高边境贸易的效率推动边境贸易的发展。

3. 技术和行业标准对接

2015 年 10 月，推进“一带一路”建设工作领导小组办公室发布《标准联通“一带一路”行动计划（2015—2017 年）》。质检总局、国家标准委认真贯彻实施该行动计划，全面深化中国与沿线国家（地区）在标准化方面的双多边务实合作和互联互通，有效支撑中国产业、产品、技术、工程、服务等“走出去”，促进投资贸易便利化。

中蒙俄在行业标准和技术研发等方面具有较高的行业门槛，基本是采用欧美国家的标准，与中国现行的行业标准存在一定的差异，因此在贸易投资的过程中，要重视技术和标准的对接。通过三国技术和业务部门的协商，消除在海关体制、行业标准、法律体系等方面存在的障碍，建立更高效、便利的海关通关和贸易机制，为今后合作营造良好的环境。

4. 培养与整合人才队伍加强人才流通

中蒙俄经济走廊作为跨区域的经贸合作战略，其涉及合作伙伴多元，投资领域广泛，投资深度复杂，是系统性的复杂工程。在开展投资合作时需要中蒙俄各方的人才队伍出谋划策以规避不确定风险的发生，因此经济走廊的建设需要大批同时精通中文、俄语与蒙古语，具有较强专业知识与管理水平的国际化复合型人才。三国应把国际化人才培养提升到战略高度，设立人才开发培养和交流的专项基金，加大教育投入与人才培养力度，创新人才培养模式。国家间应经常举办各类合作论坛，加强中蒙俄人才交流；中国应积极邀请俄、蒙青年学生来华留学，提供贸易管理、技术与司法人才培训，建立“科学人才流通”“大学交流联通”的人才储备与共享机制。

（四）以具体项目的对接为切入点，探索政策对接的途径

项目是实施战略与规划的最基本的单元和载体。千里之行，积于跬步。按照国家层面的战略构想，“一带一路”倡议最终需要通过基础设施、经贸、投资、金融、人文等各领域一个个项目的实施来落实。项目对接是最微观层面的对接。

结合中国改革开放的成功经验，可以以某一重点工程作为试点项目，由国家职能部门引导，以国有企业为实施主体，探索一些具体政策对接的方法和途径，并为社会资本和其他项目提供协作经验。也可以现有的跨境合作区为依托，将其设计成战略政策对接的试验区，尝试以项目推动政策创新和政策衔接的有效机制。

结合三国目前的发展状况，中蒙俄经济走廊实施项目推动的路径为：

（1）以基础设施项目合作为桥梁，尽快实现国家大型企业合作的机制，搭建中蒙俄区域协作的框架。

（2）以产业项目协作为重点，满足各国发展利益的诉求，建设区域协作的利益共同体。

（3）以生态建设项目为保障，明确生态环境发展的红线，保障区域可持续发展和各国价值体系的统一。

（4）以社会自由合作项目为目标，破除国家民族之间的壁垒，建立中蒙俄全面开放和民间合作发展的新模式。

参考文献

[1] 陈强."一带一路"背景下中国对俄罗斯的直接投资（FDI）研究[D].武汉大学，2017

[2] 兹科娃."一带一路"背景下中国对俄罗斯投资对策研究[D].青岛科技大学，2016

[3] 祝宁."一带一路"背景下中国对俄罗斯直接投资研究[J].经济论坛，2018

[4] 张晓涛."一带一路"倡议下投资俄罗斯的产业选择与前景[J].地区·国别，2017

[5] 殷敏."一带一路"倡议下中国对俄投资的法律风险及应对[J].国际商务研究，2018

[6] 陈砺."一带一路"倡议下中国对沿线国家投资特点及政策建议[J].对外经贸，2017

[7] 亚历山大·加布耶夫."一带一路"的实施建议：俄罗斯视角[J].丝绸之路经济带，2017

[8] 朴光姬，李芳."一带一路"建设与中蒙俄能源合作——基于地区安全视角[J].亚太经济，2016

[9] 王淑敏，翟雨萌."一带一路"下中蒙俄经济走廊的通关便利化问题研究[J].大连海事大学学报（社会科学版），2015

[10] 王永中，宋爽，李曦晨."一带一路"沿线国家和地区投资风险分析及政策建议[J].中国社会科学院世界经济与政治研究所，2017

[11] 孙力."一带一路"愿景下政策沟通的着力点[J].新疆师范大学学报（哲学社会科学版），2016

[12] 路艳丽，"一带一路"战略的政策沟通研究[J].黄河科技大学学报，2015

[13] 刘志中."一带一路"战略下中俄双边贸易的竞争性、互补性及发展潜力[J].经济问题探索，2017

[14] 陈国堂，张锦."中蒙俄经济走廊"：互补性经贸合作前景展望与分析[J].北方经济，2018

[15] 发改委网站.《建设中蒙俄经济走廊规划纲要》（全文）[J].国新专题，2016

[16] 李曦辉，狄洪旭.从草原丝绸之路到中蒙俄经济走廊[J].宏观经济，2018

[17] 李传勋，靳会新，刘小宁，于小琴，滕仁.俄罗斯东部地区投资环境研究[J].俄罗斯学刊，2018

[18] А.Г. 拉林，В. А. 马特维耶夫，高晓慧译.俄罗斯如何看待欧亚经济联盟与"丝绸之路经济带"对接[J].欧亚经济，2016

[19] 祖延科（И Ю）.俄罗斯社会对中国在俄境内投资活动认知的演变[J].西伯利亚研究，2015

[20] 查贵勇.赴蒙投资，中企宜多做环境功课[N].国际商报，2012

[21] 崔建高.海关支持"一带一路"建设路径及策略探析——以支持中蒙俄经济走廊建设为例[J].海关与经贸研究，2016

[22] 王海运.合作共建"中蒙俄经济走廊"：深化战略价值认知，找准重点着力方向[J].俄罗斯学刊，2017

[23] 杨学峰.基于"一带一路"探析中国对俄罗斯的投资问题[J].对外贸易，2017

[24] 何立峰.加强政策沟通　做好四个对接　共同开创"一带一路"建设新局面[J].宏观经济管理，2017

[25] 杜凤莲，张慧敏，赵鹏迪.经济互补性以及优势叠加　建设中蒙俄经济走廊的基础[J].北方经济，2015

[26] 高潮.蒙古打造"草原之路"走廊对接中国"一带一路"倡议[J].中国对外贸易，2016

[27] 商务部国际贸易经济合作研究所.对外投资合作国别（地区）指南　蒙古国（2017年版）[Z].中国驻蒙古大使馆经济商务参赞处，商务部对外投资和经济合作司，2017

[28] 傅勇.蒙古国推"草原之路"，助亚欧互联互通[J].中国周边，2016

[29] 王海滨. 欧亚经济联盟及其世界影响[J]. 现代国际关系，2015
[30] 陈坚. 完善中国企业“走出去”政策措施体系之思考[J]. 中国经贸，2013
[31] 龚兵. 中俄经贸合作利用俄罗斯土地的法律风险控制[J]. 俄罗斯法研究，2018
[32] 王广谦. 中国对外投资与引进外资的新变化及政策建议[J]. 金融论坛，2017
[33] 杨挺，李志中，张媛. 中国经济新常态下对外投资的特征与前景[J]. 2015世界投资报告，2015
[34] 胡明. 中国企业对俄投资风险分析及对策研究[J].中国经贸，2016
[35] 刘清才，支继超. 中国丝绸之路经济带与欧亚经济联盟的对接合作——基本架构和实施路径[J]. 东北亚论坛，2016
[36] 鄂晓梅. 中蒙俄经济走廊“五通”建设中的问题与对策[J]. 内蒙古社会科学，2017
[37] 邹秀婷. 中蒙俄经济走廊背景下黑龙江省对俄经贸合作发展研究[J]. 西伯利亚研究，2018
[38] 乌兰图雅. 中蒙俄经济走廊建设背景下的法律保障措施研究[J]. 河套学院论坛，2018
[39] 吴兆丽，王艳红，孟广文. 中蒙俄经济走廊建设的贸易基础及发展建议[J]. 环球视野，2016
[40] 许海清. 中蒙俄经济走廊建设下内蒙古与俄蒙经贸合作路径研究[J].（鄂尔多斯学研究会）“一带一路”与开放合作，2016
[41] 杜海涛，贺勇. 中蒙试行边境海关联合监管[N]. 人民日报海外版，2009
[42] 中国人民银行锡林郭勒盟中心支行课题组.中资企业对蒙投资的风险把控思考[J]. 边贸金融，2017
[43] 商务部国际贸易经济合作研究所. 对外投资合作国别（地区）指南 俄罗斯（2017年版）[Z]. 中国驻俄罗斯大使馆经济商务参赞处，商务部对外投资和经济合作司，2017
[44] 娜明.“一带一路”建设背景下中蒙俄贸易合作研究[D]. 哈尔滨工业大学，2017
[45] 王成喜.“一带一路”视角下的中蒙俄经济走廊建设研究[D]. 聊城大学：政治与公共管理学院，2017
[46] 刘彦君.“一带一路”战略下中蒙俄区域经济合作研究[D]. 东北财经大学，2016
[47] 孙瑾瑾.“中蒙俄经济走廊”建设的投资风险研究[D]. 哈尔滨商业大学，2016
[48] 郭魏. 俄罗斯入世进程中的法律改革对外商投资法律环境的影响[D]. 北京外国语大学，2015
[49] 罗尔盖泽・阿克萨娜. 俄罗斯投资环境研究[D]. 哈尔滨工业大学，2017
[50] 乌达巴拉. 加速推进中蒙俄经贸合作的战略研究[D]. 黑龙江大学：经济与工商管理学院，2012
[51] 乌云塔娜. 内蒙古参与中蒙俄经济走廊建设的对策研究[D].吉林大学：东北亚研究院，2016
[52] 李建民. 欧亚经济联盟：理想与现实[J].欧亚经济，2015
[53] 张海涛. 丝绸之路经济带交通基础设施建设的空间效应研究[D]. 吉林大学:东北亚研究院，2017
[54] 陈晗. 新常态背景下中国对俄投资研究[D]. 黑龙江大学：经济与工商管理学院，2016
[55] 塞娜. 在蒙古国中国企业投资策略的研究[D]. 华东理工大学，2012
[56] 陈雪. 中俄对外直接投资比较研究[D]，山东师范大学. 2014
[57] 付晨. 中俄投资合作问题研究[D]. 吉林财经大学：国际经济贸易学院，2015
[58] 高欣. 中俄投资合作问题研究[D]. 东北财经大学，2011
[59] 热尔纳科娃・阿纳斯塔西娅. 中俄之间投资研究[D]. 辽宁大学，2016
[60] 悦然. 中国“一带一路”倡议与蒙古国的机遇[D]. 山东大学，2017
[61] 杜拉维尼娜・达丽娅. 中国对俄罗斯投资问题研究[D]. 黑龙江大学，2013

[62] 埃连拉乌特·卡佳. 中国对俄罗斯直接投资与俄罗斯经济的影响[D]. 哈尔滨工业大学，2017
[63] 张梅. 中国对俄罗斯直接投资与贸易关系研究[D]. 浙江理工大学，2017
[64] 宝利尔. 中国对蒙古国直接投资分析[D]. 吉林大学，2014
[65] 黎青. 中国对蒙古国直接投资风险研究[D]. 哈尔滨商业大学，2017
[66] 任丽丽. 中国对蒙古国直接投资研究[D]. 东北财经大学，2010
[67] 萨日娜. 中国对蒙古国直接投资研究[D]. 天津科技大学，2015
[68] 刘敉舒. 中国对外直接投资的政策演变研究[D]. 沈阳工业大学，2012
[69] 奥云. 中国企业境外投资环境的影响因素研究：以蒙古国为例[D]. 南京理工大学，2017
[70] 额尔登. 中国在蒙古国投资的法律问题研究[D]. 东北大学，2014
[71] 罗晓印. 中蒙经贸关系的可持续发展研究[D]. 延边大学：政治与公共管理学院，2012
[72] 阿努金. 中蒙贸易便利化问题研究[D]. 哈尔滨师范大学，2016
[73] 包明齐. 中蒙区域经济合作研究[D]. 吉林大学：东北亚研究院，2016

附录 1：名词解释

（1）发展之路

2014 年 11 月，蒙古国提出基于地处欧亚之间的地理优势，准备实施“草原之路”计划，旨在通过运输和贸易振兴蒙古国经济。“草原之路”计划由 5 个项目组成，总投资需求约为 500 亿美元，具体包括：建设长达 997 千米的高速公路直通中俄，新建输电线路 1100 千米，在蒙古国现有铁路上进行扩展，对天然气和石油管道进行扩建。在 2017 年将该倡议升级为“发展之路”。

蒙古国提出“发展之路”符合其国家发展战略，但苦于缺乏资金和技术，其先期启动的公路、铁路项目的推进都比较缓慢。在采矿业发展和矿产品出口的带动下，蒙古国经济曾出现高速增长。但在 2011 年创下增速 17.3% 的惊人纪录之后，就难以再现辉煌。特别是受蒙古国国内政策法律不稳、中国经济发展放缓、国际大宗商品价格持续低迷等因素的影响，近年来，蒙古国经济增速下滑并面临巨大压力。

一方面，以矿业为主要支柱的产业结构决定蒙古国经济主要依靠矿产品出口。即使未来国际经济形势好转，矿产品需求增大，蒙古国仍然面临运输、出口的困境。设施差、距离远、成本高等仍然是限制蒙古国扩大矿产品出口增长的主要因素。

另一方面，作为一个资源出口型国家，蒙古国在经济发展遇到困难的情况下，希望利用其作为连接亚欧大陆桥最近通道的地理位置优势，连通欧亚大市场，并通过“草原之路”连通中国、俄罗斯和朝鲜的港口，将矿产品出口输送到亚太其他国家及地区，使其产品市场更加多元化，以运输贸易振兴本国经济。

因此，加快通道建设，实现互联互通，是促进蒙古国经济增长的当务之急。当前蒙古国矿产资源出口困难，对于长期存在的贸易和财政赤字、新出现的债务到期和外国投资急剧减少等问题，蒙古国政府期盼通过“草原之路”与“一带一路”对接，吸引国际资本和技术，带动包括矿业开发在内的产业升级。

（2）矿业兴国

蒙古国矿产资源丰富，部分储量在国际上处于领先地位，且未进行大规模勘探开发。目前，蒙古国已探明的矿产有 80 多种，矿点 6000 余个，主要包括煤、铁、铜、铀、稀土、石油、油页岩矿等。矿业产值约占蒙古国国内生产总值的30%，出口收入的86%，财政收入的37%。外国直接投资的85%投入矿业领域。为进一步促进矿业领域的规模化发展，同时加强采矿业对基础设施建设等相关产业的拉动作用，蒙古国提出了“矿业兴国”的发展战略。

2014年，蒙古国政府提出基于地处欧亚之间的地理优势，准备实施“草原之路”计划，以此改善“矿业兴国”战略实施以来的基础设施相对滞后、资源运输缓慢等不利条件，建立互联互通的中蒙俄经济走廊，通过运输和贸易振兴蒙古国经济。2017年，蒙古国将“草原之路”计划升级为“发展之路”国家战略规划，旨在加强交通运输、电力能源、通信联络、矿产开发、观光旅游业基础设施建设等。

（3）欧亚经济联盟

2014年5月29日，负责俄罗斯、白俄罗斯、哈萨克斯坦三国一体化进程的超国家机构——欧亚经济委员会最高理事会会议在哈萨克斯坦首都阿斯塔纳举行。俄罗斯总统普京、白俄罗斯总统卢卡申科、哈萨克斯坦总统纳扎尔巴耶夫在会上正式签署《欧亚经济联盟条约》，条约从2015年1月1日起生效。联盟建立后将保障商品、服务、资本和劳动力在三国境内自由流通，并推行协调一致的经济政策。成员国包括俄罗斯、哈萨克斯坦、白俄罗斯、吉尔吉斯斯坦和亚美尼亚，五国均是“一带一路”建设的重要合作伙伴。

条约涉及能源、交通、工业、农业、关税、贸易、税收和政府采购等诸多领域，还列出了自由贸易商品清单，但其中不包含烟酒等敏感商品。

条约规定，欧亚经济联盟是国际性组织，俄白哈三国在联盟内拥有完全平等的权利，三国在联盟所属机构中拥有平等的表决权。

（4）远东开发战略

远东地区是俄罗斯八大联邦区中最大的联邦区，西起勒拿河东侧，东北与美国的阿拉斯加隔白令海峡相望，东南濒临日本海，北临北冰洋，南接中国、朝鲜。远东联邦区的地上、地下和海洋资源都极为丰富，被誉为“世界上唯一未被深挖的宝库”。受制于地域和资金，远东一直与俄罗斯欧洲部分有较大的发展差距。

2012年，普京在第三次当选俄罗斯联邦总统之后，将西伯利亚和远东地区的开发确定为国家重大战略任务之一，明确了西伯利亚和远东地区开发在国家经济中的优先发展地位。为了更加高效地落实国家面向远东开发出台的相关战略措施，俄罗斯成立了独立于俄罗斯联邦地区发展部之外的俄罗斯联邦远东发展部。

为进一步推动远东开发进程，强化远东开发的国际氛围和参与度，2012 年 9 月，俄罗斯在滨海边疆区首府——符拉迪沃斯托克市成功举办 APEC 峰会，标志着俄罗斯远东开发战略的正式启动，APEC 峰会的成功举办也为滨海边疆区的基础设施建设带来了翻天覆地的变化，为经济发展注入了活力。

2013 年，俄罗斯政府设立远东和贝加尔地区经济社会发展问题委员会，并正式出台《2025 年前俄罗斯联邦远东和贝加尔地区经济社会发展国家规划》，其中包含《2018 年前俄罗斯联邦远东和贝加尔地区经济社会发展计划》和《千岛群岛经济社会发展计划》两个联邦专项计划和 12 个子计划。

2014 年，俄罗斯联邦政府出台《2014—2025 年远东和贝加尔地区社会经济发展国家纲要》，旨在通过交通物流等基础设施建设加速推动远东和贝加尔地区的发展，充分发挥东北亚区位优势和传统产业优势，消除区域经济不平衡，改善医疗、教育、住房条件，提升人力资源质量，实现远东和贝加尔地区经济社会的跨越式发展。

第三章

中蒙俄贸易风险评估及对策研究

2014 年 9 月上合组织杜尚别峰会提议建立中蒙俄经济走廊，将“丝绸之路经济带”同俄罗斯跨欧亚大铁路、蒙古国“草原之路”进行对接。通过连接使三国交通、货物运输便利化，同时加强跨国电网、铁路、公路等互联互通建设，实现优势互补互利合作，推进三国贸易通关便利化，促进过境运输合作并最终推进“一带一路”倡议目标的实现。2018 年 6 月 9 日，中蒙俄三国元首第四次会晤，全面总结三方合作进展和成果，共同规划下一阶段优先任务和方向。中蒙俄三国元首举行首次会晤三年多来，三国围绕中方“一带一路”建设、俄方发展战略特别是跨欧亚大通道建设、蒙方“发展之路”倡议相互对接这条主线，依托互为邻国的地缘优势，推动合作逐步深入，取得阶段性成果。

中蒙俄三国毗邻而居，互为传统战略伙伴，经济结构具有较强互补性，开展合作具有天然优势和良好基础。“一带一路”倡议为中蒙俄三国深化经贸合作提供了新机遇，中蒙俄三国应以“一带一路”建设为契机，加强三国基础设施互联互通，改善现有经济合作机制和贸易结构，促进东北亚地区经济协调发展。在经济全球化和区域经济一体化深入推进的今天，三方要合力走出互利共赢、融合发展的普惠之路，塑造邻国之间的合作典范。因此，本文以中蒙俄三国贸易合作现状为视角，分析中蒙俄贸易合作中存在的风险和问题，为加快推动中蒙俄贸易合作提出相应的对策和建议。

第一节　中蒙俄三国贸易合作现状

一、中俄贸易合作现状

（一）中俄双边贸易

2000年以来中国与俄、蒙贸易关系迅速发展，尤其中俄贸易规模发展迅速。中俄贸易额1995年仅为54.63亿美元，2007年首次突破400亿美元，2014年达到952.95亿美元。1995—2014年20年间年均增幅16.24%。据中国海关统计，2016年中俄贸易额695.6亿美元，同比增长2.3%，其中，中国对俄罗斯出口373.3亿美元，同比增长7.4%，中国自俄罗斯进口322.3亿美元，同比下降3.1%；2017年中俄两国贸易额为840.71亿美元，同比增长20.8%，其中，中国对俄罗斯出口总额为428.76亿美元，同比增长14.8%，中国自俄罗斯进口总额为411.95亿美元，同比增长27.7%；2018年1月至9月，中俄双边货物贸易额为786.9亿美元，增长27.8%，其中，俄罗斯对中国出口404.6亿美元，增长50.6%，占其出口总额的12.4%，提高1.9个百分点，俄罗斯自中国进口382.2亿美元，增长10.1%，占其进口总额的21.8%，提高0.5个百分点，俄罗斯对中国贸易顺差22.4亿美元，增长128.6%。在中俄双方共同努力下，中俄两国贸易合作进入加速提质升级新阶段，呈现增长快、范围广、潜力大等特点。中俄两国务实合作、互相补充，可以说是互利双赢的典范，有着巨大内生动力和提升空间。

从中俄两国贸易结构看，2007年，中国从俄罗斯进口的商品主要为矿物燃料等原材料类产品、非食用原料、化学制品及有关产品，3类商品占比分别为47.51%、25.40%、11.06%，俄罗斯从中国进口的商品主要为杂项制品、机械及运输设备和按原材料分类的制成品，占比分别为45.82%、29.16%、15.71%；2014年，中国从俄罗斯进口的商品主要为矿物燃料等原料类产品、非食用原材料、按原材料分类制成品，3类商品占比分别为71.47%、13.34%、5.75%，俄罗斯从中国进口的商品以杂项制品、机械及运输设备和按原材料分类制成品为主，分别占 37.78%、33.83%、18.42%；2016 年，俄罗斯超过沙特阿拉伯成为中国原油进口第一来源国，供应总量约为 5200 万吨；2017 年，俄罗斯取代蒙古国成为中国第三大煤炭供应国，同时仍然是中国最大的石油供应国。矿产品、木及制品和机电产品是俄罗斯对中国出口的主要产品，2017 年出口额分别占俄罗斯对中国出口总额的 70.5%、8.7% 和 5.9%，分别为 263.9 亿美元、32.7 亿美元和 21.9 亿美元，增幅分别为 41.1%、25.9% 和 58.1%。另外，2017 年，贱金属及其制品的出口额增长明显，增幅为 205.6%；纺织品及原料的出口额下降 22.9%。俄罗斯自中国进口的主要商品为机电产品、纺织品及其原料和贱金属及其制品，2017 年 3 类产品进口额合计占俄罗斯自中国进口总额的 67.5%，分别为 254.5 亿美元、35.7 亿美元和 34.1 亿美元，分别增长 26.2%、16.6% 和 33.4%，这些产品在俄罗斯进口市场中分别占有 32.9%、4.7% 和 7.1% 的份额。由此可见，近年来中国从俄罗斯进口的商品以矿物燃料等有关原材料类产品为主，俄罗斯从中国进口的商品以杂项制品、机械及运输设备和按原材料分类的制成品为主，占比较为稳定。

（二）中俄投资合作

近年来中俄投资合作步伐显著加快。2004—2017 年中国对俄罗斯投资额呈现逐年攀升趋势。2004 年中国对俄罗斯投资流量为 0.77 亿美元，存量为 1.23 亿美元；2013 年中国对俄罗斯的投资流量为 10.22 亿美元，10 年间年均增幅为 33.28%。2013 年末，中国对俄罗斯的投资存量为 75.82 亿美元，占中国对外直接投资存量的 1.1%。据中国商务部统计，2016 年中国对俄罗斯直接投资流量 12.9 亿美元；2016 年底，中国对俄罗斯直接投资存量 129.8 亿美元；2017 年中国对俄直接投资达到 22.2 亿美元，同比增长 72%。

中国对俄罗斯的投资领域主要为能源资源、农林开发、建筑和建材生产、贸易、轻纺、家电、通信、服务等。近年来中俄两国间能源、科技、运输等领域的大项目合作顺利，以同江铁路桥等为代表的一批能源、核能、航空航天、科技、运输等领域大型合作项目，有力支撑了双边贸易的持续发展。相比较而言，俄罗斯对中国的投资规模较小。国家统计局数据显示，2004 年中国实际利用俄罗斯外商直接投资规模达到峰值，金额为 12638 万美元，随后逐年下降，到 2013 年仅为 2208 万美元，中俄在投资合作方面仍有很大提升空间。

二、中蒙贸易合作现状

（一）中蒙双边贸易

自中国与蒙古国建立贸易关系以来，两国长期采取记账贸易方式开展贸易活动。1991 年两国政府签订了新的贸易协定，现汇贸易取代了政府间记账贸易。1991 年 8 月中蒙签订了《关于鼓励和相互保护投资协定》《关于对所得避免双重征税和防止偷漏税的协定》，两协定均于 1993 年 1 月 1 日生效实施。2008 年 6 月，中蒙签署了《中国与蒙古国经济贸易合作中期发展纲要》，规划了未来 5 年的中蒙贸易合作。2014 年 8 月，中国商务部同蒙古国经济发展部共同签署了新的《中国与蒙古国经济贸易合作中期发展纲要》，提出到 2020 年实现双边贸易额突破 100 亿美元的目标。

中蒙贸易规模在 2000 年只有 8.03 亿美元，从 2005 年开始，中蒙双边贸易总额大幅度提升，到 2014 年贸易总额已达 73.09 亿美元，2000—2014 年 15 年间年均增幅为 15.87%。据中国海关统计，2017 年中蒙双方贸易总额为 63.66 亿美元，其中中国对蒙古国出口 12.48 亿美元，中国对蒙古国进口 51.18 亿美元（见表 3–1）。蒙对华出口产品主要包括矿产品、动物毛皮原料及其制成品等，蒙自华进口产品主要包括汽柴油、食品、机械设备产品等。

表3-1　　2012—2017年中蒙贸易合作数据

主要指标	2012年	2013年	2014年	2015年	2016年	2017年
中国出口（亿美元）	26.53	24.50	22.16	15.72	9.88	12.48
中国进口（亿美元）	39.42	35.06	50.93	37.79	36.19	51.18
中国对蒙古国直接投资流量（万美元）	90403	38879	50261	2319	7912	–2789

资料来源：中国海关，中国商务部。

从中蒙两国贸易结构来看，2007 年中国从蒙古国进口的商品主要是非食用原料、矿物燃料等有关原料类产品，两类主要商品分别占 85.94% 和 11.52%。蒙古国从中国进口的商品主要为机械及运输设备、按原料分类的制成品和杂项制品，3 类主要商品分别占 40.88%、26.87%、13.79%。2014 年，中国从蒙古国进口的商品主要为非食用原料和矿物燃料等有关原料类产品，2 类主要商品分别占 66.14%、32.62%。在蒙古国从中国进口的商品中主要为按原料分类的制成品、杂项制品和机械及运输设备，3 类主要商品分别占 30.86%、27.61%、24.95%，中蒙贸易结构较稳定。中国从蒙古国进口的商品仍以非食用原料和矿物燃料等有关原材料类产品为主，而蒙古国从中国进口的商品仍以各种制成品为主。

（二）中蒙投资合作

据中国商务部统计，2004 年中国对蒙古国投资流量为 0.4 亿美元，存量为 0.76 亿美元；2013 年中国对蒙古国投资流量为 3.89 亿美元，2004—2013 年年均增幅达 28.76%，但中对蒙的投资流量占同期中国对外投资的比重仅为 0.34%，截至 2013 年底，中对蒙投资存量为 33.54 亿美元，年均增幅 52.32%；2016 年当年中国对蒙古国直接投资流量 0.79 亿美元，至 2016 年末，中国对蒙古国直接投资存量 38.39 亿美元，投资规模增速惊人；截至 2017 年底，中国对蒙直接投资超过 40 亿美元，约占蒙吸收外资总额的 30%，但中对蒙的投资额在同期中国对外投资中占比仅为 0.48%，仍有很大提升空间。中国在蒙古国的投资主要集中在地质矿产资源勘探与开采、食品生产、畜产品加工、电器设备制造、建筑工程及建材生产、日用品制造、卫生保健、贸易餐饮服务等行业。

三、俄蒙贸易合作现状

（一）俄蒙双边贸易

俄蒙贸易关系在苏联解体后经历了低谷，多年来在低水平徘徊。1996 年俄蒙贸易额为 2.76 亿美元，1996—2008 年，贸易额保持稳定上升趋势，2008 年达到 11.69 亿美元，形成第一个峰值。2009 年受全球金融危机影响，同比降幅达 40%。随后逐年上升，2012 年贸易顺差高达 17.87 亿美元，同比增幅达 167.17%。2013 年、2014 年均略有下降，但仍高于危机前双边贸易水平。俄罗斯从蒙古国进口的萤石—晶石精矿砂、铜及钼精矿砂等稀有金属是俄罗斯当前所急需的战略资源，同时俄罗斯的矿石燃料、润滑油及相关产品、食物和活动物以及部分工业制成品都是蒙古国发展必需产品，2014 年上述产品进口额占蒙古国从俄罗斯进口产品总额的 87.15%。蒙古国对俄罗斯的进口依赖程度极高，俄罗斯始终是蒙古国第一大商品进口来源国。2015 年俄蒙贸易额为 10.98 亿美元，2016 年俄蒙贸易额为 9.36 亿美元。

（二）俄蒙投资合作

近年来俄罗斯企业对蒙古国投资出现增长趋势，两国企业间的互信合作也稳步加强。目前俄罗斯在蒙古国的投资公司接近 300 家，主要从事基建和交通运输、能源开发、轻工业、农业、贸易、餐饮和肉类等行业。虽然俄罗斯仅居外商对蒙投资的第 5 位，但俄在蒙投资企业仍掌握其经济命脉，如蒙古国三大企业之一的俄蒙合资乌兰巴托铁路股份公司提供着蒙古国全国 98% 的运力，在俄罗斯各参股 49% 的额尔敦特铜钼矿联合企业和蒙俄有色金属公司是蒙古国的两大骨干企业。

综上所述，由于地缘、经济互补性、资源互补性及高度契合的中蒙俄国家发展战略等优势，中蒙俄三国贸易合作取得了长足的进步，更预示未来三国贸易合作的巨大潜力。

第二节　中蒙俄贸易互补性分析

本部分主要运用贸易结合度指数和显示比较优势指数对中蒙俄贸易互补性进行实证研究，研究过程及结果如下。

一、中蒙俄贸易结合度分析

贸易结合度指数广泛运用于衡量贸易双方在贸易方面相互依存的程度，其分子为一国对其某一贸易伙伴国的出口额占该国出口总额的比重，分母为一国从该贸易伙伴国进口总额占世界进口总额的比重，其数值越大，说明贸易双方在贸易方面联系越紧密，其计算公式为：

$$TCD_{pq}=(X_{pq}/X_p)/(M_q/M_w)$$

其中，TCD_{pq} 是 p 国对 q 国的贸易结合度指数；X_{pq} 是 p 国对 q 国的出口额；X_p 是 p 国向世界出口总额；M_q 是 q 国从世界进口总额；M_w 是世界各国进口总额。

如果 TCD_{pq} 大于 1，说明两国贸易合作较为紧密；如果 TCD_{pq} 小于 1，说明两国贸易合作较为松散。2005—2017 年中俄 TCD 指数、中蒙 TCD 指数详见表 3–2、表 3–3。

由表 3–2 可知，2005—2017 年中对俄 TCD 指数均大于 1，俄对中的 TCD 指数除 2013—2015 年在 0.8 ~ 1 范围内浮动以外，其余年份均大于 1，证明中俄两国贸易往来较为紧密，应继续大力发展中俄双边贸易。

从表 3–3 可以看出，中蒙彼此间 TCD 指数都远大于 1，且自 2009 年以来蒙古国对中国的 TCD 指数在 10 左右浮动，这充分表明中蒙两国在贸易方面的联系非常紧密，也说明蒙古国对中国的经济依赖度较高，应继续发掘中蒙贸易合作潜力，深化双边贸易合作。

表3-2　2005—2017年中国与俄罗斯TCD指数

年份	中国对俄罗斯的贸易结合度指数	俄罗斯对中国的贸易结合度指数
2005	1.86	1.87
2008	1.42	1.66
2010	1.51	1.06
2012	1.50	1.02
2013	1.61	0.91
2014	1.52	0.81
2015	1.40	0.93
2016	1.59	1.16
2017	1.51	1.13

资料来源：根据UN Commodity Trade Statistics Database数据计算所得。

表3-3 2005—2017年中国与蒙古国TCD指数

年份	中国对蒙古国的贸易结合度指数	蒙古国对中国的贸易结合度指数
2005	5.53	4.28
2008	7.01	6.59
2010	5.14	11.6
2012	4.24	10.91
2013	3.94	10.04
2014	4.22	10.26
2015	3.05	8.07
2016	2.29	7.55
2017	2.31	8.08

资料来源：根据UN Commodity Trade Statistics Database数据计算所得。

二、中蒙俄贸易的互补性分析

采用联合国“标准国际贸易产品分类”第4次修改版本（SITC Rev. 4）的方法，将主要贸易产品分为10类，即SITC 0 ~ 9类。SITC0为食品和活动物；SITC1为饮料及烟类；SITC2为非食用原料（不包括燃料）；SITC3为矿物燃料、润滑油及相关原料；SITC4为动植物油、脂和蜡；SITC5为化学制品及有关产品；SITC6为主要按原料分类的制成品；SITC7为机械及运输设备；SITC8为杂项制品，包括各种服装及服饰用品、鞋类、仪器设备等；SITC9为国际贸易标准未另分类的其他商品和交易，如军工产品、黄金珠宝等特殊产品。其中，SITC0 ~ 4大多为初级产品；SITC5、SITC7大多为资本或技术密集型产品；SITC6、SITC8大多为劳动密集型产品。

本章运用显示比较优势指数RCA对中蒙俄贸易互补性进行研究。RCA是Balassa首先提出的，其思想如下：若一国某商品出口RCA指数大于1，则该国在这类产品的出口具有比较优势；若RCA指数小于1则具有比较劣势。其计算公式为：

$$RCA_{mp}=(Ex_{mp}/Ex_m)/(Exw_p/Exw)$$

其中，RCA_{mp}为m国p类商品的世界出口竞争力指数；Ex_{mp}为m国p类商品的世界出口额；Ex_m 为 m 国各类商品世界出口额；Exw_p 为 p 类商品的世界总出口额；Exw 为各类商品的世界出口总额。

Balassa 观点如下：如果两国同一类产品的出口 RCA 均大于 1，说明两国在该产品贸易中是竞争性关系；如果一国同一类产品的出口 RCA 大于 1，另一国 RCA 小于 1，说明两国在该产品贸易中是互补性关系；如果两国在同一类产品的出口 RCA 均小于 1，则两国在此产品的贸易中具有比较劣势。

（一）中国对世界市场出口的 RCA 指数分析

2005—2017 年中国 SITC 0 ~ 9 类产品对世界市场出口的 RCA 指数如表 3-7 所示。由表 3-4 可知，中国在资源密集型产品（SITC 0 ~ 4 类产品）的贸易中不具有比较优势，各类产品的出口 RCA 指数都小于 1，SITC0 食品和活动物类产品的 RCA 指数相对较高，说明食品较其他资源型产品的出口优势较为明显。

表3-4　2005—2017年中国对世界市场出口的RCA指数

类别 / 年份	SITC0	SITC1	SITC2	SITC3	SITC4	SITC5	SITC6	SITC7	SITC8	SITC9
2005	0.580	0.197	0.305	0.168	0.095	0.445	1.229	1.229	7.386	0.062
2008	0.550	0.183	0.276	0.166	0.094	0.672	1.687	1.751	9.275	0.036
2010	0.445	0.151	0.177	0.132	0.049	0.486	1.207	1.406	2.106	0.019
2013	0.407	0.145	0.161	0.099	0.055	0.495	1.319	1.409	2.294	0.017
2014	0.379	0.143	0.164	0.168	0.096	0.501	1.263	1.250	2.009	0.022
2015	0.406	0.180	0.177	0.112	0.055	0.518	1.383	1.302	2.073	0.019
2016	0.429	0.189	0.174	0.132	0.048	0.512	1.328	1.246	1.951	0.044
2017	0.433	0.185	0.187	0.151	0.063	0.575	1.352	1.335	2.041	0.049

资料来源：根据UN Commodity Trade Statistics Database数据计算所得。

资本密集型产品（SITC5 和 SITC7）：未另列明的化学品和有关产品 SITC5 的 RCA 指数小于 1 上下浮动，机械及运输设备 SITC7 的出口 RCA 指数大于 1，中国在 SITC5 类产品的出口处于劣势，在 SITC7 类产品的出口具有比较优势。

劳动密集型产品（SITC6 和 SITC8）：按原料分类的制成品 SITC6 类产品的 RCA 指数在 1.3 左右浮动，杂项制品 SITC8 的 RCA 指数均大于 1，这说明中国在

SITC6 和 SITC8 类产品的出口上具有较强优势。但从 RCA 指数波动情况来看，中国的劳动密集型产品的出口存在到其他国家，如印度等发展中国家的有力竞争。

（二）俄罗斯对世界市场出口的 RCA 指数分析

由表 3-5 可以看出，近年来俄罗斯资源密集型产品（SITC 0 ～ 4）中，能源性产品 SITC3 的出口 RCA 指数大于 1，其出口具有比较优势。非食用原料（不包括燃料）产品 SITC2 的 RCA 指数 2014 年之前在 0.75 上下浮动，近三年来 SITC2 的 RCA 指数均大于 1，说明这 3 类产品的出口具有比较优势，体现了俄罗斯资源型产品储量丰富的要素禀赋特征。资本密集型产品（SITC5 和 SITC7）：未另列明的化学品和有关产品类产品 SITC5 和机械及运输设备类产品 SITC7 的出口 RCA 指数值分别在 0.4 和 0.1 低水平浮动，说明俄罗斯在这两类产品的出口不具备比较优势。2005—2017 年俄罗斯 SITC 0 ～ 9 类产品对世界市场出口的 RCA 指数详见表 3-6。

表3-5　　2005—2017年俄罗斯对世界市场出口的RCA指数

年份＼类别	SITC0	SITC1	SITC2	SITC3	SITC4	SITC5	SITC6	SITC7	SITC8	SITC9
2005	0.256	0.226	0.961	0.483	0.225	0.397	1.073	0.108	0.220	2.479
2008	0.266	0.255	0.668	3.806	0.310	0.458	0.876	0.099	0.195	1.971
2010	0.267	0.191	0.753	5.138	0.290	0.355	0.856	0.078	0.052	2.220
2012	0.409	0.275	0.750	4.676	0.670	0.428	0.861	0.105	0.082	0.715
2013	0.381	0.291	0.748	3.620	0.730	0.409	0.822	0.121	0.097	0.752
2014	0.495	0.329	0.852	4.345	0.827	0.444	0.861	0.121	0.108	0.595
2015	0.588	0.408	1.023	5.741	0.972	0.528	1.017	0.150	0.134	0.614
2016	0.629	0.395	1.114	5.709	1.192	0.447	1.077	0.124	0.094	1.762
2017	0.710	0.355	1.207	5.867	1.236	0.481	1.199	0.153	0.110	0.538

资料来源：根据UN Commodity Trade Statistics Database数据计算所得。

劳动密集型产品（SITC6 和 SITC8）：按原料分类的制成品（SITC6）的出口 RCA 指数在上下浮动，说明俄罗斯在此类产品上具有比较优势。如在钢铁产品和有色金属产品方面的竞争力很强，这归因于俄罗斯丰富的铁矿和有色金属资源及雄厚的工业基础。杂项制品类产品 SITC8 的出口 RCA 指数小于 1，说明俄罗斯在 SITC8

类产品的出口上具有比较劣势，原因在于俄罗斯劳动力资源短缺且劳动力成本昂贵。

特殊产品（SITC9）：从表 3–5 可以看出，2010 年以前 SITC9 类产品（主要为军工类产品）的出口 RCA 指数大于 1，说明俄罗斯军事技术先进，军工产品在国际市场上具有很大的竞争力。但近几年来在欧美对俄罗斯制裁的背景下，俄罗斯在军工类产品出口上的竞争力有所下降，SITC9 类产品的出口 RCA 指数开始逐渐降低。

（三）蒙古国对世界市场出口的 RCA 指数分析

2005—2017 年蒙古国 SITC 0 ~ 9 类产品对世界市场出口的 RCA 指数，如表 3–6 所示。

表3-6　　2005—2017年蒙古国对世界市场出口的RCA指数

年份＼类别	SITC0	SITC1	SITC2	SITC3	SITC4	SITC5	SITC6	SITC7	SITC8	SITC9
2005	0.236	0.038	13.456	0.265	0.024	0.010	0.305	0.021	3.046	8.260
2008	0.353	0.017	17.145	0.431	0.150	0.027	0.193	0.019	0.437	4.919
2010	0.287	0.011	17.152	0.761	0.051	0.009	0.207	0.017	0.088	2.616
2012	0.217	0.010	17.427	0.788	0.038	0.009	0.214	0.011	0.089	1.820
2013	0.077	0.277	12.141	2.500	0.001	0.004	0.109	0.046	0.059	1.531
2014	0.045	0.063	15.302	2.954	0.001	0.003	0.111	0.044	0.042	1.560
2015	0.153	0.052	18.764	1.859	0.000	0.004	0.196	0.043	0.057	1.546
2016	0.183	0.091	14.059	2.777	0.036	0.005	0.193	0.074	0.073	2.444
2017	0.195	0.097	13.799	2.583	0.028	0.006	0.202	0.078	0.080	3.005

资料来源：根据UN Commodity Trade Statistics Database数据计算所得。

由表 3–6 可知：

资源密集型产品（SITC 0 ~ 4）：除非食用原料类产品（SITC2）和矿物燃料、润滑油及相关原料类产品（SITC3）外，其他 3 类资源密集型产品的 RCA 指数均小于 1，而 SITC2 类产品的 RCA 指数均大于 10，说明蒙古国在 SITC2 类产品的出口上具有极强的比较优势。

资本密集型产品（SITC5和SITC7）：未另列明的化学品和有关产品（SITC5）和机械及运输设备类产品（SITC7）的出口RCA指数远小于1，且SITC5类产品的出口RCA指数呈递减趋势，说明蒙古国在这两类产品的出口上比较劣势日益剧增。

劳动密集型产品（SITC6和SITC8）：按原料分类的制成品（SITC6）的出口RCA指数小于1，在贸易中具有贸易劣势。杂项制品类产品（SITC8）的RCA值波动幅度较大，说明SITC8类产品的出口存在其他国家的有力竞争，该类产品出口优势渐失。

特殊产品（SITC9）：军工类产品（SITC9）的出口RCA大于1，说明蒙古国在SITC9类产品（军工产品）的出口中具有明显的比较优势。

（四）中蒙俄贸易产品具体特征分析

根据RCA分析可知，中俄互补性产品为SITC2、SITC3、SITC7、SITC8、SITC9；中俄竞争性产品为SITC6；中俄均具有比较劣势的产品为SITC0、SITC1、SITC4、SITC5；中蒙互补性产品为SITC2、SITC6、SITC7、SITC9；中蒙竞争性产品为SITC8；中蒙具有比较劣势产品为SITC0、SITC1、SITC3、SITC4、SITC5。

综上，中蒙俄贸易合作互补性与竞争性共存。一方面，中俄贸易的产业分工中垂直分工和水平分工并存。在资源性产品和劳动密集型产品的贸易中以垂直分工合作为主，在技术密集型产品贸易和服务贸易中则是水平分工。中俄应加强非食用原料（不包括燃料）类产品、矿物燃料、润滑油及有关原料类产品、机械及运输设备、杂项制品及军工产品的合作，利用两国要素禀赋的互补性，实现双赢合作。在按原料分类的制成品等方面加强技术交流，在交流合作中提升两国的总体竞争能力。另一方面，中蒙贸易的产业分工以垂直分工为基础，即以蒙古国的初级产品交换中国的制成品，因此应加强在非食用原料（不包括燃料）、按原料分类的制成品、机械及运输设备等产品的贸易往来，充分利用中蒙地缘优势，实现中蒙双赢局面。

第三节 中国与俄罗斯、蒙古国贸易合作存在的风险及问题

当前，随着经济全球化和一体化的进程进一步扩大和加快，不同国家、地区之间的贸易、政治关系等相互依存度越来越高，无论是欠发达国家之间的贸易，还是发达国家之间的贸易和政治往来，都在全球化的趋势下变得更加活跃，容易受到国际上诸多不稳定因素的影响。

一、中国与俄罗斯贸易中存在的风险

近年来中俄贸易总额不断增加，但是两国在贸易合作过程中一直存在诸多风险，加之新的国际贸易大环境的影响，快速发展的中俄贸易也面临很大的挑战，主要表现在以下几方面。

（一）国际环境风险

贸易保护主义增加全球经济的不确定性。经过国际金融危机后近 10 年的调整，2017 年以来世界经济复苏态势好于预期，经济增长逐步摆脱低速运行态势，工业生产、国际贸易等领域持续复苏，经济增长动力增强。各主要经济体普遍加强基础设施建设，促进制造业等实体经济发展，经济增速普遍回升。尽管当前全球经济形势改善，但一些国家贸易保护主义倾向加强，给世界经济和贸易增长带来重大不确定性。世界贸易组织称，不断升级的贸易冲突可能影响商业信心和投资决策，将显著拉低全球贸易增长，主要经济体间贸易关系破裂将会使全球经济偏离过去几年的复苏轨道，威胁全球经济增长。

国际大宗商品价格维持高位并呈现宽幅震荡波动。2017 年，世界经济和国际贸易明显回暖，大宗商品市场延续了 2016 年下半年以来的上涨态势，特别是能源价

格涨势明显。世界银行初级产品价格指数显示，2017 年 12 月，能源类和非能源类商品价格指数分别比上年同期上涨 13.8% 和 2.0%。2018 年第一季度，原油价格继续走高，带动大宗商品价格指数进一步上涨。CRB 指数第一季度上涨 1.2%，标普高盛商品指数第一季度上涨 2.1%。3 月，世界银行能源类和非能源类商品价格指数较 2017 年底分别上涨 4.0% 和 4.3%。从供需情况看，世界经济增长预期乐观，大宗商品市场需求更加旺盛，供需平衡进一步改善，价格有望维持在当前的较高水平。但发达经济体收紧货币政策将对商品价格上涨起到抑制作用，贸易保护主义升温、热点地区局势紧张等风险因素也将对商品价格产生影响，商品价格可能呈现宽幅震荡走势。

（二）经济风险

俄罗斯经济面临困局。自苏联解体后，受各种因素的影响，处于经济转轨时期的俄罗斯出现持续多年的经济下滑现象，在客观上影响了中俄双方贸易合作。近些年，由于对经济加强了治理，俄罗斯不仅使经济摆脱了严重的转型危机，而且逐步走向复苏直至进入经济增长期，俄罗斯的通货膨胀随之下降。但 2014 年，国际油价的下跌使俄罗斯国内的经济形势进一步恶化。2015 年的低油价几乎拖累了俄罗斯所有的主要经济指标，俄罗斯的 GDP 约为 1.2 万亿美元，下降了 3% ~ 5%，通胀率高达 14% ~ 16%，用卢布结算的贸易额下降约 12%。尽管俄罗斯经济面临重重困难，但是我们应当看到，近几年俄罗斯正在从油价下跌的影响中逐步恢复，卢布汇率保持相对稳定，通货膨胀也得到了逐渐缓解。

总体而言，尽管俄罗斯经济仍面临困难，但与 20 世纪 90 年代的情况相比要好得多。长期以来，经济结构问题始终是困扰俄经济发展的重要因素。目前在俄罗斯，原材料尤其是能源的出口仍是带动经济发展的主要引擎。由于俄罗斯的经济发展模式对能源产业过于依赖，因而其经济发展存在着较大的脆弱性，使经济增长具有较大的波动性，有碍于经济的长期稳定发展。尽管俄罗斯提出发展创新经济和实现经济的现代化，但进展不大，油气企业的高回报率使资本难以转向其他产业。尽管西方对俄罗斯实施的制裁和国际油气价格的下跌，在某种程度上对俄罗斯的经济转型起到了一定的外部推动的作用，但俄结构调整仍难有新起色。未来一段时期，俄罗斯经济形势仍将是严峻的，俄罗斯当前所面对的经济困局，对快速发展的中俄贸易合作尤其是高科技和大项目领域的投资合作会产生一定的影响。对俄罗斯而言，实施中俄双方已达成的协议和签订的合同仍有一定难度。这增大了中俄贸易合作的不确定性。

（三）政治风险

欧美对俄制裁，促使俄面向中国，对华经贸关系出现热络的局面。近年来，俄中关系呈现强劲发展势头，双方互信日益增强，政治、经济、安全等广泛领域合作成果丰硕。俄方对于发展中俄互利友好合作的政策具有持久稳定性，因此中俄间政治风险较低。中资企业经营环境改善，投资和贸易领域受限情况也随之减少。但是俄罗斯国内政策决策过程缺乏透明度，兑现投资优惠承诺存在不确定性。为了适应国际惯例，尽量符合 WTO 的需要，同时为满足国内经济结构调整的需求，俄罗斯对本国的立法进行了很大的修改，尽量体现出其对于外资尤其是直接投资的优厚承诺。然而，尽管俄罗斯目前在制定法律法规方面符合 WTO 规则的要求，但是在大多数情况下，被纳入俄罗斯法律体系中的 WTO 法律规则并没有反映到受法律约束的文件中，从而缺乏实际具体的措施，这增加了俄罗斯在其法律法规的实际执行中，兑现其投资优惠的承诺的不可预测性。

二、中国与俄罗斯贸易中存在的问题

（一）中俄进出口商品贸易结构不平衡，存在安全隐患

1. 商品贸易结构单一

中国经济的快速发展以及取得的巨大成就，为其对外贸易提供了保障，而在中俄贸易中，其商品贸易主要依据两国要素禀赋，贸易商品所属种类严重失衡，结构单一。其中，中国向俄罗斯出口的商品主要是工业制成品，其所占比重较大，远远

超过对初级产品的出口额。但是，必须看到，出口的工业制成品中商品结构不平衡，其中纺织品、机电产品等比重较大，中俄贸易商品结构明显单一的特征，使其受外部影响较严重。如果贸易结构不进行优化调整，长期下去主导产品（如机电产品）的出口就会受到国际市场环境变动的影响，比如商品价格及其原料供求变动等，进而对中俄贸易产生严重影响。

2. 中国从俄进口的商品以资源密集型商品为主

从中俄商品贸易结构概况中可以看出，中国从俄进口的商品中，SITC 2 ~ 3 为代表的资源密集型商品增长幅度最大，尤其是原油类商品，这反映出中俄贸易中，中国从俄罗斯进口商品种类逐渐倾向于原料类（资源类）商品，而未从俄罗斯引进先进技术，以从根源上调整贸易结构，从而使中俄贸易存在极大不稳定性。因为原油、矿产品等原料类商品的价格主要依靠国际市场行情的调节，国际市场价格的波动引起中俄主要贸易商品价格波动，从而严重影响中俄两国的贸易规模。而国际市场价格的下跌，则对中俄贸易产生极大的消极影响。例如，2014 年国际油价的持续下跌，对以原油出口为主的俄罗斯经济的影响是严峻的。虽然中国以相对稳定的价格从俄罗斯购买原油，但只能从一定程度上减弱这种消极影响，而无法改变中俄贸易规模下滑的趋势。能源是中国经济发展的源动力，而俄罗斯在短期内出口资源密集型商品的格局基本保持不变，所以中国从俄罗斯进口原料的比重仍会很大。

3. 中国对俄出口贸易中劳动密集型商品占比仍然较高

虽然中国向俄罗斯出口的以机电产品为代表的工业制成品占据中俄贸易的主导地位，但仍是以劳动力比较优势为准则，一方面，资本密集型产品中中国主要从事产品的加工环节，对中方而言劳动的增加值为主；另一方面，SITC6 和 SITC8 两类劳动密集型商品出口总量在工业制成品总出口中比重仍然很高。未来劳动密集型产品与资本密集型产品将呈现此消彼长的变动趋势，但是其变化是缓慢的。为实现两国经济快速发展，中俄贸易商品结构要进行全面调整优化，这需要两国共同协商合作。经济全球化使世界各国成为一个大型工厂，每个国家都是生产环节中的一员，而根据要素禀赋进行的国际分工，使中国这样的大国处于生产链的中下游，更是减弱了中俄两国合作目标的一致性。仅依靠生产商品的类型不能准确判断一国的国际地位，如中国以工业制成品出口为主，但不能说中国处于生产链的中高端，因为其商品价值主要来源于相对低廉的劳动力，缺乏技术类产品，与国际贸易结构变动趋势相差甚远。国际贸易以资本与技术密集型商品贸易为主将是大势所趋。技术是增加产品价值的直接原因。

（二）中俄贸易以产业间贸易为主，产业内贸易水平较低

近年来中俄整体产业内贸易水平较低，中俄贸易主要以产业间贸易为主。这样的贸易模式不利于中俄贸易范围的扩展。产业贸易交叉较小，产业内贸易对中俄贸易有重要意义：①由于发展产业内贸易，所以两国产业内商品贸易主要依靠技术进步、知识运用等生产差异化商品，也就是主要集中在知识技术密集型产品上。这类商品的交易，有利于两国的技术交流，同时两国可以重点引进国外相关先进技术、借鉴其完善的管理体系，从而实现各自国内产业结构优化升级，进而调整中俄贸易结构，获得更多贸易利益，也会实现贸易模式的转变。②产业间贸易商品所属科目相同，但仍存在差异，产业内贸易的发展促进了商品种类的复杂多样，满足消费者各类需求，同时能够提升国家竞争力，有利于一国的对外贸易总体规模的持续扩大。而当前中俄贸易主要依靠要素禀赋，以中国丰富的劳动力、俄罗斯丰富的自然资源为商品的源动力，生产各自拥有比较优势的密集型产品，这样以各自充裕要素生产商品进行贸易形成了产业间贸易，而无法实现产业内贸易。两国的贸易结构存在缺口，不利于中俄贸易持续稳定发展，同时也限制了中俄贸易的发展潜力。

（三）投资贸易相对集中，结算体系不完善

中国商务部数据显示，中国对俄罗斯的投资比较集中，投资领域主要为能源资源、农林开发、建筑和建材生产、贸易、轻纺、家电、通信、服务等。而金融业、高科技产业等投资额不升反降，投资比重可忽略不计。这样的投资结构在短期内能获取效益，但从长期来看，中国在俄罗斯境内未形成完善的金融产业，在中俄贸易中一方面中俄贸易流程繁杂，增加了交易成本；另一方面抑制了中俄贸易规模扩展的潜力。

从中俄贸易结算来看，地域范围仅限于边疆地区，抑制了本币结算业务的进一步发展。当前，本币结算业务仅在俄罗斯的几个边疆银行能办理，而莫斯科、圣彼得堡等地区中俄贸易规模大且贸易频繁，对结算需求较大，但是这些地区却没有开展本币结算业务，中俄贸易不能通过本币结算通道快速结算，不仅限制了本币结算业务的发展，而且由于程序复杂对中俄贸易额也有影响。另外，在中俄贸易结算中卢布结算比重相当高，超过 75%，而人民币比重则很低。这样的结算结构反映出几个问题：①中俄贸易结算的制度环境缺乏公平，结算流程不够透明化、统一化，主要表现为中俄双方银行在结算时遇到的汇率、利率以及汇款收费方式不一致。②卢布国际化程度明显高于人民币国际化程度，并且中国从俄罗斯进口的商品国际垄断性较强，卢布相对于人民币更占优势。所以说，中俄贸易的结算体系尚需完善，中国应努力提升人民币的国际地位，调整结算币种结构。

（四）口岸通道存在瓶颈制约

对俄边境贸易口岸建设投入不足，已经不能适应当前的需要。迫切需要对现有的口岸基础设施进行升级改造。与此同时，大多数口岸受气候条件、口岸设施、运输条件限制，无法从俄方进口大宗货物，如木材、铁矿石、煤炭等，导致铁路口岸等主要通关口岸车流紧张、运输不畅问题时有发生。另外，进口粮食、棉、石油等因受国家各种政策的限制，通过边境口岸进口比较困难。

三、中国与蒙古国贸易合作中存在的风险

（一）国际环境风险

第三国政治关系的影响较大。因中蒙两国分别与其他国家存在贸易合作，所以中蒙两国的贸易和投资合作实质体现为对多方国家间关系的处理。因此两国的决策通常站在各自对外关系的战略角度上，包括政治、经济和文化等各领域。即中蒙两国必须把其他国家的利益考虑进来，兼顾多方平衡而做出决策。如中俄、中日及中

美关系，从更大方面讲，对整个东北亚地区甚至全球的整体利益格局都有不同程度的影响。近年来，蒙古国已经成为美国、日本等东西方大国发展对外关系的重要争夺对象，这些国际因素对蒙古国与中国之间的贸易发展产生很大的影响。西方国家在经济政策上给予蒙古国诸多优惠，如欧盟制定了与蒙古国贸易的税率优惠政策，日本与蒙古国制定了进出口优惠政策，美国也借重返亚太的机会制定了对蒙古国的经济战略，各国在各个领域特别是经济上开始积极地对蒙古国给予援助并不断增加投资量，这些外部因素都将会制约中蒙贸易关系发展。

国际舆论的影响。近些年来，西方国家经济衰退，中国经济却异军突起，引起了世界的广泛关注。有评论说，中国的社会主义市场经济机制、国际化水平及经济发展程度都高于其他发展中国家，这主要得益于"中国模式"。积极的舆论评价会提高中国在国际的地位，但国际上的消极评价，如国际舆论的"中国崛起论"认为中国的体制和发展模式比西方国家更有效，西方国家制造"中国威胁论"，对中国经济发展施压。

（二）经济风险

蒙古国的市场经济在一定程度上制约着中蒙贸易项目合作的加速扩展。蒙古国处于经济发展的过渡期，在经济转轨和培养市场经济体系的关键时期，企业也面临转型。在经济体制转轨初期，企业代理人会利用法律空当使企业的财产私有化或者对外贸易经营比较自由，不受法律约束。这些行为会导致企业的经营者在经营企业的过程中出现一些虚假行为，会给企业带来发展风险；蒙古国的政治体制也决定了不同执政党在执政的过程中有经济政策变化较大的问题存在，不同的执政党所代表的利益主体不同，因而会导致党派竞争过于明显，选举过后带来经济波动，因此，政府的行政运行效率不高，压缩企业的生存和发展空间，使经济政策执行不起来。另外，蒙古国气候不佳，地形复杂，人口稀少，而企业在从事生产经营的过程中技术条件有限、工人的需求量大，因此会出现工人供给不足的情况，导致市场需求受限；同时，蒙古国的人民生活水平不高，主要消费一些基本的生活用品，对于一些高端产品的消费量有限，无法通过拉动内需的方式来促进国家的经济发展，影响中蒙间经济贸易发展。

（三）政治风险

蒙古国国内政权更换，导致其政策变化较大。虽然各党派领导人均以本国经济发展为首要目标，但不同政党仍有不同发展理念，不同的领导人也会颁布不同的法规政策，这既涉及国家社会发展路线，也包括其对外政策的选择。这使中国企业面临较大风险，已签订的合约遇到新政策时难免会有冲突点，新领导上台后使一些政策延续性出现问题，而且法律制度的执行情况也不尽良好，为企业带来的损失只有企业独自承担。因此蒙古国政策的变化对中蒙贸易和投资以及两者相互融合的一体化趋势的发展会有明显影响。这阻碍了外国对蒙古国进行全面投资项目的建设，对开展双边贸易产生不利影响。

四、中国与蒙古国贸易合作中存在的问题

（一）双边贸易和投资结构不合理

根据中国海关总署、蒙古国国家统计局公布的相关数据，当前，虽然中蒙贸易总量逐年增加，但蒙古国主要产业是畜牧业和采矿业，产业结构单一。对中国而言，农业、工业、服务业等产业的发展很稳定。基于中国在经济上的优势基础，两国的贸易方式具有互补性。但其贸易结构的不合理性也逐渐凸显出来，这影响了中国对其进行贸易和投资的规模。中国是蒙古国最大的贸易伙伴国和最大投资国，但是中国对蒙古国的商品贸易结构和投资方式较为单一，目前中蒙两国国际贸易和国际直接投资领域主要集中在矿产资源，且大部分未进行任何加工就直接出口到中国。

虽然蒙古国矿产品的出口带动了中国对其直接投资的发展，但这样单一的贸易和投资结构引起了蒙古国民众的不满。从环境角度考虑，蒙方基础设施等方面的建设没有得到任何改善，环境反而遭到破坏。因此，这不利于中国企业在蒙古国的发展。而且，企业间投资结构的过分集中，也带来较大的经营风险。蒙方未来若实

行产业保护政策，会严重影响双方贸易和投资的合作质量。

（二）贸易发展不平衡

由于中国地广人多，对蒙古国资源类产品的需求较大，中国从蒙古国的进口额超过对蒙古国的出口额，中蒙贸易长期以来为逆差。蒙古国出口中国的是各类型矿产资源、农畜产品、低附加值的原材料等（占总出口额度的 90% 以上），而中国出口蒙古国的则是各种油品（汽油、柴油等）、矿山机械工具、建材、蔬菜、水果等，这使蒙古国在中蒙贸易环节中的贸易失衡现象较为严重。据相关资料统计，从 2000 年开始，中国自蒙古国的进口额度逐年增加，2000 年进口额度为 2.7 亿美元，出口额度为 1 亿美元；2005 年进口额度为 5.1 亿美元，出口额度为 3 亿美元；2010 年进口额度为 23.2 亿美元，出口额度为 11.4 亿美元；2014 年进口额度为 50.7 亿美元，出口额度为 17.6 亿美元；2016 年进口额度为 36.2 亿美元，出口额度为 9.9 亿美元；2017 年进口额度为 51.2 亿美元，出口额度为 12.5 亿美元。蒙古国出口占比较大的矿产资源的价格受世界市场价格的影响较大，这使蒙古国矿产资源的出口在中蒙贸易环节中的收支方面易产生较大的波动。

（三）双边市场和参与主体无秩序

1. 中方企业资信度有待提高

参与中蒙贸易和投资合作的企业资金不足、规模较小、市场容量小，且多数企业主要以贸易为主，无实体经济支撑。这严重影响中蒙贸易和投资相互融合的发展速度。蒙古国对轻工业产品有很大需求，但从事相应行业的小企业或商贩不以长远利益为发展目标，为获超额利润，不惜低价经营小作坊产品，导致商品质量无保证，也因此失去很多市场。

2. 中蒙双方企业的无序竞争明显

跨国企业在蒙方投资或参与贸易的过程中，存在影响市场经济效率的无序竞争情况。中蒙两国贸易和投资合作的背景是，中国处于完善市场经济秩序期间，此时在蒙古国境内的中国企业多为追求自身利益最大化而进行无序竞争。蒙古国处于市场经济发展初期阶段，法律制度的不完善也不足以约束国外企业。同时，蒙方本地企业在外资企业的带动下加入无序竞争的行列，造成市场的紊乱运行。这种只顾眼前利益的短视行为，不仅损害自身利益，也影响市场的综合利益。

由此可见，中方企业的资信度及双方企业的无序竞争均影响中蒙贸易和投资的正常发展。虽然大量轻工业产品的交易带动贸易的发展，但因其为低附加值产品，对投资的带动不大。同时，双方企业的无序竞争扰乱贸易和投资的正常发展，因此两者均不利于中蒙贸易和投资相互融合的一体化趋势的发展。

（四）蒙古国基础设施落后

目前，制约中蒙经济贸易很重要的一个因素就是基础设施不完善。首先，中蒙经济贸易的通商口岸建设不完善。中国和蒙古国的经济贸易往来主要是通过口岸进行，尤其是陆上通商口岸，但是由于蒙古国经济发展落后，经济的限制使通商口岸的建设十分不完善。中国对蒙古国开放的边境很多地区都是蒙古国不发达的地区，经济贸易口岸的设施简陋、过货量少。目前，蒙古国和中国的很多通商口岸还没有实现电脑联网，很多证件、手续都需要到较远的市区办理，才能够顺利实现货物贸易。其次，蒙古国的公路、铁路、机场等基础设施建设相对落后，尤其公路铁路的数量和运输能力很难达到中蒙两国经济贸易的发展需求。运输设施不完善，导致大量货物在边境积压，增加了经济贸易双方企业的贸易成本，部分企业蒙受巨额经济损失甚至破产。最后，中蒙经济贸易口岸管理落后，工作效率低下。目前，中国和蒙古国在边境线上已经开通了十几个通商口岸，但是很多口岸都存在建设落后、管理不科学的情况。

（五）缺乏跨文化经营的理念

跨国贸易往来的进行，首先要关注的是贸易参与国的政治、文化、法律、经济等方面的现有基础。当前，随着中国在世界范围内国际影响力和经济实力的提升，中蒙的贸易合作往来日益密切，对中蒙贸易往来中的中国企业提出了新的要求。中国企业要具有较高的跨文化管理的经验与理念。然而，在实际的管理和运行过程中，由于缺乏对蒙古国语言、文化、风俗习惯背景的深入了解，中国企业在蒙古国发展过程中会受到阻碍。

（六）缺乏有效的环保理念

近年来，蒙古国发生多起企业因违反环保领域相关法律法规（如蒙古国《环境保护法》《环境影响评估法》等）的规定，受到蒙古国政府处罚的案件。中国企业在蒙古国的部分经济活动也给蒙古国在环境保护方面带来相应的一些问题。由于企业经营和发展造成的环境污染问题所引致的社会治理成本没有被很好地市场化，企业以及社会的环保意识较为淡薄，加之在外从事贸易活动的企业环境保护观念较弱，使企业污染环境的违法成本较低，环境问题难以得到妥善的解决。在实际生产生活当中，部分企业存在较为严重的环境污染行为，对当地的正常生活和生态环境造成了严重破坏，这些问题都制约中蒙贸易的健康发展。

（七）缺乏相关技术人才

世界经济正在朝着一体化的方向发展，互联网将整个世界连接在一起。跨国公司，跨国经济贸易已经成为一种常态，对国际经济贸易的专业人才也有了很大的需求量。目前对一般的对外贸易企业来说，外贸业务员、单证员、跟单员、报关员、报检员是基本的人才需求，这些人才不仅需要掌握相关的专业知识，还必须有一定的工作经验，同时已经考取国家相关的资格证书是从业的基本条件。通过调查发现，中国与蒙古国的经济贸易与正规的国际贸易相比，业务人员和企业负责人在具体的业务展开时都存在很大的随意性、主观性和盲目性。同时，对国家之间的政策、贸易市场的信息以及供求关系等专业知识都没有专门的研究，只是凭借主观性展开贸易，因此在很多领域，中蒙贸易中会经常出现无序竞争、非正当竞争的情况。这些问题都制约中蒙贸易的健康发展。

第四节　促进中蒙俄贸易合作发展的对策措施

基于前文分析，中蒙俄贸易结构互补性和竞争性共存，这构成中蒙俄三国深入合作的前提条件。如今，三国都面临国际经济区域化竞争激化的挑战，如果中蒙俄能够加强政策沟通与协调，加强三国经济走廊建设，对三国经济发展与东北亚经济区域合作都具有重要的意义。

一、中俄两国贸易合作对策措施

（一）保持良好的中俄关系

中俄关系走向直接影响着中俄贸易的发展壮大。应继续深化中俄良好关系，为中俄贸易奠定坚实基础。一是应加强高层互访、互信，为中俄贸易做好上层建筑设计。在复杂多变的国际环境中，中俄关系有政治互信的基础，有互为依托、相互扶持的现实条件，也有抱团取暖、共同发展的现实需求。应在双方共同深化全面战略协作伙伴关系的基础上，持续推动双边关系发展。良好的政治环境，能够促进双方贸易领域合作，才会有更好的中俄贸易环境。二是提升战略协作水平。应通过落实双方领导人会晤时达成的协议，将战略协作关系进一步细化，特别是要细化有关双方贸易合作的相关议定事项，打造更加便于双方贸易往来的环境。三是以高科技和军事合作为切入点，扩大贸易规模。在俄大宗商品出口受挫的情况下，可以发挥俄方在军事领域、航天等高科技领域的优势，加大从俄进口，并扩大中国高科技产品的对俄出口，提升双方贸易水平。

（二）协调产业投资政策，扩大贸易规模

中俄产业投资政策决定了两国主要的贸易范围，而当前中俄贸易主要集中在资源、劳动力密集型商品中，产业投资政策比较集中。为了提高中俄整体贸易规模，

不仅要实现中俄贸易商品的深入发展，更重要的是增加两国商品贸易种类。从根源上来看，应该调整两国的产业投资政策，将投资视野放大。当然，扩大产业投资范围，应当基于各国的发展需要，以及两国提高国际竞争力的目标。首先，就中国来说，中国向俄出口商品主要集中在工业制成品上，且以劳动密集型产品为主。由于当前的劳动力成本逐渐升高，中国出口产品优势逐渐降低。因此，中国应采取多元化政策，一方面扩大国内重点投资产业，另一方面提高出口商品的质量。通过扶持重点投资产业，提高产业竞争力，从而提高其商品的竞争水平，在中俄贸易中增加对俄出口商品的种类，提升产品结构，并在原有的工业制成品中，使用先进的技术，同时结合市场需求对商品加以改进，从而重新获取商品的比较优势，获得比较利益。其次，从俄罗斯方面看，俄罗斯重点投资一方面是能源类产业，另一方面是高技术产业。而在中俄贸易中重点则是能源类产品贸易，高技术产品贸易所占比重较低。由于能源价格受国际环境影响，以能源商品贸易为主不仅不利于中俄贸易规模扩大，而且不利于俄罗斯经济在长期内保持稳定快速发展。俄罗斯一方面可以将高技术产品作为中俄贸易商品，另一方面允许中国企业向技术类产业投资，同样会促进中俄贸易规模的扩大。

当前，中俄两国相互投资总体规模较小，尚不能有力带动双边经贸合作的发展。因此，有必要加大中俄两国相互投资力度和投资规模。俄罗斯已加入世贸组织，会按步骤有序开放国内市场和改善国内投资环境。特别是俄罗斯提出了摆脱对能源原材料的过度依赖、发展创新经济的思路，启动了东部开发战略，使得俄罗斯引进外资成为必然趋势。同时，这为中国企业进入俄罗斯的节能环保、核技术、航天通信、生物医疗、战略信息技术等五大创新经济领域和电信、交通、保险、银行等逐步开放的领域带来了很大机遇。双方的投资合作应在中俄投资合作委员会框架内，继续落实《中俄投资合作规划纲要》，重点推进大项目合作。俄罗斯东部地区资源丰富，拥有明显的市场优势，因而应当把发展跨境产业、延伸产业链、拓展投资领域、衍生关联性贸易作为中俄双方合作的重点。尤其是中国与俄罗斯毗邻地区应发挥区位优势，努力打造对俄投资合作的平台。在对俄投资合作中，要坚持创新，在传统产业链之外，寻求新的投资合作驱动力。为开拓对俄市场，应鼓励中国的优势企业对俄进行技术、资本与服务等输出；支持有实力的企业对俄罗斯的能源和资源勘探与开发进行直接投资，扩大对俄罗斯农业投资合作。在继续加强能源、林业、通信、运输、工程基础设施建设的同时，开辟对俄投资合作的新领域。

（三）寻找共生产业技术，优化贸易结构

当前，中俄经济发展的重点工作是促进产业结构升级，因此双方均在调整产业结构。利用这个机会，寻找共生增长的产业技术，从而促进中俄贸易结构的优化调整。共生产业技术，是在中俄两国能够共同促进经济增长的产业技术，如新材料产业、环保产业、生物产业等在中国定义为战略性新兴产业的几类产业以及航天技术产业等。中俄两国可以根据各自的优势发展战略性新兴产业，并不断发掘其潜力，共同创造共生产业技术。因此，两国应提高在战略性新兴产业方面的重点合作，一方面加强技术交流沟通，共同促进产业技术提高；另一方面为战略性新兴产业的发展提供助力，推进其成为新经济增长点。共生产业技术的形成，结合两国各自优势，改善了中俄贸易中资源型、劳动型商品“一枝独大”的贸易结构局面。

（四）提高科技创新能力，转变贸易模式

根据国家竞争优势理论，可以通过科技创新渠道来创造一国原本不具有的比较优势，或者通过该渠道将比较优势转化为竞争力。所以说技术创新对一国竞争优势的形成有重要推动作用，进一步实现产业结构升级。在中俄贸易中，主要存在产业间贸易格局不合理、产业内贸易比重较低的问题。为促进中俄贸易结构模式的转变，深化中俄贸易，应当注重科技创新能力的提高。在科技创新能力提升的同时，创新成果在产业中的应用，将会提高中国在国际分工中的地位，其生产商品的价值大大提高。通过科技创新，结合贸易国的市场需求，在同一产业内部生产差异化商品，从而促进产业内贸易规模的扩大。中俄贸易逐渐以产业内贸易为主，提高了其商品的竞争力，为保持竞争优势，中俄两国会进一步采用科技创新提高商品竞争力，由此形成一个良性循环，中俄贸易模式逐渐深化，贸易质量稳定提高。

（五）发挥市场机制在双方贸易合作中的作用

中俄两国的贸易合作尤其是大型项目的合作，主要是以政府为主导，政府在合作中发挥重要作用。通常来讲，在国家之间的贸易合作中，最具可持续性的合作模式是在市场经济原则下以企业为主体的合作。因此，在未来的中俄经贸合作中，要按照经济规律办事，逐渐增加市场经济的因素，发挥市场在资源配置中的决定性作用。同时，也要按照市场化原则与方式加强中俄双方的贸易合作，确立企业的主体地位，充分发挥市场机制的作用并加强市场环境建设。一是不断完善中俄两国经贸合作的法律保障，使双方合作企业的经营活动有法可依。二是进一步提高中俄贸易合作机制的效率。中俄贸易合作机制在双边合作中的运行效率仍有待提高。三是要为经贸合作搭建平台，不断创新双方经贸合作模式。四是要在世界贸易组织框架内逐渐提高中俄两国的市场开放程度，扩大双方合作的领域，降低企业的市场准入门槛，反对贸易保护主义。同时，努力推动中俄两国相关部门在计量、标准、认证、检验监管等领域的合作。五是要遵循市场经济运作规律，对中俄贸易合作中出现的各种问题通过坦诚对话和务实协商及必要的法律方式公平合理处理和解决，实现互利双赢。六是俄罗斯贸易壁垒使中俄两国生产要素流动受到阻碍，两国贸易结构优化、商品质量提高、贸易规模扩展都将受到不利影响。中俄应通过协商加以解决，以促进中俄贸易通道的畅通。

（六）力促中俄贸易合作转型升级

尽管中俄两国贸易合作发展已达到一个较高的水平，但依然面临转型升级的问题，两国正在传统经贸合作的基础上寻求双方合作转型升级新的增长点。大力发展创新合作，通过建立中俄信息产业园来促进两国新兴产业领域的合作与发展，这是中俄两国经贸合作发展的优先领域。同时，要不断对中俄双方尤其是毗邻地区经贸合作的开放模式进行持续创新，对边境地区的服务贸易进行支持，不断扩大会展、旅游及物流等领域的对外开放，使双方间的经贸合作转向农业、高新技术产业、加工制造业、服务业等领域的产业间合作。不断扩大跨境物流运输合作，力争开通更多的中俄与中欧货运班列，加强机电、农产品贸易、通信产品等领域的合作，积极参与远东地区的开发。值得一提的是，由中俄两国政府搭建的中俄博览会是一种开放式的交流平台，已发展成为中俄两国企业对接的高端合作平台，为推动中俄两国全方位交流与合作注入了新的活力。截至目前，中俄已经共同举办了三届中俄博览会，双方合作举办了包括资源开发、贸易促进、机电创新、电子商务、海关、青年交流、旅游、计量、地籍测量等多个领域在内的 15 项重点商务活动。

（七）继续深化中俄金融合作

中俄两国加强金融合作，能够更好地促进彼此实体经济的发展。在中俄两国金融领域的合作中，双方在市场预期及需求方面还存在较大的差距，尽管中俄两国都有意加强金融合作，其中包括用本国货币进行结算，但在双边贸易实际支付总额中，人民币和卢布本币结算量所占的比重仍然较低。早在 2002 年，中国人民银行和俄罗斯中央银行就签订了《关于边境地区银行间贸易结算协议》，其中规定自 2005 年 1 月 1 日起，中俄边境地区内的两国银行均可使用卢布和人民币进行结算和付款。自此，中俄两国边境贸易结束了此前只能使用美元结算（结算时间长、运营成本高）的情况。2010 年 6 月，黑龙江省黑河市开展跨境贸易人民币结算业务，从总的运行情况看，虽然这种结算业务呈现快速增长的态势，但由于缺少币种选择权和定价权，加之人民币结算手续烦琐，以及受中俄双方企业间沟通障碍等因素的影响，中国和俄罗斯两国银行在本币结算领域的合作还不是很密切，中俄本币结算业务的基本机制虽然已经建立，但业务却没有得到普及，有待进一步改进。因此，中俄两国在扩大本币结算、金融服务及金融机构融资等方面具有较大的合作空间与潜力。相关部门应加强协调沟通，为两国开展跨境贸易人民币结算开拓更广泛的发展空间。随着“一带一路”建设的进展，双方的融资需求和贸易服务的需要将会不断增加，中俄两国间的金融机构合作应持续深化。

（八）加强交通与物流合作

俄罗斯的铁路基础设施一直较为落后，已成为制约其经济社会发展的瓶颈，因而俄罗斯急需对铁路基础设施进行现代化建设与改造。从中国方面来看，经过近些年的发展，中国在高速铁路的设计、施工和机车车辆装备制造，以及在高速铁路标准和技术实力等方面均具备了对外技术服务、参与建设、提供设备的能力。因此，可以加强两国在该领域的合作。在中俄高铁项目的合作中，中国能够在技术咨询、勘察设计、建设管理、施工、联调联试及设备配套、运营维护等方面为俄罗斯高速铁路建设提供全方位的服务。在物流合作方面，首先，可以不断加强两国间的跨境运输合作，积极推进中国东北地区对外开放国际大通道的建设，以边境口岸为支撑，建立边境口岸物流体系，该体系主要以绥芬河、黑河、同江、东宁口岸为主，以哈尔滨、牡丹江、佳木斯等腹地物流系统为依托来实现；其次，要加快建设中国东北中心城市与沿边地区的高速公路网与高速铁路网，强化中心城市和沿海经济带对沿边地区的辐射带动作用；再次，要加强并不断改进仓储和交通领域的基础设施，提升对俄重点边境口岸的换装与通关能力，重点建设哈尔滨空港和华南城物流园区，以及齐齐哈尔、牡丹江、佳木斯、大庆的综合物流园区；最后，要扩大中俄两国之间在物流管理和技术方面的交流与合作。总之，中俄双方的物流合作在基础设施、政策、管理等方面还需要实现进一步的对接。

（九）加强能源合作

中俄两国的能源安全战略存在着利益的结合点，双方能源合作具有巨大的发展空间。能源合作是“丝绸之路经济带”倡议的突破口，对于中俄双方具有重要的经济意义和战略意义。因而应不断加强两国能源领域的全方位合作，这不仅有利于双方能源合作规模的扩大，而且能够促进两国经济与社会的可持续发展。中俄两国能源合作的关键是找到双方能源长期合作项目的契合点，实现能源战略的有效对接。为使中俄两国的能源合作能够持续稳定发展，一是要通过两国总理定期磋商机制下设的能源分委会，来推进中俄双方企业相互更深层次的接触，加深彼此之间的相互信任水平，不断扩展能源领域的合作规模与进程；二是加强能源互联互通建设，应加快两国能源领域的基础设施建设，特别是加快中俄两国东线和西线天然气管道建设，此外，为了减轻管道运输安全压力，实现能源运输方式的多元化，还要不断探索中俄两国海上油气运输通道的建设；三是加强中俄两国新能源领域的技术开发与利用方面的合作；四是中俄双方应进一步加强在资源管理、能源政策、节能环保、提高能源使用效率以及非常规能源勘探开发等方面的对话与交流；五是中俄两国要不断关注并加大与国际能源市场接轨的力度，构建多元化的能源安全体系，努力塑造与各自能源生产和消费大国地位相称的能源定价权，提高在国际能源市场上的话语权，增强对国际能源价格波动产生风险的防范和抵御能力；六是在能源合作模式上应以利益共享和风险共担原则为基础，进一步拓展上下游一体化以及油气装备制造、工程建设、加工技术服务、油品销售服务等新合作领域。

（十）加强农业合作

目前中俄两国的农业合作正在务实推进，取得了显著的成效。在双方农业合作中，中国具有资金、技术、人员和市场的优势，俄罗斯具有土地资源优势。中俄两国的农业合作与农产品贸易，对俄罗斯而言不仅可使其在农业深加工、税收、港口发展等方面获益，同时可实现粮食产业的可持续发展与产业结构的调整，增加其农产品的出口；而对于中国而言，则有利于企业实现“走出去”战略，实现农业产能输出和粮食进口的多元化，从而有利于中国的粮食安全。中国企业应抓住俄罗斯对欧盟反制裁措施的有利时机，进一步加强双边农业合作，增加农产品在俄罗斯市场上的份额。一要加大中俄双方在农产品领域的合作力度。中国的粮食市场需求巨大，需要高品质的农产品供应，而近几年农业已成为俄罗斯经济增长的亮点，其出口创汇能力占到天然气出口创汇的 1/4。俄罗斯政府已将农业列为未来国内重点发展的领域。二要创造良好的投资环境，鼓励和支持两国农业企业开展投资合作，在双方的农业合作中要不断加大农业投资保障力度。三要不断加强双方农机产品交易，努力扩大中国对俄罗斯出口的汽车及零部件、农用和工程机械等产品的规模。与此同时，还要逐步扩大中俄两国在农业技术服务、农业技术转让、有偿技术咨询以及许可证贸易等方面的合作。四要进一步促进中俄双方农产品贸易的发展，可以在中俄两国边境口岸地区建立高效的农业商品基地或批发中心，使其能够与俄罗斯的商家和企业建立起直接的贸易伙伴关系。与此同时，可以在此基础上做好内陆城市与边境口岸城市间的交流与合作。此外，中俄双方还应加强双方在动植物检疫方面的技术合作与信息交流。

（十一）积极建立中俄自由贸易区

区域经济一体化已经成为现代经济发展的必然趋势，而中俄两国实际上早已具备了合适的政治经济条件，明显的地缘优势及资源的互补性为更亲密的贸易往来夯实基础。中俄自由贸易区的建立将为两国更广泛更深入的经济贸易合作提供一个更广阔的平台和前景，更深一层挖掘双边贸易互补性优势，以增强两国的互联互通实现双赢互利。但建立中俄自由贸易区不能急于求成，要本着“稳步发展，循序渐进”的原则，可先着眼于航空航天和能源等重点领域，再逐步发展和延伸到更细小的行业。处理贸易纠纷的专门协商沟通机制也需要尽快建立和完善。由于摩擦和冲突在自贸区的建设过程中在所难免，这种专门机构设立的初衷，就是本着自贸区互惠互利的原则进行调解，以及贸易投资一体化的推进。中俄贸易投资一体化将对贸易服务、交通运输等基础设施建设提供完善的资金链条，从而保证自贸区施工项目的正常运行。中俄两国即便存在良好的政治、经济、社会条件，双边自由贸易区的建立过程也必将经历一个长期而复杂的阶段。两国可以借鉴世界以往主流自贸区成功经验，充分发挥自身的贸易互补性，在前期推行过程中进行不断的探索和完善。

二、中蒙两国贸易合作对策

（一）两国贸易合作对策

1. 实现两国发展战略的有效对接

近年来中蒙关系稳步发展，双方政府不断深化友好合作关系。2013 年中国提出共建“一带一路”倡议，2014 年蒙古国将“草原之路”项目的具体实施提上议程。在当前的国际新形势下，这两项发展倡议相互补充、相互促进。同时，对于两国来说，这两大倡议的对接合作能够实现“1+1>2”的效果。具体而言，蒙古国的“草原之路”项目意在通过发展高速公路、铁路、天然气管道、石油管道等基础运输设施来发展国家经济，和“一带一路”倡议的亚投行、丝路基金等具有一致的发展目标。这两个项目的确立与发展必将为亚洲乃至世界的发展提供强大助力。因此，两国倡议的对接能够推动区域经济合作进程，进一步提升中蒙贸易便利化，增加投资量，还可以通过海关合作、银行间特别是贸易融资、信贷、结算等领域的合作深化中蒙经贸关系。同时，2014 年 9 月中蒙俄三国元首就共同发展经济达成共识，提出共建中蒙俄经济走廊，即把蒙古国“草原之路”、中国的“丝绸之路经济带”以及俄罗斯的“跨欧亚大铁路”三者对接。2015 年，三国签署《关于编制建设中蒙俄经济走廊规划纲要的谅解备忘录》，这对三国经济甚至全球经济将产生重大影响。

2. 积极推进中蒙合作的制度化建设

蒙古国政府应该正确处理蒙古国与中国之间的双边贸易关系，正确看待当前中国在蒙古国的各项经济活动，从长远上制定一系列的政策，并保持经济政策的延续性。蒙古国中央政府应结合当前蒙古国经济发展的实际需求，专门以法律的形式颁布有关保护外国投资商的法律法规，将对投资商的保护纳入法律和制度建设中，从根本上保障外商在蒙古国投资的积极性。为更好地推动中蒙贸易关系的发展，一方面，双方应更加认真地坚持两国达成的政治合作基础；另一方面，应建立和加强两国最高首脑、立法机构、政府各部门以及地方机关的定期制度化的交流、会晤和磋商机制。

3. 加强两国的政治与法律合作

伴随“一带一路”倡议的提出，中蒙经贸关系的加强为两国经济的发展带来了新的机遇。为继续深化两国合作，借此契机双方应该进一步加强在政治领域的合作，加强协商与对话，从政治层面为两国的贸易发展提供更好的保障。优先推动中蒙两国在政治和法律层面的合作。由于中蒙两国在国际贸易、资源开发等环节中各项法律法规有不匹配的地方，这势必会影响中蒙的进一步合作与发展。因此，中蒙两国应出台一系列有利于双方进一步合作的法规和制度，减少在双边贸易过程中的各种经济纠纷。在法律方面，双方早在 20 世纪 90 年代就签订了《关于鼓励和相互保护投资协定》《关于对所得避免双重征税和防止偷漏税的协定》等相关贸易协定，之后蒙古国相继推出或完善了《外商投资法》《公司法》《矿产法》《劳动法》《蒙古国关于建立自由贸易区法》等与贸易相关的法律，使得与中国的贸易合作有了更多的法律保障。但是基于现有的经济环境与金融贸易结构，蒙古国与中国贸易的相关法律体系依然不完善，双方进一步加强法律合作，协商解决贸易中的法律问题，是下一步进行更深入全面贸易的必要保障。

4. 加强基础设施建设

虽然最近几年蒙古国的经济取得了快速的发展，但是基础设施建设很不完善，蒙古国有丰富的自然资源，但是运输、仓储、商贸能力都比较落后，这些问题都制约着蒙古国经济的发展。

在这样的背景下，中蒙贸易要想取得健康快速的发展，加强基础设施建设，对中蒙双方均有着重要的意义。首先，加强通商口岸基础设施建设。通商口岸是双边贸易的连接之地，具有商贸物流、加工制造和过货通关三种功能，在中蒙贸易中有着十分重要的地位。其次，要加强蒙古国和中国内蒙古自治区的交通运输能力。全面加强蒙古国交通运输的基础建设工程，形成以公路为重点，多种运输方式并行的网络化运输。目前蒙古国的公路线路少、不合理、运输能力差等现状，严重制约着蒙古国货物的运输能力。因此，蒙古国应该重视交通基础设施的完善，进一步完善公路网络，提高公路的运输能力，增强综合服务功能。目前中国内蒙古的铁路公路基础设施建设同样不完备。应该加快内蒙古铁路公路建设。在公路建设方面，内蒙古要逐渐形成联通东西，辐射西北、华北、东北的公路干线，提高交通运输能力。同时铁路网络也应该积极完善，形成出区达海的铁路网络。最后，完善水电通信等基础设施建设。努力完善中蒙贸易区内的网络信息基础设施建设，实现贸易区全部网络化运行，实现信息的共享共通，减少贸易的盲目性，提高贸易的工作效率。

5. 加强多层面多方位交流

深入发挥两国的战略合作伙伴关系。中蒙两国近年来的贸易往来处于平稳的发展过程中，两国政府间的关系相对比较密切，领导定期经常会晤，为两国的稳定关系进行交流。两国政府在奉行和平共处五项原则的基础上发展两国的睦邻互信合作伙伴关系。两国有关部门应进一步改善贸易环境，扩大双边经贸合作，建立和完善结算制度，积极扩大交流与合作，开展各种形式的贸易和学术交流，促进两国商界和学术界的相互了解、沟通，不断推动两国之间的贸易关系提高到新的水平。可以正确利用民族文化优势，促进两国贸易合作，确保两个国家可以进行深入的文化交流。为了更好地合作并取得成效，中蒙双方除应进行政府相关部门的经常沟通、政策协调外，更要加强研究机构之间的合作。

（二）对蒙古国的建议

1. 改善国际贸易和投资环境

从改善国际贸易和投资环境的角度讲，蒙古国相关的经济制度、对外贸易制度、进出口关税制度等需要进一步完善。蒙古国法律制度相对较落后，因此中国及其他国家到蒙古国进行投资时，难免会出现很多问题。这种不利因素导致中蒙贸易关系存在较多的不稳定性，限制了很多企业对蒙古国的投资。因此，蒙古国应改善本国对于国际贸易和投资的各项限制与约束，改善国际贸易和投资环境。蒙古国可以通过世界贸易组织加强与中国的贸易对话，通过这种多边贸易组织协商经济问题，促进两国的外贸交易与招商投资活动平稳健康发展。

2. 完善法律体系

完善法律体系，尤其是完善外商在蒙古国的各项投资法律。当前，蒙古国制定的与贸易相关的法律有《海关法》《投资法》《关税法》等，但是各种法规对外国企业做了很大的约束和限制（如贸易往来的金额与结算情况等）。所以，当前蒙古国应该积极推动完善与其他国家在贸易领域的相关法律，补充有关国际贸易的法律。许多可行性项目本来有很多投资者，但是因为法律制度冗杂，难以按程序办理，使投资者不断流失。所以蒙古国可以向其他发达国家不断学习，将适合国内现实情况的法律条款纳入本国法律。为使蒙古国国内的投资环境更适应国际化的趋势，可以增加国际法律，如与 WTO 等国际组织进行法律方面的合作。

3. 改革自身经济结构

蒙古国经济主要以畜牧业和矿产业为支柱产业，且矿产业是主要的支撑产业。

但是矿产业的特性是低附加值与不可再生，矿产业的开采处于初级阶段，并且主要是以原材料的出口为主，低收益与低附加值的同时对当地环境污染严重。另外，蒙古国轻工业发展十分落后，食品、服装等生活必需品十分匮乏，严重依赖进口，这种状况严重阻碍了蒙古国经济发展方式的转变和产业结构的优化升级。中国和蒙古国在交流与合作的同时，应该正确认识到自身的优势与劣势，相互帮扶与支持。首先从蒙古国方面来讲，蒙古国农牧业在经济中占有重要地位，是国民经济的支柱之一，但是没有形成高附加值、高收益、高科技含量的产业，从而导致经济效益较低。蒙古国应依靠自身原有的优势促进农牧业的转型升级。另外，对于蒙古国来讲，自身优势也十分凸显，比如旅游产业，由于国内城市化进程慢，开发较晚，所以很多地区保留着原始状态的自然风光，相对于中国来讲，更具有原生态价值，可以吸引中国游客前来观赏，促进旅游业的发展。

（三）对中国的建议

1. 加大对蒙古国投资力度

在促进中蒙经贸关系的发展方面，中国应根据两国之间经济发展需求和蒙古国的经济发展战略，基于两国的资源禀赋，开发长期性的经贸合作项目。相对于蒙古国而言，中国人均资源少，能源与矿产需求量大，应该大力开展能源和矿产资源等领域的经济和贸易合作。2014 年，中蒙两国确定推进铁路、公路、口岸，铁、铜、铁石、镀，煤炭、石油、能源，化工业、轻工业和不动产等基础设施建设以及大型矿产和能源项目方面的投资合作。蒙古国“草原之路”倡议包括 5 个大的发展项目，涵盖了铁路、高速公路、油气、天然气和电气等领域。因此中国对蒙古国投资时不仅要关注能源资源和基础设施建设，还需要建立多样化投资体系。

2. 改善贸易结构

当前蒙古国的主导产业依旧是矿产业，所以中国在改善与蒙古国贸易结构方面的措施可参考以下几点。第一，加强能源矿产的合作。中国企业可积极参与蒙古国境内相关工业园区的规划建设，创建石油加工厂及煤、铁、钢等冶炼加工厂，坚持精加工的生产理念，增加科技含量以提高矿业产品的附加值。第二，延长产业链，增加商品附加值。中国在纺织品方面可以往高档面料及采用高科技生产的纺织品方面发展。第三，中国现在推进产业结构需要通过高科技手段与现代管理方式对传统产业进行升级改造，通过增加技术成本与改革管理方式可使相关的新型产业优势显著增强，能够进一步提升产品竞争力。

3. 规范自身企业行为

随着中蒙经贸关系的发展，越来越多的中国企业参与到蒙古国社会的各项经济活动当中，企业的社会责任问题将成为提升竞争力的焦点问题。针对中国企业在蒙古国的各种经济活动，建议做到如下几点。

首先，在蒙古国从事各项经济活动的中国企业，应该严格遵守各项国际和蒙古国法律法规，尊重蒙古国的法律和民俗习惯，因此要加深对蒙古国民俗习惯的理解，尊重蒙古国人民在为人处事、环境保护、工作观念等方面的习惯，这样做不仅有利于自身的经营活动，而且将促进双方关系进一步发展。

其次，在中国，营利性企业在追求经济效益的同时，也会响应政府的号召承担一部分社会责任，从事公益性事业。在蒙古国经营时，这种行为更应该积极进行，以彰显中国企业的社会责任感。这将有利于中国进一步在蒙古国开展经营活动，也促进了两国的交流深入发展。

最后，中国企业在蒙古国经营时尤其要注重生态环境的保护。中国在蒙古国投资的产业，多以矿产开采与重化工业为主，大部分产业会对周边生态环境造成污染，这要求中国企业在蒙古国经营时，需要按照蒙古国环境保护法规定，积极协助当地环境保护部门进行生产工作。

4. 加强对蒙古国的研究

在进一步优化中蒙双边贸易的基础上，需要加大对蒙古国的研究，尤其是对蒙古国相关投资法律、法规的研究，对蒙古国文化的研究，以便做到能准确把握蒙古国的各项法律、政策动态，以应对各方面的突发事件。中国在政治、经济、文化、法律、社会、环境等方面与蒙古国差异很大，应该不断加深对其的了解。在经济方面，加深对蒙古国相关经济法律与经济制度的了解，一方面制定有利于自身的企业发展政策，及时把握各种经济信息，另一方面规范经营避免触碰蒙古国的经济行为红线。

在政治方面，充分研究其政府结构、政党制度、选举制度、司法制度等，减少政治性因素对于企业经营的影响。在文化方面，加强文化研究。传统文化因素对社会影响巨大，甚至影响企业的经营观念，所以加强对于蒙古国文化的研究不仅有利于促进企业更好经营，也能推动两国文化交流。在社会关系方面，加强社会研究，理解蒙古国的社会架构与社会组织情况，充分与社会组织交流沟通，推动相关机构之间的了解与合作。

第五节　中蒙俄贸易合作方略

基于前文分析，中蒙俄贸易结构互补性和竞争性共存，这构成中蒙俄三国深入合作的前提条件。如今三国都面临国际经济区域化竞争激化的挑战，如果中蒙俄能够加强政策沟通与协调，加强三国经济走廊建设，对三国经济发展与东北亚经济区域合作将具有重要的意义。

一、加强政策沟通，增强三国间政治互信

中蒙俄三国毗邻而居，命运相连，中蒙、中俄的双边合作有着广阔的发展前景，深化中蒙、中俄经贸合作，符合各方的共同利益。但是，影响合作进一步深化的风险因素依然很多。中、蒙、俄均属于经济转型国家，转型的指导思想、思维方式和心理上都存在差距。为此应强化三国政策沟通，加强中蒙俄彼此政治、商业互信，解决文化观念等历史性问题造成的信任危机。中国应积极同俄罗斯强化中俄“全面战略协作伙伴关系”，实现“丝绸之路经济带”与俄罗斯“跨欧亚大铁路”、蒙古国“发展之路”对接，进而推动中国东北振兴战略，逐步夯实“中俄蒙命运

共同体”的建设。

二、加快互联互通与“中蒙俄经济走廊”建设

如果将“一带一路”比喻为亚洲腾飞的两只翅膀，那么互联互通就是两只翅膀的血脉经络。因此，应当把握“一带一路”机遇，通过建立中蒙俄自贸区实现三国互联互通，密切三国贸易往来，进一步扩大三国贸易合作规模，最终实现涵盖上合组织成员国的东亚与中亚、南亚经济整合的地区“命运共同体”建设的战略目标。中蒙俄经济走廊包括两条通道：一条是以中国内蒙古自治区乌兰察布站为节点，经二连浩特进入蒙古国“草原之路”，抵达乌兰巴托，过蒙古国边境城市苏赫巴托尔进入俄罗斯，在乌兰乌德与西伯利亚大铁路交会，直达俄罗斯欧洲部分和欧洲。乌兰察布站向南经大同辐射中原地区，向东经张家口连通京津冀，向西连接呼和浩特、包头、巴彦淖尔，辐射西部地区。另一条是经过中国东北通道，从大连、沈阳、长春、哈尔滨到满洲里，经俄罗斯的赤塔与西伯利亚大铁路连接。在中蒙俄经济走廊基础建设推进过程中，建立一个由公路、铁路、空路和水路组成的经济利益网络，把周边、区域以及公共和私营各种层面的参与者联结起来。

三、创新中蒙俄边境经济合作模式

中蒙俄三国毗邻而居，同处东北亚经济圈。得天独厚的区位优势使内蒙古自治区和黑龙江省成为中国对俄蒙贸易合作的重要桥头堡和枢纽站，促使中国对俄、蒙形成全方位新开放格局，成为中国向北开放的核心前沿地区。以内蒙古自治区呼伦贝尔市和黑龙江省为核心腹地，构建中蒙俄自由贸易区将会发挥巨大的地缘枢纽作用。目前，中蒙边境口岸建设硕果颇多，如甘其毛都口岸被誉为中国矿产品进口和连接中蒙俄边境贸易的最佳通道。经过 20 多年的建设，口岸功能日益完善，年贸易量节节攀升。近年来，两国不断创新边境经济合作模式，甘其毛都口岸加工园区承接口岸入境资源落地加工，旨在建设国家级引进境外资源战略加工基地，以发展

煤焦电化和铜冶炼为主，以形成链条式产业集群、做大做强口岸特色经济为目标。中俄边境口岸以内蒙古满洲里与黑龙江绥芬河市为重点。满洲里有中国北方最大的边境陆港保税区，绥芬河与俄罗斯远东地区正在共建跨境经济合作区。从口岸开放，到边境互市贸易区，再到边境经济合作区和跨境经济合作区，不断创新边境经济合作模式，探索通关制度与海关合作新机制，不断提高双边和三边贸易合作效率。

四、加快三边投资与合作机制建设

科技互补、能源及矿产资源互补、劳动力资源互补、资本互补是中蒙俄特有的互补优势。中蒙俄三国应充分发挥互补优势，积极加快调整中蒙俄贸易结构，加快对俄蒙转移资源密集型产业和资本密集型产业，发挥优势产业出口来满足俄蒙市场缺口。培育中国品牌，诚信经商，树立良好的信誉和品牌形象。优先发展能源和矿产资源领域、金融领域、口岸基础设施及路桥建设领域、信息产业领域、农业领域、国际旅游领域的合作。中蒙俄三国要妥善处理好三国贸易互补性和贸易依赖性间的关系，深化贸易层次，加强产业间贸易和服务贸易，拓宽贸易投资领域，优化中蒙俄贸易结构，充分挖掘三国贸易新增长点，促进贸易平衡。创新贸易方式，拉动中蒙俄经济持续良好发展。资金融通是中国“一带一路”倡议的重要支撑点。中蒙俄三国应致力于推动扩大彼此间投资规模，深化核电、汽车、农机组装、化工和建筑材料等领域的投资，改革境外投资管理方式，借鉴上海自由贸易试验区经验，对境外投资项目实行备案制，可由黑龙江省负责备案管理，提高境外投资便利化程度。同时加强中蒙俄三国金融领域合作。大力加强三国银行间合作，加快边境人民币结算的步伐，进而推进人民币国际化进程。健全国内企业“走出去”的融资机制和风险防范机制。积极建立与境外投资相应的金融服务和保险制度体系，为境外投资企业提供全方位的金融支持和服务。此外，建立中蒙俄地区合作咨询和研究机构等信息平台，收集中蒙俄行业、企业最新发展动态，为边境地区企业及时提供信息。

五、推进三国自由贸易区论证与建设

随着三国经济发展水平的不断提升，未来中蒙和中俄的贸易规模还会逐渐扩大，贸易合作水平还会不断提升。中国应主动出击，争取更广领域、更深层次的合作。中蒙俄三国应该适时着手推进自由贸易区论证与实质谈判进程。在三国政府高层高度重视和有力推动的基础上，进行中蒙俄自由贸易区的可行性和经济效益论证，在实践中秉承先易后难原则，可以首先从中俄和中蒙互补性强的产业领域开始，进行有限度有步骤的市场开放和关税减免，再逐步扩展到全领域合作。

第六节　中国—东盟、北美国家贸易和投资合作相关经验借鉴

由于中国—东盟自由贸易区（以下简称“中国—东盟自贸区”）和北美自由贸易区(以下简称“北美自贸区”)是成立较早、发展较成功的区域贸易和投资合作组织，且在其发展过程中，也曾出现过双边或多边国家间的贸易和投资不对称发展的情况，因此，分析中国—东盟自贸区、北美自贸区对研究中蒙俄三国的贸易和投资关系的深化发展具有一定的借鉴意义。

一、中国—东盟贸易和投资合作的成功经验

（一）东盟各国与中国政治关系稳定

东盟内部多国与中国一道克服复杂国际关系的影响，共同建立了良好的政治及经济关系。本文分别以较发达和欠发达国家举例说明之。

以新加坡为例。新加坡是东盟成员国中第一个与中国建立双边自贸区的国家。从 1990 年双方建交以来，一直保持良好的经贸合作关系。2015 年中国对外非金融类的直接投资报告显示，随着“一带一路”倡议的实施，新加坡已经成为中国第二大投资来源国。中新两国的经贸合作，有力地促进了区域经济一体化的发展。

再以老挝为例。中国和老挝均为发展中国家，老中的传统文化有很多共通性，两国人民的生活习惯及思维方式也较接近。两国的贸易往来也为人民带来相同的消费习惯。在经济发展上，对外开放的贸易政策也是老挝所提倡的，那就是以产品导向型发展策略来开拓市场。1997 年老挝加入东盟及 2012 年加入世贸组织，都为中国与老挝进行贸易与经济的合作奠定了基础。

由此可见，就中国与东盟各国的发展现状来看，双方的政治环境、经济环境等因素都会对双方的贸易和投资合作产生有利影响。

（二）东盟各国与中国政策积极互动

在全球经济一体化的情况下，很多国家选择建立区域经济一体化的发展方式。东盟各国和中国也意识到由于双方的产业贸易结构和地理位置等优势，经贸合作已成必然选择。于是两者不断提升贸易和投资规模、总量，并重视对方的贸易地位。中国加入世界贸易组织后，其对外贸易政策和市场空间不断提升，这也使其成为东盟的贸易合作伙伴。随着双方经贸合作条件的不断向好，中国—东盟自贸区的建设日渐成熟。

中国—东盟自贸区的合作领域有农业、人力资源、原材料加工及文化、旅游和能源等多方面。2006 年 10 月，中国和东盟领导人正式签署《中国—东盟纪念峰会联合声明》，承诺建立战略合作关系。2007 年初，《中国—东盟全面经济合作框架协议货物贸易协议》的正式实施，促使双方加强关税下调的程度。其中，中国将 53 种商品关税水平降到 5.80%，与此同时东盟对中国的关税水平也得到有效降低。随后，中国—东盟自贸区谈判工作基本完成，其标志是《中国—东盟全面经济合作框架协议服务贸易协议》和《中国—东盟全面经济合作框架协议投资协议》的相继出台，这为中国和东盟的经贸发展提供了稳定性的保障。

（三）东盟各国产业合作结构稳定

东盟各国与中国拥有不同的经济发展水平，在东亚区域经济市场的产业链中位于不同的节点。双方产业结构具有互补性，使合作拥有潜力。具体从双方的经贸结构来看，中国属于劳动力密集型国家，而东盟多国属于资源密集型国家，双方拥有明显的互补优势。同时，东盟各国多出口电子信息产品套装或零部件，实行较相似的出口战略，相似的产业结构带来贸易结构的相似性，这也使各国加强了竞争。因此，中国可利用其雄厚的资金实力来加强与东盟各国贸易和投资的合作。

（四）东盟积极落实升级自贸区建设

东盟是中国最大的贸易伙伴。2010 年，中国—东盟自贸区已全面完成建设。19 亿人口受惠，贸易额达 45000 万美元，双方 90% 的产品实行零关税，中国对东盟的平均关税水平也由 9.80% 下降到 0.10%，双方贸易额迅速增长。2014 年 9 月，双方开始进行升级自贸区的协商谈判。通过对原有协定的完善，双方希望 2020 年贸易额达 1 万亿美元。中国利用积极的外交政策，继续推进国际贸易和投资自由化便利化。而且，推动中国—东盟自贸区升级议定书的全面生效与实施，积极促进亚太自贸区的建设。目前，中国和东盟在贸易和投资等方面的合作已形成相互依存发展的新格局。

综上所述，本文认为中蒙、中俄间贸易和投资一体化的发展趋势可向中国—东盟自贸区借鉴经验。具体如表 3–7 所示。

表3-7　　中蒙、中俄间贸易对中国—东盟自贸区成功经验的借鉴

类别	中国、蒙古国、俄罗斯
政治关系方面	近些年来中蒙俄三国的国内政治局势趋于稳定，政治互信程度加深，这为两国贸易和投资一体化趋势发展提供了政治保证
政策互动方面	就俄、蒙两国来说，应在更多领域减少贸易保护，吸引外资，弱化其贸易保护政策。双方应积极调整经贸政策，通过中国资本和技术的带动来缩小三国的经济发展差距，为实现中蒙俄贸易和投资一体化提供了政策保障
产业结构方面	中蒙、中俄间的产业结构也与中国和东盟国家一样，两国贸易和投资结构均具有垂直互补性，这为中蒙俄贸易和投资一体化发展提供可能

资料来源：本书课题组根据相关资料整理。

二、北美国家贸易和投资一体化的成功经验

北美自贸区作为由美国、加拿大和墨西哥组成的发达的区域经济组织，在经济、文化、政治等方面均不同的情况下，实现较成功的经济一体化发展模式。因此本节将在其具体的合作措施层面为中蒙俄三国贸易和投资一体化趋势的发展提供经验借鉴。

（一）削减甚至免除关税

北美自贸区成立的基础是20世纪美国和加拿大两国签署的《美国加拿大自由贸易协定》（以下简称“自贸协定”）。随后墨西哥加入，经三国协商，《北美自由贸易协定》首先对关税做出要求：成员国之间要逐步消除贸易壁垒，削减甚至免除关税，来保证生产要素的自由流通。北美自贸区也因此成为世界上最大的跨国贸易集团。

自贸协定开始实施以后，各国首先大幅调整进出口关税。墨西哥对美国产品的平均关税下调43%，而美国对墨西哥则下调84%。墨西哥作为农业大国，为避免美国发达农业经济对其产生冲击，对竞争力较弱的肉制品和奶制品等也给予一定的优惠。而且自贸区的成立，为其成员国带来较多发展机遇：一是消费量剧增，其国民生产总值第一次越过了6万亿美元；二是实现区域内的合理分工，使资源得到重新分配。自贸区的成立为各国间关税壁垒的消除、金融市场的开放、外来资金的引入及知识产权的保护发挥了有效作用，增加了投资机会和就业机会，促进了经济的增长。

（二）积极创造就业机会

自贸区的成立通过对区内贸易和投资机制的调整，实现经济、产业结构及人力资本的全新配置。自贸区在创建之初，就期望能够通过增加投资的创造效应来扩大就业岗位。如劳动密集型产业，其生产技能简单、市场进入门槛低，发达国家将这一类主要以价格为竞争手段的低技术制造业产业转移到墨西哥，一方面利用产业互

补优势实现产业的高效率转移，另一方面也为墨西哥增加了就业机会。而有关资金和技术密集型的产业，因规模经济而存在大量中间产品，其贸易和投资表现明显，因此该类产业较少向低水平的发展中国家转移。在各自利用比较优势的基础上，增加了就业机会，为各国的经济一体化发展实现资源的合理配置。

（三）提高通关效率

北美自贸区使用风险管理系统，同时采取较先进的电子预报关制度、简化报关单内容和由报关代理人申报进口的措施来达到提高通关效率的目的。这些提高通关效率的措施及逐渐取消的关税及非关税壁垒，使通关便利化，真正实现商品和生产要素在区域内的自由流通。如对农产品和动植物的检验检疫，一般采用原产地处理的方式。在到达口岸之前就完成检测，这种灵活方式为农产品等鲜活商品的快速通关便利化提供了保证。

综上所述，本文归纳出中蒙、中俄间贸易和投资一体化发展趋势可向北美自贸区借鉴经验。具体如表 3–8 所示。

表3-8　　中蒙、中俄间贸易对北美自贸区成功经验的借鉴

类别	中国、蒙古国、俄罗斯
关税方面	目前，中蒙、中俄之间在关税减免的协商合作还有待提高。如蒙方免征其进口的机械设备和招商引资方面的关税。中国为鼓励企业跨境贸易和投资，在相应行业有一定的减免。但中、蒙双方还需要保持并扩大关税减免范围，为双方的贸易和投资一体化提供更便利化的保障
就业方面	就中、蒙两国的市场来看，蒙古国因劳动力素质水平较低而无法完成高技术含量的工作。因此，中国应鼓励更多纺织和餐饮业进行跨境合作。在为蒙古国提高就业率的情况下，将部分产业转向更有竞争力的地方。同时还可对蒙古国的劳动力进行技能培训，为中、蒙贸易和投资一体化提供人力资源的保障
通关效率方面	除中蒙、中俄目前经贸合作的领域，蒙古国和俄罗斯拥有丰富的草畜资源和矿产等资源，中国可挖掘蒙、俄方的潜力，拓宽经贸合作领域。在运输成本降低的情况下，不断提高通关效率。届时，在进口检验检疫方面可采用北美自贸区的方式，为快速通关提供保障

资料来源：本书课题组根据相关资料整理。

中国—东盟自贸区和北美自贸区的建设分别为贸易和投资的参与主体提供便捷。从中国—东盟自贸区来看，双方在经济发展水平不尽相同的情况下，积极维护双方政治关系的稳定与政策互动，实现战略的同等对接；同时在贸易和投资结构互补优势的带动下，落实自贸区的升级建设，为经贸合作提供基本保障。再从北美自贸区来看，各参与主体在自贸区建成初期，首先削减关税来减少贸易及非贸易壁垒；同时将劳动密集型和资本密集型产业分别安排到能够充分利用其比较优势的地区，不仅创造很多就业机会，也实现了资源的最优配置，同时提高双方的通关效率。这些都是较成功的一体化发展经验，中蒙俄贸易的发展可据此找到相应的经验进行借鉴。

参考文献

[1] 杨文兰.中俄蒙经贸关系的互动研究[J].经济论坛，2010（3）:26–28

[2] 展丽.建立中俄自由贸易区的相关研究[J].中商贸易，2014（26）:123–124

[3] 张梅.中国对俄罗斯直接投资与贸易关系研究[D].浙江理工大学，2017:23–27

[4] 黄巍.中俄贸易发展中存在的问题与对策研究[J].国际经贸，2016（3）:27–28

[5] 康佳.新形势下中俄经贸合作问题研究[D].黑龙江大学，2016:27–29

[6] 高华阳.中蒙贸易现状研究[J].时代金融，2017（6）:43–44

[7] 丁连明.中俄贸易关系研究[J].牡丹江大学学报，2017，26（10）:6–8

[8] 崔金梅，式微巍.新时期中俄贸易影响因素实证分析[J].欧亚经济，2017（6）:43–49

[9] ZALEPEEVA VIKTORIIA.中俄贸易结构的互补性及其效应分析[D].浙江大学，2017:25–30

[10] 王明昊.中俄蒙贸易互补性的实证分析[J].外国问题研究，2015（1）:37–43

[11] UN Commodity Trade Statistics Data Base，http：//comtrade．un．org

[12] 刁莉，史欣欣，罗培.中俄蒙经济结构互补性与三国自贸区构建[J]. 亚太经济，2015（6）:16–22

[13] 吴英晶，李雪峰，王楠.草原丝绸之路与中蒙俄贸易合作研究[J]. 呼伦贝尔学院学报，2017（10）:27–31

[14] 陈泊昊.新形势下中俄经贸合作发展研究[D].东北财经大学，2016:101–112

[15] 李海.中俄贸易发展存在的问题及对策研究[D]. 中国石油大学，2015:25–27

[16] Yang yang. Development and Strategy of Sino–Russia Bilateral Trade: Business Economy[J].Trade Economy，2012（22）:34–40

[17] Shiping Tang. Economic Integration in Central Asia:The Russian and Chinese Relationship[J].Asian Survey，2011（2）:360–376

[18] 李新. 中俄蒙经济走廊推进东北亚区域经济合作[J]. 西伯利亚研究，2016（2）:12–20

[19] 王明昊，吴丹. "一带一路" 背景下中俄蒙自由贸易区建设构想研究[J].经济纵横，2015（1）:37–43

[20] 展丽. 建立中俄蒙自由贸易区的相关研究[J]. 清华大学学报（哲学社会科学版），2016（6）:166–174

[21] 左拉．中蒙的贸易关系的现状、问题与对策研究[D].辽宁大学，2016:101–112

[22] 拉木苏仁．中蒙俄经济走廊视域下中蒙贸易发展模式研究：基于引力模型的分析[D].内蒙古大学，2017:113–130

[23] 达可. 后冷战时期的中蒙经贸关系研究[D].山东大学，2017:21-38

[24] 散登比勒格. 中蒙经贸合作策略研究[D].辽宁大学，2016:25-29

[25] 孙睿智.中蒙贸易和投资的相互关系及发展趋势研究[D].内蒙古大学，2017:113-130

[26] 中国新闻网.中俄蒙元首会晤凸显三方利益契合.http：//www. China news. Com/gn/

[27] 杨文兰.中俄蒙边境三角区经贸合作方略[J].开放导报，2016（2）:55-59

[28] 李延哲. “一带一路”下中俄贸易存在的问题及对策研究[D].河北大学，2017:20-23

[29] 于洪洋，欧德卡，巴殿君 . 试论“中蒙俄经济走廊”的基础与障碍[J]. 东北亚论坛，2015（1）:96-106

[30] 包崇明.中俄蒙区域经济一体化战略研究[J]. 当代世界与社会主义，2013（1）:111-115

[31] 陈岩. “一带一路”战略下中蒙俄经济走廊合作开发路径探析[J]. 社会科学辑刊，2015（6）:133-135

第四章

中蒙俄经济走廊沿线国家基础设施现状与投资风险

基础设施互联互通是“一带一路”的重要内容和优先建设领域，也是建设中蒙俄经济走廊的重要前提，同时还是中蒙俄三国多方面加强合作的重要保障。中蒙俄三国地域相邻，有天然的合作基础，但跨境基础设施的滞后已成为制约中蒙俄经济走廊的重要瓶颈。推进三国跨境基础设施的互联互通可以进一步释放中蒙俄合作潜力，契合中蒙俄三国发展战略需求，对于深化中蒙俄合作领域、提高合作层次意义深远。

第一节　中蒙俄经济走廊基础设施建设现状

一、跨境交通基础设施建设现状

中蒙俄经济走廊构筑跨境交通基础设施网络，需优先打通缺失路段，畅通瓶颈路段，提升道路通达水平。加强交通基础设施建设，逐步完善连接中蒙俄三国的交通运输网络，是打造中蒙俄经济走廊需要优先考虑的战略重点。首先要做的重点是打通中蒙俄跨国战略通道的“大动脉”和“毛细血管”，加强与俄罗斯跨欧亚铁路的衔接和蒙古国铁路的沟通，形成跨欧亚立体化大通道。

（一）跨境铁路

1. 中蒙俄经济走廊新通道建设现状

所谓中蒙俄经济走廊新通道，即从连接俄罗斯第一亚欧大陆桥的蒙古国乔巴山—额仁查布（蒙俄边界蒙方口岸）铁路开始，新建一条乔巴山—霍特—毕其格图（蒙中边界蒙方口岸）的蒙古国新铁路。在此基础之上，将蒙古国铁路在毕其格图和珠恩嘎达布其（中蒙边界中方口岸）与中国境内的巴珠铁路（巴彦乌拉—珠恩嘎达布其）、巴新铁路（巴彦乌拉—阜新新邱）、阜盘铁路（阜新—盘锦港）相连后出海，开辟一条中蒙俄经济走廊新通道。

2013 年，中国提出“一带一路”倡议后，特别是中蒙俄三国达成建设“中蒙俄经济走廊”共识后，这条铁路通道被赋予了新的使命，成为“中蒙俄经济走廊新通道”（以下简称新通道）。新通道由中、蒙两国共同规划建设，具体施工建设分境内、境外两部分，境内部分为巴珠铁路—巴新铁路—阜盘铁路，境外部分为乔巴山—霍特—毕其格图铁路。

（1）巴珠铁路建设现状

巴彦乌拉—珠恩嘎达布其（中蒙口岸）铁路，由内蒙古集通铁路公司主导建设，线路全长 266 千米，投资总额 35 亿元。2019 年 6 月 15 日，呼和浩特铁路集团公司对新建巴珠铁路（扎布其尔至白音郭勒段）进行了机车动态检测工作，检测结果为优良，专用线动检验收合格，具备开通条件，并于 6 月 17 日通车运行。

（2）巴新铁路建设现状

巴彦乌拉—阜新新邱铁路，线路全长 487 千米，投资总额 74.28 亿元。巴新铁路已于 2014 年 11 月 10 日实现大板—新邱通车运营（330 千米），并与内蒙古集通铁路、赤大白铁路实现互联互通。剩余的大板—巴彦乌拉 157 千米路段，已完成全部路基和所有控制工程，2019 年底竣工通车。

（3）阜盘铁路建设现状

阜新—盘锦铁路，线路全长 176 千米，投资总额 67 亿元。截至 2019 年 1 月，阜盘铁路已获得政府主管部门关于“同意新建阜盘铁路一、二期工程开展前期工作的通知”，并已完成项目预可研评审工作。

（4）乔巴山—霍特—毕其格图铁路建设现状

乔巴山—霍特—毕其格图铁路，线路全长380千米，已列入中蒙两国《建设中蒙俄经济走廊规划纲要》项目库，该铁路的霍特—毕其格图段，拟由中方形成企业联合体，作为该段铁路的建设主体，其可行性研究报告也由该联合体编制。霍特—乔巴山段，双方基本达成合作共识。需要说明的是，从乔巴山站向北，已有连接俄罗斯西伯利亚铁路（第一亚欧大陆桥）的既有铁路。

蒙古铁路国有控股公司于2018年1月在蒙古国乌兰巴托市主办了“铁路东线走廊·区域及矿业发展”国际研讨会。蒙古国交通运输发展部、外交部、财政部、矿业和重工业部、自然环境和旅游部、食品农业轻工业部、国家发展局、矿业和石油局、核能委员会办公室、东方省、苏赫巴托省，中华人民共和国驻蒙古国大使馆，俄罗斯联邦贸易代表和有关铁路设计和工程公司，乌兰巴托铁路局合资股份公司、蒙古国科学院、蒙古国立大学、野生动物保护协会，中国内蒙古自治区口岸办公室、辽宁社会科学院、中国中铁工程设计咨询集团有限公司、中国铁路设计集团有限公司、中国巴新铁路有限责任公司和在东方省、苏赫巴托省持有矿产开采特别许可证的企业代表参加会议。

中蒙俄会议代表认为，在蒙古国境内建设连接俄罗斯和中国铁路网的乔巴山—霍特—毕其格图的过境运输通道，对促进三国间区域发展，加强三国区域经贸合作，开发蒙古国东部地区矿产资源，开辟连接欧亚最便利的铁路通道具有重要意义。在新通道建设合作方面，三方与会者认为，第一，要共同制定整条东线铁路走廊（新通道）的可行性研究报告；第二，中蒙俄三国政府应对乔巴山—霍特—毕其格图铁路建设给予相应的政策支持。在新通道建设实施方面，中蒙俄与会代表认为，第一，乔巴山—霍特—毕其格图铁路的运能设计，应充分与蒙古国东部地区的基础设施、矿业、农业、旅游和区域发展规划相结合；第二，应根据蒙古国政府2016—2020年工作纲领第2.112条要求，尽快解决霍特—毕其格图铁路的融资问题并尽快开工，中蒙双方地方政府和各建设主体，尽快成立工作组，协商解决乔巴山—霍特—毕其格图铁路的相关问题；第三，额仁查布—乔巴山既有铁路的扩能改造工程，应与乔巴山—霍特—毕其格图铁路同时进行；第四，新通道建设中，应遵守蒙古国现行的“草原和沙漠地区公路和铁路的野生动物通道”MNS 6515:2015 国家标准；第五，有关政府部门和企业应支持为新通道建设提供信息保障和建立综合信息库；第六，启动开通毕其格图铁路口岸的相关工作。

2. 中蒙俄经济走廊电气化铁路建设现状

截至 2017 年，美国铁路长度在世界上位列第一，其次是俄罗斯和中国。这三个国家铁路长度占世界铁路总长度的 40%。俄罗斯拥有世界上第一条 10.4 万千米的电力铁路网，中国 8 万千米，印度 3 万千米，德国 1.99 万千米。瑞士所有铁路均为电气化铁路，而瑞典的电气化铁路占 65%，意大利、奥地利、西班牙电气化铁路均占 50%，俄罗斯的电气化铁路占 47%。电气化铁路是由电力机车或动车组这两种铁路列车为主所行走的铁路。电气化铁路的牵引动力是电力机车，机车本身不带能源，所需能源由电力牵引供电系统提供。电力牵引具有马力大、速度快、能耗低、效率高等特点，能够明显提高运输能力。同时，机车性能和环境条件较现行的内燃机车更好、更环保。相同规模下电气化铁路的运输能力远超过非电气化铁路。电气化铁路虽前期投资较大，但是电气化后完成的运量大，运输收入多，运输成本低，所需投资能在短期内还清（视运量大小，一般为 5 ~ 10 年，有的只需 2 ~ 3 年）。运输成本的降低，主要是因为电力机车动车直接利用外部电源、构造简单、摩擦件少、购置费低、使用寿命长，因而包括能源费、维修费、折旧费的机务成本低；机车车辆周转快，设备利用率高；客运电力机车动轴少、轴重轻，由提速而增加的工务成本也较少；空调客车、冷藏车接触网供电，较加挂发电车节省费用和运力。电气化铁路已经成为现代化铁路的主流类型。很多非电气化铁路亦相继实现电气化升级改造。不过电气化铁路的建造要求高、难度大，不适合一些特殊的地理环境，故电气化铁路还不能完全取代非电气化铁路。

（1）满洲里—俄罗斯赤塔电气化铁路建设项目。截至 2017 年，满洲里—俄罗斯赤塔电气化铁路改造后已经通到博尔贾，正在协调推动俄博尔贾至后贝加尔斯克段建设列入中俄两国元首会谈议题。此次电气化改造项目将对以后火车提速以及未来通行高铁和动车打下基础。

电气化改造后，机车牵引方式由内燃机车牵引变为电力机车牵引，告别了依赖燃油的历史，将有效提高列车运行速度，增大运输能力，降低运输成本，减少有害气体排放，对于加快中俄经贸交流、促进沿线地区环境保护具有重要意义。

（2）集宁—二连浩特—乌兰巴托—乌兰乌德铁路升级改造。该线路改造已纳入国家《周边基础设施互联互通总体规划（2014—2035 年）》。2012 年 2 月，原铁道部对集二线扩能改造项目预可研报告进行了评审，2012 年 5 月，中投集团有意参股集二线扩能改造工程，2013 年以来，受铁道部改制等影响，项目前期工作处于停滞状态。境外二连浩特至乌兰乌德段全长约 1110 千米，建议国家加快推进境内集宁至二连浩特段扩能改造项目，同时由于二连浩特至乌兰乌德段主要在蒙古国境内，考虑到蒙古国没有实力推动改造，而该路线又是中蒙基础设施互联互通合作的重要路线之一，且已纳入周边基础设施互联互通规划，建议国家将二连浩特至乌兰乌德跨境铁路确定为中蒙两国政府间近期合作项目，为推进项目实施创造条件。

3. 其他中蒙俄经济走廊相关铁路建设现状

（1）策克—西伯库伦—古尔班特斯—那林苏海图煤田铁路。蒙方规划西伯库伦（策克）—古尔班特斯（那林苏海图煤田）铁路，与中国临策铁路相连，承担那林苏海图煤田煤炭运输任务。该铁路项目已由蒙古国蒙古之金有限公司委托铁三院呼和浩特公司完成了预调研，项目待蒙方批准。建议中国将该铁路确定为中蒙两国政府间近期合作项目，为推进项目实施创造条件。目前，策克口岸至蒙古国那林苏海图煤田铁路建设项目已启动。蒙古国政府 2008 年 8 月 20 日通过了 319 号决议，批准由蒙古之金有限公司新建那林苏海图煤田至中国策克口岸铁路。那林苏海图煤田位于蒙古国南戈壁省古尔班特斯县境内，距策克—西伯库伦口岸 50 千米，该煤田由蒙古之金有限公司与中国庆华公司共同开发。该铁路的修建，将使那林苏海图煤炭、石油资源及其深加工产品通过临策铁路、嘉策铁路运至国内及蒙古国市场，为两条铁路提供了可靠的运量保证，同时也有利于合作开发那林苏海图煤田。此外，本线将来有望与北部巴彦特克煤田等经济据点相连，进而在蒙古国西部、西北部及南戈壁省与中国之间形成路网通道，最终有望成为中蒙两国区域经济发展的重要交通纽带。

（2）珠恩嘎达布其—毕其格图—西乌尔特铁路。蒙古国2009年第五次铁路工作会议确定建设东部铁路乔巴山—西乌尔特—毕其格图段，全长420千米，预计投资88亿元。该铁路主要承担蒙古国中戈壁、东戈壁、苏赫巴托尔、东方省的煤炭、石油外运任务，计划与中国巴（彦乌拉）珠（恩嘎达布其）铁路相连，直达中国锦州港，形成新的下海通道。截至2017年底，珠恩嘎达布其口岸园区铁路专用线已经建成，蒙方境内段尚未开工建设。建议中国将该铁路确定为中蒙两国政府间近期合作项目，为推进项目实施创造条件。

（3）额布都格—塔木察格布拉克—乔巴山跨境铁路。从阿尔山至蒙古国塔木察格布拉克，将新建铁路205千米，塔木察格布拉克至乔巴山210千米，将对原有废弃路基进行铺轨修复。项目预计总投资约17亿元。目前东亚地区与欧洲间的进出口贸易主要通过海运，运输周期约60天。“两山（中蒙阿尔山至乔巴山）”铁路开通后，西连俄远东大铁路，贯通欧亚，形成另一条欧亚大陆桥，东连中国境内铁路网直达朝鲜罗津、先锋港出海，与韩国、日本的港口隔海相望。大量产品可通过中国、蒙古国、俄罗斯、白俄罗斯、波兰和德国这条线路运输，初步测算全程周期仅18天，欧洲抵达太平洋的运输距离将缩短1700多千米，此通道将成为欧亚各国商贸往来运输的首选。吉林省中吉集团购得蒙古国东方珠恩布拉格煤田开采权，加之大庆油田在两山铁路中部，投资7000万美元收购储量2亿吨左右的油田，每年有300万吨以上的运量。铁路专家表示每年只要有400万吨的货物进出，修建“两山”铁路在经济上就是可行的。俄罗斯、蒙古国有丰富的煤矿、铜矿、石油等资源。而中国、日本、韩国的资源极其缺乏，这也保证建好后的两山铁路运输量将远远超出400万吨。据测算，蒙古国煤炭生产成本为每吨80元，通过铁路运输运费为每吨80元，中外各种税费每吨70元，合计每吨230元。如果通过公路方式，单是运费方面就至少要每吨120元，因此，修建“两山”铁路面临较好的发展空间。

（4）满都拉—杭吉—赛音山达跨境铁路。满都拉口岸位于达茂旗满都拉镇境内、中蒙边境757界碑处，距呼和浩特市289千米、距包头市288千米。满都拉口岸距乌兰巴托约700千米，距东戈壁省赛音山达市258千米，距珠恩巴音火车站213千米。满都拉口岸处于呼（和浩特）包（头）鄂（尔多斯）经济辐射圈内。

呼包鄂地区具有资金、技术，人才等方面优势，同时也是中国西部地区重要的机械设备生产基地，交通便利，对矿能产品的需求量较大。而满都拉口岸对应的蒙古国东、南戈壁省矿产资源十分丰富，加快双方的合作，提高口岸通关能力，必将带动双边地区共赢。为保障大批量煤炭进口的需求，满都拉口岸开工建设了5进5出煤炭专用通道，口岸年货物通关能力将达到1500万吨以上。目前，满都拉口岸已开发进口和正在开发的矿点有5处：一是额勒苏泰铁矿，距口岸150千米，2009年开发进口；二是阿嘎如特铁矿，距口岸60千米，2010年开发进口；三是艾勒巴音煤矿，距口岸170千米，2011年开发进口；四是满都呼诺尔煤矿，距口岸约180千米，蒙古国阿拉太呼德尔公司正在开发，现已形成规模；五是查干苏市日格钢矿，距口岸224千米，中方公司和蒙方公司合作开发。待上述矿点全部开发，并形成规模后，必将提升口岸货运量，实现口岸经济的快速发展，将满都拉口岸打造成内蒙古自治区西部地区重要的矿产资源基地和包头市乃至自治区向北开放的重要通道。

满都拉经蒙古国杭吉口岸至赛音山达跨境铁路已被列入《自治区“丝绸之路经济带”建设实施方案》和国家《建设中蒙俄经济走廊规划纲要》。

（5）室韦—奥洛契—别列佐夫铁矿，黑山头—旧粗鲁海图跨境铁路。室韦口岸经俄罗斯奥洛契口岸至别列佐夫矿区全程20千米，连接中方铁路莫尔道嘎84千米。别列佐夫铁矿一期工程500万吨，二期工程1500万吨。俄罗斯旧粗鲁海图口岸距普黑阿尔贡斯铁路只有24千米。中方黑山头口岸经额尔古纳市至海拉尔全程194千米。海拉尔是滨洲铁路的干线枢纽。为了实现陆海联运，海拉尔经伊敏至伊尔施的铁路经过两年多的紧张施工，于2009年全线贯通。这实现了各口岸的陆海联运，可直达锦州、秦皇岛、信口、鲅鱼圈、大连形成中俄、中蒙口岸连接环渤海经济圈的陆海联运大通道。上述建设与改造计划的实现可为顺利发展中俄贸易与合作、消除口岸运输和通关的障碍、向北开放提供硬件支撑。

（二）跨境公路

2016年6月18日中蒙俄国际道路亚洲公路网三号公路（AH3）货运试运行，

自中国天津港经蒙古国乌兰巴托市至俄罗斯乌兰乌德市，全程约 2150 千米。其中，中国境内段 900 千米，几乎全程是高速公路；蒙古国境内段 1012 千米；俄罗斯境内段 240 千米。

中蒙俄国际道路货运试运行活动是推动“一带一路”倡议与俄罗斯欧亚经济联盟和蒙古国“发展之路”计划有效对接和深度融合的具体举措。这一道路的开通，为中蒙俄经济走廊建设提供道路运输服务保障，也为其他跨境公路运输项目提供示范作用。

1. 二连浩特—扎门乌德—乌兰巴托—阿拉坦布拉格（俄罗斯恰克图）高速公路

扎门乌德—阿拉坦布拉格公路与乌兰巴托大铁路并行，是连接中蒙俄的主要通道，总长 1100 千米。北段乌兰巴托—阿拉坦布拉格 400 多千米柏油路前几年已建成通车，南段乌兰巴托—扎门乌德段约 700 千米柏油路建成通车，路况相当于中国的三级公路标准。《蒙古国政府 2008—2012 年施政纲要》提出，要“修建扎门乌德—乌兰巴托—阿拉坦布拉格国际高速公路”。2015 年 5 月 29 日，“扎门乌德—乌兰巴托—阿拉坦布拉格”高速公路项目启动，这既是蒙古国第一条高速公路，也标志着丝绸之路经济带与蒙古国“发展之路”倡议对接的首个项目正式开工。

2. 阿日哈沙特—乔巴山跨境公路

该公路项目起点为蒙方哈比日嘎口岸和东方省省会乔巴山市，线路全长 135 千米，计划投资 8.3 亿元。纵深可与乔巴山—乌兰巴托“千禧公路”相连。阿日哈沙特口岸位于呼伦贝尔市新巴尔虎右旗境内，与蒙古国东方省哈比日嘎口岸相对应。自 1992 年阿日哈沙特开通口岸以来，由于阿日哈沙特口岸与蒙古国东方省之间没有等级公路，给中、蒙两国两地区人员往来、进出口资源的运输带来极大的不便，尤其在境外矿产资源的运输方面出现了效率低、运输成本高等问题，已严重影响了中、蒙两国两地区间经济、文化等各领域的交流合作。为此，蒙方多次建议中方以资助形式建设阿日哈沙特口岸至蒙古国东方省乔巴山市跨境公路。为适应口岸常年开放，由新右旗所在地 S203 省道通往口岸的 82 千米二级油路 2014 年改造为一级油路，提升口岸公路通过能力。但由于对应蒙方哈比日嘎口岸通往乔巴山市 135 千米公路为自然路面，遇雨雪天气难以行走，对中国扩大与蒙古国东部三省合作与资源开发形成障碍。

3. 额布都格—乔巴山跨境公路

额布都格口岸至蒙古国东方省乔巴山市350千米路段现为自然路，严重制约了口岸经济的发展。建议修建二级油路，计划投资21.5亿元。由乔巴山对接额布都格口岸至塔木察格油田作业区公路仅200千米，因此建议修建乔巴山市对接额布都格口岸至塔木察格油田作业区公路。

4. 额布都格—巴彦呼舒口岸大桥

桥宽16米，长400米，双向四车道，计划投资2800万元。额布都格口岸对面的蒙古国塔木察格已探明原油储量15亿吨，距口岸仅140千米。大庆油田公司已累计投资10亿元，打探油井400多口，预计2015年产量达到50万吨以上。额布都格口岸隔中蒙界河哈拉哈河与对应口岸相望，2005年11月，全长164.9米的额布都格—巴彦呼舒口岸大桥竣工通关。口岸年最大吞吐量25万吨，口岸大桥已无法满足回运原油的需求。2014年5月，呼伦贝尔市代表团访问蒙古国东方省，就建设额布都格—巴彦呼舒口岸界河桥事宜达成一致；6月，蒙古国东方省省长率团到访呼伦贝尔市期间，双方签订了共同支持实施中蒙额布都格—巴彦呼舒口岸界河桥项目建设的友好协议。

5. 室韦—奥洛契口岸大桥

桥宽16米，长407米，双向四车道梁式桥设计，荷载为汽车20级，车速为30千米/小时，引路长2223米，计划投资8000万元。室韦公路口岸的中俄友谊大桥，宽仅为5米，只能容纳车辆单向通行，且通过的车辆载重最大不超过40吨。室韦公路口岸本着设立时“先开通、后规范、边通关、边建设”的原则发展起来，长期以来存在基础设施投入不足的问题，特别是近两年过货量的大幅增长对口岸扩能提出新的要求。自2001年中俄界河大桥建成通车以来，口岸贸易从无到有，由小变大，特别是近三年来，口岸进出口过货量呈高速增长态势，并具有以下特点：一是进口量保持了30%以上的增长；二是进口货物以矿石为主，占总量80%以上；三是进口量远大于出口量。目前，中俄友谊大桥已无法满足口岸日益增长的过货量需求，拟修建室韦口岸货运专用桥，以改善口岸通关环境，提高通关效率。

6. 策克—巴彦洪格尔省三级公路

该公路以策克口岸为起点，途经那林苏海图矿区至巴彦洪格尔省新金斯特矿区，全长 400 千米，估算投资 4.5 亿元。2014 年 12 月，额济旗代表团访问蒙古国巴彦洪格尔省，双方就新金斯特煤矿到策克口岸公路建设，新金斯特煤矿到巴彦洪格尔市的道路硬化问题达成了初步合作意向。

7. 策克—南戈壁省三级公路

该公路以那林苏海图矿区为起点，途经蒙古国占尔班特斯县、诺彦县，至南戈壁省达兰扎德噶德市，全长 380 千米，估算投资 4 亿元。南戈壁省那林苏海图地区，距策克口岸直线距离 58 千米，已探明煤炭储量为 16.7 亿吨，且大多为无烟煤，质量较好。目前策克口岸进口原煤完全依靠公路运输，运输成本高，运量低，这已成为制约策克口岸进口煤炭进军国内市场的重要因素。该公路的修建将使蒙古国那林苏海图煤炭、石油等资源及其深加工产品通过临策铁路、嘉策铁路运至中国境内，有利于那林苏海图煤田的开发，同时为两条铁路提供了可靠的运量保证。此外，该公路线将来有望与北部巴摩特克煤田等经济据点相连进而在蒙古国西部、西北部及南戈壁省与中国之间形成路网通道。

8. 乌兰巴托—南戈壁省—古尔班持斯县—那林苏海图—策克口岸公路

全长 950 千米，估算投资 47.5 亿元，经策克口岸、额济纳旗与京新高速公路相连。

9. 南戈壁省达兰扎达格德—乌力吉口岸三级沥青（混凝土）公路

该公路全长为 301 千米，估算投资 12 亿元。乌力吉口岸—苏宏图二级公路，线路总长 62 千米，估算建设投资 5 亿元，最终与京新高速公路相连。

10. 塔温陶勒盖煤矿—甘其毛都口岸运煤砂石路

共投资 7000 万元在蒙古国修建该运煤专线，并且每年由中方企业投入 5000 多万元进行道路养护和车辆救援维护。2013 年中方企业投资 2461 万元对全程 257 千米运煤砂石路进行重新维修。建议修建二级路面，投资 16 亿元。

11. 中蒙跨境高速公路

建设呼和浩特—四子王旗—苏尼特右旗—二连浩特—扎门乌德—乌兰巴托—阿

拉坦布拉格高速公路，全程1450千米。

12. 中俄满洲里—后贝加尔斯克国际公路

中俄满洲里—后贝加尔斯克国际公路口岸货运通道还没有实现直线对接。2009年3月，中国口岸办对满洲里—后贝加尔斯克公路口岸进行了实地调研，与俄联邦海关署在俄后贝加尔斯克举行了专项工作会谈，对加快中俄满洲里—后贝加尔斯克公路口岸货运通道建设问题进行了深入研究，并签署了《后贝加尔斯克公路口岸扩建和货运通道项目建设工作会谈纪要》，明确了双方货运通道对接地点、建设标准等问题。此后，满洲里口岸通过实施公路口岸扩能改造工程，完成了货检场区的地面硬化，建成了3进3出的货运通道，已经具备了与俄方货检通道直线对接的条件，2010年启动公路口岸货运场区扩能改造工程，建设6进6出12条货运通道。俄方也基本完成了后贝加尔斯克公路口岸货运场区的设施建设，建成了6进6出的货运通道，现在只需在俄方一侧修建一条600～700米的专用道路，便能完成中俄满洲里—后贝加尔斯克公路口岸货运通道的连接，实现公路口岸客货分流，提高通关效率。

（三）口岸

1. 中蒙俄经济走廊重点口岸经济发展思路与定位

（1）总体思路。认真贯彻“创新、协调、绿色、开放、共享”的新发展理念，坚持“四个全面”战略布局和“五位一体”总体布局，深入实施“一带一路”和沿边重点地区开发开放战略、国家创新驱动发展战略，主动适应和引领经济发展新常态，加强丝绸之路经济带与欧亚经济联盟和“草原之路”倡议的有效对接，加快实施《建设中蒙俄经济走廊规划纲要》，坚持“一条主线、两个依托、三个更加”的发展路径，即以重点开发开放为主线，以区位、资源、产业、人文等资源特色优势和现有发展条件为依托，以现有规划政策和机制平台为依托，更加注重推动口岸经济结构调整和产业转型升级，更加注重推动口岸通道经济向口岸复合型经济转变，更加注重发挥小沿边、中沿边和大沿边（县级、地级、省级）协同开放、联动发展的重要支撑作用，加快形成分工合理、优势互补、协调发展、利益共享的开放新格局。

（2）发展定位。根据各主要口岸城市现有的基础条件，其发展定位应聚焦或突出以下六个方面：一是成为全国沿边重点地区开发开放的新高地；二是成为深化中蒙俄经济合作的窗口城市；三是成为中蒙俄走廊建设的重要支点；四是成为承接国内外产业转移的先导区和区域经济的新增长极；五是成为创新、绿色、协调、发展体制机制的试验区；六是成为沿边地区睦邻、安邻、富邻的示范区。

2. 中蒙俄经济走廊重点口岸经济发展建设现状

（1）满洲里口岸（铁路、公路、航空）是全国唯一设在县级市、纬度最高的直属海关。位于内蒙古呼伦贝尔大草原西部，处于中俄蒙三角地带，北接俄罗斯，西邻蒙古国，是第一欧亚大陆桥的交通要冲，是中国通往俄罗斯等独联体国家和欧洲各国重要的国际大通道，也是中国最大的边境陆路口岸。根据满洲里市 2018 年国民经济和社会发展统计公报统计，2018 年满洲里口岸货运量累计完成 3192 万吨，增长 3%。其中，进口 1599 万吨，增长 5.7%；出口 403 万吨，增长 1.3%；转口 1198 万吨，下降 1.7%。升级完善“单一窗口”各系统，使“单一窗口”标准版在铁路口岸和公路口岸的覆盖率均达到了 100%。全年经满洲里铁路口岸进出境的中欧班列 1801 列，同比增长 38.2%，搭载 14.8 万个标准集装箱，同比增长 33.4%，货值 87.3 亿美元，同比增长 15.6%。口岸国际邮件互换局兼交换站启用，公路口岸国际邮路正式打通。通关环节合规成本下降 18%。业务管辖范围包括内蒙古自治区的呼伦贝尔市、兴安盟、通辽市和赤峰市，辖区面积 45 万平方千米。辖区内中俄、中蒙边境线长 1819 千米，其中，中俄边境线长 1812 千米，中蒙边境线长 807 千米。关区内有一类口岸 6 个，分别是满洲里铁路口岸、满洲里公路口岸、阿日哈沙特口岸、海拉尔航空口岸、黑山头口岸、室韦口岸；二类口岸 3 个，分别是额布都格口岸、阿尔山口岸以及二卡口岸。其中满洲里铁路口岸是全国最大的铁路口岸，也是中俄贸易最大的通商口岸，承担了中俄贸易 60% 的货运量。满洲里铁路口岸是中国规模最大、年通过能力最强的铁路口岸，中心站场宽、准轨到发线 66 条，另有 4 个换装场到发线 38 条，年换装能力 3000 万吨。

2018 年，满洲里口岸货运量累计完成 3192.4 万吨，同比增长 3%；口岸贸易额约 52 亿美元，同比增长 5%；上缴关税、代征税约 39 亿元，同比下降 7%。口岸进出境人员 191.8 万人次，同比增长 3.2%。

① 主要进出口货物情况。2018 年 1 ~ 12 月，木材进口 1066.2 万立方米，同比下降 11%；铁矿砂进口 116.7 万吨，同比增长 7.7%；煤炭进口 397.7 万吨，同比增长 39.6%；化肥进口 108 万吨，同比增长 36.6%。果菜出口 44.3 万吨，同比增长 5%；轻工品出口 159.1 万吨，同比增长 1%；矿产品及建材出口 34.1 万吨，同比增长 6.7%。口岸进出口集装箱 16.5 万标箱，同比增长 13%。

② 口岸进出境人员情况。2018 年 1 ~ 12 月，满洲里口岸进出境人员总体保持小幅增长。其中，公路口岸进出境人员 185.6 万人次，同比增长 3.4%；航空口岸进出境人员 3.5 万人次，同比下降 9.6%。铁路口岸进出境人员 2.6 万人次，同比增长 2%。

③ 中欧班列运输情况。2019 年一季度，满洲里口岸进出境中欧班列达 520 列，同比增幅达 175%，其中，出境 273 列，入境 247 列，实现了中欧班列进出口的均衡运输。2019 年前 8 个月，经满洲里入境中欧班列 650 列，57312 标箱（TEU），标箱（TEU）同比增长 184%；出境中欧班列 850 列、77386 标箱（TEU），标箱（TEU）同比增长 93%。

（2）黑山头口岸位于额尔古纳市拉布大林镇西南 62 千米处，距黑山头镇 12 千米，西隔中俄界河与俄罗斯的旧粗鲁海图口岸相望，两口岸垂直相距 1.5 千米，北距室韦口岸水路 250 多千米，陆路 230 千米，南距呼伦贝尔市 120 千米。黑山头口岸的地理位置优越，直接与俄罗斯旧粗鲁海图口岸隔河对应，是中俄双方通商往来的便捷通道。1989 年国务院以国函〔1989〕26 号文件正式批准黑山头口岸为国家一类口岸，1990 年国务院以国口办字〔1990〕71 号文件批准黑山头口岸正式对外开放，1991 年 1 月 1 日正式对外开放。黑山头口岸与旧粗鲁海图口岸隔额尔古纳河相望。口岸设立初期每年夏季为水上过货，冬季冰上过货。1993 年架设中俄界河临时性木桥，2005 年建成了黑山头—旧粗鲁海图口岸永久性大桥。口岸年设计通过能力，货运 50 万吨，客运 30 万人次。口岸开放时间为周一至周六早 8 点至 12 点，下午 1 点至 5 点。黑山头口岸现已累计完成投资 1345.23 万元，完成码头平台 800 平方米，引路 800 延长米，口岸货场 125 平方米，联检办公生活设施 1225 平方米，边检监护中队营房 135 平方米，并建中俄界河木桥等主要设施。黑山头口岸大桥是简易木桥，而口岸通车多为大型载重车辆，造成桥墩下沉，桥面倾斜，给口岸通行带来诸多不便，严重制约了口岸通过能力和经济效益的提高。因此，改造扩建黑山头口岸大桥已成为当务之急。

2019 年 1 ~ 9 月，黑山头口岸外贸进出口总额完成 32474.46 万元，同比增加 22936.47 万元，增长 240.47%，其中，进口完成 32474.46 万元，同比增加 22936.47 万元，增长 240.47%。

黑山头口岸 1 ~ 9 月共计进出口货物 50159 吨，与去年同期相比下降 4%。其中入境货物 50159 吨，同比下降 4%，出境货运量 0 吨。

黑山头口岸出入境旅客 10681 人次，同比下降 15%，其中，入境旅客 5231 人次，同比下降 15%；出境旅客 5450 人次，同比下降 85%。

黑山头口岸出入境车辆 5784 辆次，同比下降 8%，其中，入境车辆 2881 辆次，同比下降 8%；出境车辆 2903 辆次，同比下降 8%。

（3）室韦口岸位于中俄界河额尔古纳河中游东端，在室韦镇的西南 0.5 千米处，南距额尔古纳市拉布大林镇 168 千米，西隔额尔古纳河与俄罗斯奥洛契口岸相对。1988 年，内蒙古自治区人民政府批准室韦口岸为临时过货点。1989 年，国务院国函〔1989〕26 号《国务院关于同意开放黑山头、室韦两个对苏边贸口岸的批复》，正式批准设立室韦口岸，为双边公路货物运输口岸，1991 年 1 月 1 日正式对外开放。口岸设立初期每年夏季为水上过货，冬季冰上过货。2001 年 10 月建成中俄界河第一桥室韦—奥洛契口岸界河大桥，设计年通过能力为 50 万吨。室韦口岸是双边性常年开放的货运口岸，开放时间为周一至周五早 8 点至 12 点，下午 1 点至 5 点。室韦口岸现已完成投资 2107.15 万元，用于建设联检宿舍、边贸办公室、封闭式仓库、浮箱码头等。建降坡式码头、口岸锅炉房等面积共 1170 平方米，新建联检厅、中队营房 2310 平方米。投资的 75% 用于室韦—奥洛契口岸界河桥的建设，大桥长 310.59 米，宽 4.2 米，中、俄双方各承担资金的一半。2001 年 10 月 1 日，在中俄双方的共同努力下，室韦—奥洛契界河桥正式投入使用。

2019 年 1 ~ 9 月，室韦口岸外贸进出口总额完成 166.27 万元，同比增加 150.75 万元，增长 971.33%，其中，进口完成 166.27 万元，同比增加 150.75 万元，增长 971.33%。

2019年1～9月室韦口岸共计进出口货物12174吨，与去年同期相比增长1561%，其中，入境货物12174吨，较去年同期增长1561%，出境货运量0吨。

2019年1～9月室韦口岸出入境旅客999人次，同比增长1511%，其中入境旅客503人次，同比增长1611%；出境旅客496人次，同比增长1611%。

2019年1～9月室韦口岸出入境车辆968辆次，同比增长1661%，其中入境车辆486辆次，同比增长1661%；出境车辆482辆次，同比增长1661%。

（4）中俄满洲里二卡口岸是双边公路货物运输口岸。中俄两国政府为进一步巩固和发展睦邻友好合作关系，在平等互利的基础上，于1994年1月27日签订《关于中俄边境口岸协定》。该协定签订之后，双方皆做了大量工作。中方累计投入2580多万元完成二卡口岸联检综合楼及双向8条通道等设施主体工程。后来出于多种原因，双方延缓了口岸建设，迄今一直没有开通。

（5）胡列也吐水运口岸位于内蒙古呼伦贝尔市陈巴尔虎旗北部，以额尔古纳河为界，与俄罗斯赤塔州红石区凯拉斯堆口岸隔河相望。该口岸距海拉尔通往满洲里的301国道及滨州铁路最近处只有30千米，路况较好，冬夏均可通车。额尔古纳河上可航行百吨货船。胡列也吐口岸对面的赤塔州克拉斯诺卡缅斯克区（红石区），拥有10万人口，是俄罗斯在远东地区重要的原子工业原料基地，是靠近中国的较发达、人口较多的地区。这里只有重工业，缺乏轻工产品、农产品，劳动力短缺，现在双方易货和劳务合作较多。该口岸由满洲里一关五检部门代管。

（6）二连浩特口岸自古就是中国内陆通往北亚、东欧的咽喉要道。1956年1月，北京—乌兰巴托—莫斯科国际铁路联运正式通车，二连浩特口岸开辟为国家一类口岸，1992年，公路口岸也正式开通。口岸原设计过货能力为450万吨（铁路口岸350万吨，公路口岸100万吨）。

二连浩特铁路口岸位于集二线终端，是中国陆路连接欧亚最便捷的通道。以二连浩特为终点的集二线，连通京包、京山线，与蒙古国、俄罗斯及东西欧各国的铁路结成一座欧亚铁路大陆桥。以北京为起点经二连浩特到莫斯科，比经满洲里口岸的滨州线近1140千米。特别是通过京包、京山线与天津港相连，是日本、东南亚及其他邻国开展对蒙古国、俄罗斯及东欧各国转口贸易的理想通道，更是蒙古国走向出海口的唯一通道。2000年以来，二连浩特铁路口岸经过多次改扩建，先后投资建成了铁路口岸联合办公大厅，实现了“一厅式办公”和“一条龙”服务；建成H986货运列车检查系统，进一步改善了铁路口岸基础设施，提高了口岸现代化查验水平。投资3.8亿元对二连浩特口岸铁路站场进行改扩建，吞吐能力达到1000万吨，并实现部分业务24小时通关。铁路口岸现有宽、准轨线路117条，其中宽轨为52条，准轨65条。站区建有机械区、技协、泰达、木四、二连浩特口岸海关监管场等5个仓储作业区，具有仓储、转运、换装等多种功能。各作业区内配有不同吨级的龙门吊、起重机、叉车等现代化的装卸机器。

二连浩特公路口岸旧通道于1992年开通试运营，是在中蒙两国铁路员工通勤通道的基础上改建的，开通时只有一条客货混用通道，基础设施、查验条件非常简陋。现公路口岸位于国门西侧，于2002年9月正式运营。主要设施有旅客联检大楼3889平方米、海关特检区货检大楼274平方米、货运报关楼534平方米、边检营房2100平方米，以及相配套的口岸监管区。通道北出口与蒙古国边境相接，南出口经二连浩特市区与208国道相连。设有4进4出8通道，实现客货分流。公路口岸新联检区集通关查验、仓储运输、生活服务于一体，可一次性完成报关报检和稽费征缴工作。设计最大通过能力为货运240万吨，客运300万人次，并实现每周7天通关。正在建设的公路口岸新货检通道年内投入运营后，公路口岸年吞吐能力将达到500万吨。

（7）策克口岸地处内蒙古自治区阿拉善盟西部，位于阿拉善盟额济纳旗苏泊淖尔苏木境内，距额济纳旗政府所在地达来呼布镇76千米，东距阿拉善盟府所在地710千米，南距甘肃省酒泉市466千米，北与蒙古国南戈壁省接壤。策克口岸于1992年经内蒙古自治区人民政府批准为季节性开放口岸。2005年6月29日，国务院批准策克口岸为中蒙双边性常年开放陆路边境口岸。2009年1月12日，策克口岸实现中蒙双边性常年通关。2010年，在《中蒙边境口岸及其管理制度协定》执行情况第二轮司局级会晤中，中蒙双方原则同意将策克—西伯库伦口岸提升为国际性常年开放口岸。2012年5月14日，内蒙古自治区人民政府批准成立自治区级策克口岸经济开发区。

（8）甘其毛都口岸位于内蒙古自治区巴彦淖尔市乌拉特中旗境内中蒙边境线703号界标附近，与蒙古国南戈壁省汉博格德县的嘎顺苏海图口岸对应。1992年正式辟为国家一类季节性双边口岸，2004年5月蒙古国原煤正式通关，2009年9月实现正式常年开放。口岸开通20年以来，累计完成货物吞吐量4060万吨，原煤进口3904万吨，为国家创关税、所得税等近92亿元，实现贸易总额302亿元。特别是2011年、2012年连续两年进出口贸易量和原煤进口量突破1000万吨，成为自治区过货量最大的公路口岸和仅次于满洲里的综合口岸。甘其毛都是巴彦淖尔市对外开放的前沿阵地、内蒙古西部重要的对蒙开放贸易通道和连接欧亚大陆的重要纽带。

（9）珠恩嘎达布其口岸位于中蒙边境1046号界碑处，历史上称为“蒙马处”，地处锡林郭勒盟东乌珠穆沁旗嘎达布其境内，距乌里雅斯太镇67千米，与蒙古国苏赫巴托省毕其格图口岸对应，两口岸相距4千米。珠恩嘎达布其口岸地理位置优越，辐射范围广，距锡林浩特市300千米，沿中蒙边界距二连浩特口岸450千米，辐射周边赤峰市、通辽市、兴安盟以及东北老工业基地和环渤海经济圈，是锡林郭勒盟东部及周边地区向北开放的门户。对应的蒙古国毕其格图口岸辐射蒙古国苏赫巴托省、东方省和肯特省等矿产和动植物资源极为丰富的省份。珠恩嘎达布其口岸于1992年经国务院批准为国家一类季节性开放口岸。在季节性开放的十几年中，该口岸对外贸易得到快速发展，特别是在国内企业“走出去”开展对外经济技术合作中发挥了重要作用。2006年8月1日，国务院批准珠恩嘎达布其口岸为国际性常年开放的陆路口岸。2008年1月3日，正式实现国际性常年开放，是内蒙古自治区继满洲里、二连浩特口岸之后第三个实现常年开放的国际性口岸。

（10）阿日哈沙特口岸位于呼伦贝尔市新巴尔虎右旗阿敦础鲁苏木境内，在中蒙边境线622号界桩处。与蒙古国东方省乔巴山市哈比日嘎口岸对应。1989年9月，依据国发〔1985〕113号《国务院关于口岸开放的若干规定》，经自治区人民政府批复同意，开辟阿日哈沙特为对蒙边境贸易临时过货点。1992年被国务院批准为一类季节性口岸。每年每季度开放20天，全年开放80天。2005年4月，根据中蒙签署的《边境口岸及其管理制度的协定》，阿日哈沙特口岸实现了集中延长开关。每年开放时间是 1 月 6 日至 25 日、4 月 1 日至 10 月 31 日，全年开放 234 天，上午 8 点至 12 点，下午 2 点至 5 点，周六、周日不休息。2010 年 7 月，经中蒙两国政府和外交部协商，同意中国阿日哈沙特口岸与蒙古国哈毕日嘎口岸实现常年开放。目前，阿日哈沙特口岸常年开放已被列入国家“十二五”口岸发展规划。该口岸设计年通过能力为货运 100 万吨，客运 30 万人次。

据调查，蒙古国东方省的商品 70% 来源于中国，但受夏季节性开关的限制，从阿日哈沙特口岸出口的商品只占蒙古国东部三省年需商品总量的 30% 左右，剩余的 70% 商品只能在该口岸闭关期间曲道二连浩特口岸进口。据测算，为 16 万人口的蒙古国东部三省提供 70% 的生活必需品，仅此一项年出口货物就在 10 万吨以上，进出口贸易额将达到 50 万美元。因此，为了开发蒙古国东部市场，适应经济全球化和构建中蒙俄经济走廊新形势的需要，实现阿日哈沙特口岸常年开放势在必行。

（11）满都拉公路口岸位于包头市达尔罕茂明安联合旗满都拉苏木。距蒙古国哈登保力格县仅 60 千米，对应东戈壁省杭吉口岸，是内蒙古对蒙古国公路口岸中距乌兰巴托最近的一个公路运输口岸（500 千米）。按照依托包钢、服务包钢的工作原则，明确把口岸发展定位于开发、进口蒙古国和俄罗斯矿产资源。现已初步掌握了距口岸 400 千米范围内的煤、铁、锰、铜等矿点 60 处。

（12）额布都格口岸地处内蒙古呼伦贝尔新巴尔虎左旗阿木古郎镇西南 22 千米处，东经 118°10′25″，北纬 48°2′27″，是呼伦贝尔市 8 个对外开放口岸之一，距呼伦贝尔市 175 千米，隔哈拉哈河与蒙古国白音胡舒口岸对应。额布都格口岸于 1991 年 5 月经自治区人民政府以内政函〔1991〕41 号文件批准为临时过货点，1992 年升格为自治区二类口岸，1995 年升格为一类季节性开放口岸。2009 年，国务院下发《关于同意内蒙古额布都格口岸对外开放的批复》（国函〔2009〕21 号），批准额布都格口岸为双边季节性公路客货运输口岸。2011 年 6 月通过自治区预验，2012 年 9 月 27 日，通过国家级验收，升格为国家正式对外开放口岸。口岸常年开放事宜已被列入国家口岸“十二五”发展规划。口岸设立初期，夏季开关用浮箱桥作载体，冬季开关走冰道。2005 年 11 月“中蒙界河第一桥”额布都格—巴彦呼舒口岸路桥建成通车，使额布都格口岸摆脱了季节性过货的约束，常年通关成为可能。目前，该口岸每年的2、5、8、11月的1 ~ 15日集中开关。2005年4月，大庆油田有限责任公司在蒙古国购买了石油开采权，为支持大庆油田有限责任公司的境外开采项目，满足国内用油需求，2006年经国家口岸办批准实现了对“大庆油田有限责任公司”常年临时集中开关。口岸年过货能力达到50万吨，旅客10万人次。开关时间为周一至周六上午8点至12点，下午2点至5点30分。2014年6月开始对大庆境外项目实行7天通关，同年8月20日开始实施全年对公众临时开放。近期有望实现常年开放。

（13）阿尔山口岸位于阿尔山市西部45千米，中蒙边界努木尔根河右岸门山处，与蒙古国松贝尔口岸相对应，为国家二类口岸。这是与蒙古国、独联体以至整个欧洲开展经济技术合作，扩大产品出口和劳务输出，扩大对外开放和发展国际旅游业的重要通道。目前，阿尔山口岸公路已竣工，口岸界河桥正在建设中。白阿铁路伊尔施站距口岸15千米，是将要接通的纵贯东北西部铁路干线（伊尔施—伊敏段）与横贯东北中部的大陆桥交汇点，地理位置十分重要。距离蒙古国东方省哈拉哈高勒苏木（原松贝尔苏木）96千米，距离东方省省会乔巴山市456千米，距离蒙古国首都乌兰巴托1111千米。1992年，内蒙古自治区人民政府以内政函〔1992〕86号文件批准阿尔山口岸为季节性对外开放的国家二类口岸（边境贸易临时过货点）。2004年，中蒙两国签署《中华人民共和国政府和蒙古国政府关于中蒙边境口岸及其管理制度协定》，确认阿尔山口岸为国际性季节开放口岸。根据该协定，阿尔山口岸开放时间为每年6月11日至30日（20天）、7月16日至30日（15天）、8月16日至9月25日（41天），累计开放时间为76天。口岸开放期间，中方工作时间为北京时间8点至17点；蒙方工作时间为乌兰巴托时间8点至17点（夏令时为9点至18点）。2013年7月15日，阿尔山—松贝尔口岸正式开通，形成东起图们江，西接蒙古国，北连西伯利亚的东北亚地区新的欧亚大陆桥，为中、蒙构建起四通八达的立体交通网，使欧亚抵达太平洋的运输距离缩短1700千米。

（14）巴格毛都口岸位于内蒙古自治区巴彦淖尔市乌拉特后旗潮格温都尔镇境内，东经106°10′30″，北纬42°06′42″，中蒙边境679界标附近，蒙古国一侧为南戈壁省。距旗府所在地巴音宝力格镇 143 千米，距市府临河区 193 千米，其中 93 千米为边防公路。内蒙古自治区人民政府于 1993 年同意将巴格毛都口岸以二类口岸开放。由于财力有限，未能完成各项基础设施建设。同时，旗域经济以第一产业为主，尚未形成与蒙古国进行经济往来的需要，故口岸在审批之后一直没有形成正常的通关贸易，2000 年内蒙古清理整顿二类口岸时被暂时关闭。近年来，乌拉特后旗经济迅猛发展，进入全国百强旗县，旗内有色金属冶炼企业众多，矿山冶炼业在自治区占有重要地位。随着地区经济实力的增长，以及矿山冶炼企业对矿产资源的需求扩大，巴格毛都口岸重新开放迫在眉睫。巴彦淖尔市已向国家有关部门申报开通口岸，该口岸已被列入《国家口岸发展“十一五”规划》和内蒙古自治区“十二五”规划。巴格毛都口岸恢复开通工作已取得了积极进展。

巴格毛都口岸对面蒙古国境内资源富集，由于受水、电等条件的制约，蒙方境内资源采出原矿后必须异地选冶，中国巴彦淖尔市是运输距离最近的区域，巴格毛都口岸是开发外运蒙古国矿产资源较近的通道（运距仅次于巴彦淖尔市乌拉特中旗甘其毛都口岸）。乌拉特后旗矿山工业基础雄厚，根据中国实施的“向北开放”战略，中方可充分利用蒙方境内丰富的铅、锌、铜、煤等资源，进一步发展铅、锌、铜采选、冶炼等项目。

二、能源基础设施现状

中俄蒙三国在资源、市场、资金、技术等方面各有优势，经济互补性强，合作潜力巨大。蒙古国矿产资源丰富，采矿业占工业总产值的 70% 以上；俄罗斯石油天然气储备丰富，GDP 的 60% 来源于能源及原材料出口。但近年来全球煤炭、石油、铁矿石、铜等大宗商品价格下跌，俄蒙两国经济主要支柱发展遭受下行压力，中国则为两国能源输出提供了具有购买力的周边市场。另外，蒙古国和俄罗斯远东地区基础设施落后，工业发展基础薄弱；中蒙俄经济走廊的建立，能充分发挥三国间的地缘优势，进一步拉动双边贸易和投资的增长。可以输出中国在基建及制造业发展方面积累的经验和优势产能，以促进俄蒙两国的交通、电力、通信、港口基础设施建设，实现三国互联互通；同时建设能源管道，推动三国间经济互补。

构筑能源输送网络，推进跨境电力与输电通道建设，积极开展区域电网升级改造合作。合作开发远东和西伯利亚的石油、天然气资源，在东北亚建设石油天然气供应网和电能输送线。

（一）石油通道

（1）北起蒙古国南戈壁省那林苏海图经阿拉善盟策克口岸入境接额济纳旗，终点为甘肃省酒泉市。该管道总长近1000千米，原油管道干线设计输量2000万吨/年。蒙古国近年来石油开采量的95%以上销往中国。

（2）塔木察格21区块跨境输油管道。新建跨境管道总长度52.13千米（境内29.22千米，境外22.91千米），设计管径DN20毫米，设计压力6.3兆帕，年最高输量151万吨，最低输量为43.7万吨。全线采用加热密闭输送工艺涉及各类站场共4座，其中，外输首站为塔二联合站，末站为德二联合站（需扩建）。新建清管阀室、中间热泵站各1座，并对呼伦贝尔油田已建输油系统进行相应扩建。跨境管道建成后，塔木察格19区块原油通过罐车拉运至塔木察格21区块，与塔木察格21区块原油混输至国内。为加强与蒙古国在原油勘探开发方面的合作，经与中石油沟通，该公司近期申请建设一条塔木察格油田至呼伦贝尔油田跨境输油管道。呼伦贝尔市发改委拟与该公司共同争取建设该跨境输油管道。跨境管道起点为塔木察格21区块的塔二联，重点是呼伦贝尔油田的德二联合站，输至德二联与呼伦贝尔油田原油混合经已建输油系统输至嵯岗转输油站装火车外运。蒙古国石油资源储量约为16亿吨，目前共有10余家公司在蒙古国勘探石油，其中中石油大庆塔木察格公司对塔木察格油田的勘探工作基本结束，已探明该油田石油储量1.19亿吨。此外，中石化胜利油田东胜公司也在蒙古国宗巴彦油田进行勘探工作。2014年1月23日，蒙古国矿产部部长表示，蒙古国石油实际储量约为3.3亿吨。1998年至2012年，蒙古国共开采并出口180万吨石油。蒙古国有22个油田，初步估算储量达60亿~80亿桶，与中国接壤的东、南、西部地区就有13个比较大的石油盆地，储量达30亿桶以上，仅东方省塔木察格宝鲁地区储量就有15亿吨，东戈壁省巴彦储量为7亿多吨。塔木察格项目是大庆油田第一个独立运作的海外油田项目，也是中国在蒙古国投资额最大的项目，对大庆油田持续有效发展以及深化中蒙两国能源领域合作具有重要战略意义。2005 年 8 月，大庆油田收购英国 SOCO 公司蒙古国塔木察格盆地 19、21、22 三个区块的勘探开发权益，之后设立了塔木察格公司，对该项目进行推进。2010 年以来，19 和 21 两个区块陆续进入开发阶段。该项目的推进也为加快中蒙通道建设提出了现实的迫切要求。

（3）中蒙俄油气管道建设项目。建设二连浩特—扎门乌德—赛音山达—乌兰巴托—恰克图—伊尔库茨克输油、输气管道工程，计划投资 692 亿元。

（4）那林苏海图—策克口岸原油管道。起自蒙古国南戈壁省那林苏海图，经阿拉善盟策克口岸入境接额济纳旗，终点为甘肃省酒泉市。该管道总长近 1000 千米，原油管道干线设计量 2000 万吨 / 年。

（二）天然气通道

（1）中俄东线天然气管道向内蒙古东部地区延伸工程。由俄罗斯布拉戈维申斯克进入中国黑河，经大庆，最终到上海。中国境内新建管道 3175 千米，利用已建管道 2571 千米，配套建设储气设施。

（2）俄罗斯—蒙古国—二连浩特—北京的天然气输气管线。俄罗斯西伯利亚和远东地区石油、天然气资源富集，秋明油田输油、输气管道南端至伊尔库茨克。俄罗斯—蒙古国—二连浩特—北京天然气输气管线规划：起自伊尔库茨克州（贝加尔湖以北约 14.5 千米，谢列霍夫西南侧约 45 千米），沿俄罗斯（境内总长 249 千米）的伊尔库茨克州、布里亚特共和国，蒙古国（境内总长 998.6 千米）的色楞格省、达乌拉省、中央省、乌兰巴托市、戈壁苏木贝尔省、东戈壁省至中国（境内总长 940 千米）的二连浩特、北京管线总 2188 千米。俄罗斯向中国天然气输气东线管道：起自科维克气田、恰扬金气田经别洛戈尔斯克和黑河至北京，境外管线长 2680 千米，境内 1600 千米，总长 4280 千米。正在启动的西线天然气管道：经俄罗斯的亚马尔—涅涅茨自治州、汉特—曼西斯克自治区、托木斯克州、新西伯利亚阿尔泰边疆区和阿尔泰共和国，进入中国新疆与西气东输管道相连，境外管线长 2700 多千米，境内至北京管线长 3780 千米，总长 6480 千米。经二连浩特的中蒙俄输气管线比俄罗斯向中国东线天然气输气管线近一半距离，比西线输气管线近 4000 多千米。目前，宁夏宝塔石化集团（主营石油产品销售，煤炭、石油等资源开发）已在二连浩特试验区注册成立了二连新丝路管道有限公司，启动了经二连浩特的中蒙俄输气管道项目前期工作，提出了中蒙俄输油输气管道建设路径，并拟在二连浩特建炼油厂。目前，对该输气线路，蒙方非常积极，但俄方态度不是很积极。

（3）蒙古国南部通往中国华北地区的煤制气输气管线。在蒙古国生产煤制天然气，并修通使用通向中国境内的输气管道。主要建设内容：一是北起蒙古国南戈壁省达兰扎德嘎德经策克口岸入境接额济纳旗，与西气东输规划线路阿拉善盟段连接；二是北起蒙古国南戈壁省经乌力吉口岸入境接苏宏图，与西气东输规划线路阿拉善盟段连接，同时向南接巴彦诺日公、吉兰泰、巴彦浩特，最终连接至宁夏回族自治区中卫市，与建成的西气东输一线、二线、三线及规划在建的西气东输四线在宁夏回族自治区中卫市汇合。

（三）皮带货运通道

（1）二连浩特—扎门乌德跨境皮带货物运输系统：由二连浩特物流园区、跨境皮带运输走廊、蒙古国扎门乌德物流园区 3 部分组成。其中，二连浩特物流园区 81.35 公顷，提供中方进出口货物的存储、检验检疫、海关查验、商务等服务；蒙古国扎门乌德物流园区位于扎门乌德市东南部，占地 80 公顷，提供蒙古国进出口货物的存储、检验检疫、海关查验、商务等服务。在这两个物流园区之间建设一个长度为 10.2 千米的跨境皮带输送走廊，建设两条平行的进出口货物输送皮带系统。皮带货运系统建设进展情况如下。外方：已取得蒙古国批复，办理了蒙古国工商注册登记及相关手续；取得了蒙古国关于煤炭输送通道建设项目的支持性文件；向蒙古国扎门乌德购置 1200 亩土地，并于 2012 年 7 月 19 日取得了《蒙古国国有土地使用权证书》。中方：已取得中国商务部《企业境外投资证书》，外汇管理局的备案手续正在办理；已购置 420 亩土地，厂区水、电、路“三通一平”已完成。计划投资 15 亿元。

（2）阿拉善盟跨境皮带货物运输系统：是阿拉善盟企业浩通能源公司于2010年在蒙古国建设了70公顷物流园区后，投资兴建的从该园区到国内储煤场的跨境运输皮带系统，全长1.2千米左右，年输送能力2400万吨。2011年跨境运输皮带系统在蒙古国境内已建400多米，中国境内已建200多米，现两国边境缓冲带500 ~ 800米能连接。需协调连接线建设，争取项目早日投入运行。

（3）巴彦淖尔市跨境皮带货物运输系统：该系统设计年通关量为5000万吨，投资额为14.8亿元人民币。由内蒙古益得矿业有限公司和北京益得恒达有限公司共同投资建设。目前该系统项目蒙方嘎顺苏海图口岸取得了蒙古国11个部委的支持性文件，甘其毛都口岸已取得口岸所在旗、市和自治区发展和改革委员会的支持性文件。

（4）甘其毛都—嘎顺苏海图跨境皮带货物运输系统：建设现代化的双向皮带输送通道，建立皮带输运的信息化控制、通关报验系统，计划总投资5亿元。

（5）策克—那林苏海图跨境皮带货物运输系统：系统项目由内蒙古自治区规划。为适应经济发展要求，建设现代化的双向皮带输送通道，建立皮带输运的信息化控制、通关报验系统，计划总投资5亿元。

三、通信基础设施现状

（一）跨境电力通道

（1）一是蒙古国南戈壁省那林苏海图地区—策克口岸—额济纳旗—马鬃山—甘肃酒泉市750千伏特高压外送电工程（送出容量750万千瓦）。二是蒙古国南戈壁省额尔登布拉格地区—乌力吉口岸—苏宏图—巴彦诺日公—雅布赖—阿拉善右旗—甘肃金昌市750千伏特高压外送电工程（送出容量750万千瓦）。

（2）巴彦淖尔市向蒙古国南部供电工程。500千伏变电站及送出线路，总投资7.5亿元。

（3）策克口岸—蒙古国古尔班特斯县110千伏输变电项目。110千伏变电站、

100 千米线路。总投资 1 亿元。

（4）额济纳旗—策克—南戈壁省那林苏海图特高压外送电工程。送出容量 750 万千瓦。

（5）阿拉善右旗—苏宏图—乌力古—蒙古国南戈壁省额尔登布拉格地区特高压外送电工程。送出容量 750 万千瓦。

（二）跨境通信网络

构筑信息化输送网络，扩大信息交流与合作，共同推进跨境光缆等通信干线网络建设，大幅度提高通信互联互通水平，打造畅通便捷的信息丝绸之路。

（1）“俄蒙通”跨境电商物流综合服务平台。“俄蒙通”项目主要是依托呼和浩特国际机场、满洲里口岸、二连浩特口岸物流通道优势，以全球化物流仓储网络为链条，以跨境电商为平台，以实体商业为根基，以产业紧急扶持为亮点，打造集商业、贸易、物流、仓储、文化、旅游、金融等于一体的立体商业模式。利用航空、铁路、公路、邮政网络的全方位结合，将传统贸易与电子商务有机结合，发挥传统服务业与互联网服务业的互补优势，打造集“俄蒙通”专线物流、“跨境电商平台”、“全球商品体验交易平台”、“国际文化企业交流平台”、“跨境电商企业加速器”于一体的“现代商务服务平台”。

（2）“蒙语云”建设。科技部设立关于信息资源开发和资源共享等方面的应用和示范项目，推进少数民族语言建设。内蒙古自治区人民政府提出关于加快推进蒙古语言文字信息化建设的意见。应科技部、自治区政府号召，赤峰智云科技有限公司建立“内蒙古自治区蒙古文字云信息中心”，搭建该中心所有软、硬件系统。购置硬件 208 台套，其中服务器 80 台，存储服务器 40 台以及其他网络设备、多媒体设备等。蒙古文数字化成品资源共 15TB。蒙古文字信息化技术支撑体系建设共 33 种软件，包括购买引进 6 个应用工具软件，以及在已有软件产品的基础上，需二次研发的 27 种蒙古文化应用软件。总投资 2.01 亿元，已完成投资 1.6 亿元。

（3）经满洲里出境光缆建设。中国电信集团公司、内蒙古有关单位负责中俄满洲里至阿荣旗段 48 芯 700 千米光缆建设。

第二节　中蒙俄经济走廊基础设施建设投资前景分析

一、中国对蒙俄基础设施投资现状

俄罗斯和蒙古国一直都是中国的主要投资对象。2006年中国对蒙俄直接投资年投资额不足13亿美元，经过几年的贸易往来投资额持续增加，到2014年时已经接近125亿美元。中国自1998年以来一直是蒙古国的最大投资国，在蒙古国对外投资中占有重要地位，截至2013年，中国企业到蒙古国建设投资的企业占所有蒙古国外资企业的50%左右。中国企业也一直不断加大对蒙投资额度，2014年直接投资存量接近38亿美元。2018年中俄双边贸易额达到1070.6亿美元，首次超过1000亿美元，创历史新高，增幅达到27.1%。增速在中国前十大贸易伙伴中位列第一。主要进出口商品，对俄出口以机电产品为主，自俄进口主要集中在原油、煤、锯材等能源资源类产品。2019年1～5月，中国对俄全行业直接投资2.1亿美元，同比增长20.1%；中国对蒙投资6820万美元，同比增长67.1%。

二、中蒙经贸合作基础深厚

1999年，中国成为蒙古国第一大贸易伙伴国。尤其是2000年以来，中蒙经贸合作突飞猛进。2008年，两国政府签署《中蒙经贸合作中期发展纲要》。据中国海关统计，2013年蒙古国出口额43.8亿美元，主要出口到中国的产品包括铜、煤、金、牲畜、畜产品、羊毛、皮革等，中国成为蒙古国的最大出口国，占出口总额的92.6%；2013年蒙古国的进口总额为67.38亿美元，主要进口产品为机械设备、燃料、食品、工业消费品、化工品、建材、糖、茶等，中国是蒙古国最大的进口伙伴国，占其进口总额的27.6%。

此外，通过贸易、投资、优惠贷款与援助等经济合作，中蒙经贸合作不断扩大。

2012年中国对蒙古国的投资达到2.8亿美元，占对蒙古国的总投资的49.4%。近年来，蒙古国正面临外国投资下滑等经济难题，渴望在运输、能源、采矿等投资领域与中国达成新的合作。据外国投资部门统计，在蒙古国有投资公司12640家，其中，中国投资公司为6169家，约占48.81%。2012年在蒙古国的中国投资公司为5639家。2008—2012年投资公司增加了4倍，总投资增加了3.7倍。中国的投资资本67.3%集中在地质和矿山领域，20%则投入贸易和餐饮业。

除了投资之外，中国还以贷款与援助方式推动中蒙经济合作的发展。2001年和2005年提供了2亿元人民币优惠贷款。2003年以来，中蒙两国领导人举行了数次双边会晤，中蒙两国不断加强双边经贸关系，双方把会谈重点放在矿产开采、基础设施建设等领域。对中蒙两国来说，谋求实现双边伙伴关系的多样化是明智之举。两国关系已经超过经济范畴，正在加强双边政治和军事交流。2014年，两国一致决定将中蒙关系提升为全面战略伙伴关系，中蒙两国在军事、文化等广泛领域开展合作达成共识。这与蒙古国谋求在地区外交事务中发挥更大作用的目标非常契合。受益于中国的持续发展，借助中国的“睦邻外交”，蒙古国尽早实现加入APEC的目标。

三、中国对俄直接投资不断扩大

中国对俄投资理论上起步于20世纪90年代，经过几十年的发展，目前中国在俄罗斯的投资存量和流量都已经达到较高水平（见图4-1）。

2008年的金融危机对中俄两国的经济都产生了一定的影响，也使中国对俄罗斯的直接投资额不断减少。从2010年开始，全球经济开始慢慢复苏，国际油价也开始上涨，这也给俄罗斯经济的复苏带来了很好的机遇。中国与俄罗斯之间的合作回暖，中国进一步加强了与俄罗斯的战略合作，这也促使了中国对俄罗斯的直接投资水平的提高。2010年中国对俄罗斯的直接投资额为5.68亿美元，到了新的高点，同比增长了63.22%，这也开启了中国与俄罗斯合作的新未来。2011年和2012年中国对俄罗斯的直接投资额进一步扩大，分别为7.16亿美元、7.85亿美元，

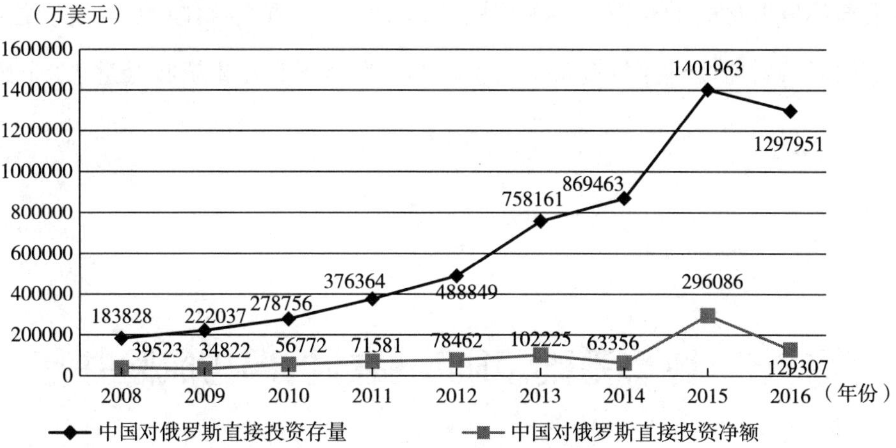

图4-1　中国对俄罗斯直接投资趋势

资料来源：中国统计局（统计报告）。

分别比 2010 年增长了 26.06%、38.20%，虽然增长幅度不大，但是已经呈现快速增长的趋势。2013 年中国对俄罗斯的直接投资额达到了历史新高，为 10.22 亿美元，同比增长了 2.37 亿美元，比 2010 年增长了 79.93%，增长幅度非常大。总的来说，2010—2013 年中国对俄罗斯的直接投资规模处于加速增长期，不断刷新历史新高。

2013 年中国对俄罗斯的直接投资额达到了历史新高。从 2014 年开始，投资额开始出现下降趋势。2014 年中国对俄罗斯的直接投资额为 6.34 亿美元，同比下降了 37.96%，下降幅度较大。中国对俄罗斯的直接投资出现较大幅度的下降，其中的重要原因是美国和欧洲各国对俄罗斯的经济制裁。经济制裁对俄罗斯的经济产生了较大的冲击，金融市场也受到较大的影响，卢布汇率也处于不稳定状态。俄罗斯经济受到制裁，在很大程度上影响了中国与俄罗斯各投资项目的实施，也严重影响了中国企业对俄罗斯经济的预期，使不少中国企业撤回了对俄罗斯的投资。因此，这导致了中国对俄罗斯直接投资额的大幅下降，中国对俄罗斯直接投资水平大幅降低。

2015 年，随着中蒙俄经济走廊及“一带一路”倡议的实施，中俄两国的合作展现光明的未来。在中蒙俄经济走廊及“一带一路”倡议背景下，中国将进一步加强与俄罗斯之间的合作，多项跨境基础设施作为重大合作项目，也会相应地提高中国对俄罗斯的直接投资水平。中国对俄罗斯的直接投资将会进入新的发展阶段。

第三节　跨境基础设施投资的机遇与风险并存

本节在中蒙俄经济走廊相关动态的基础上，梳理出中蒙俄经济走廊基础设施建设的现状，同时参考并借鉴前人的研究成果，扼要归纳出中蒙俄经济走廊基础设施建设的已有成果，进一步分析了中蒙俄经济走廊现存难题与风险，进而就未来投资过程提出一些建议。

一、跨境基础设施建设项目的特点及影响

（一）项目级别高

跨境基础设施项目一般多为国家级项目，由国家主导开展。其投资规模大，投资金额大，工程建设时间长，一般至少需要两年左右，有的特大型项目甚至会持续十年或十几年。长时间的施工期，遭遇不可预见风险事件的概率必然大幅提升。而投资金额巨大，一旦遭遇不可控风险，损失将极大。

（二）对环境影响大

跨境基础设施项目建设过程中往往可能会对当地的海洋资源、森林资源、河流、港口、土地等方面产生影响，可能还会对当地生态环境造成不可逆的破坏；另外，

跨境基础设施建设项目跨度大，时间长，影响人数众多，建设过程中难免会产生大量垃圾和污染，这些问题都可能引起当地居民和环保组织的不满。因此，环境评估在海外基础设施建设中也越来越重要。

（三）劳动力需求大

由于劳工素质差异、法律差异和工会文化不同等，大部分国家对外包工程中外籍劳工的数量有严格的限制，因此必须雇用一定比例的当地劳工。此外，劳工关系也是海外基础设施项目建设中潜在的风险，如果无法处理好与本地劳工的关系，很有可能造成矛盾激化，引起当地民众对项目的集体抵制。

二、跨境基础设施建设的长期性和投资的不可分性

跨境基础设施建设规模一般情况下比较庞大，而且需要大量的资金投入，再加上其建设时间长，在短时间内很难筹集建设资金。为了保证这样巨大的投入能够得到最大的社会收益，前期的筹备工作需要做好，造成前期计划的时间比较长。如建设重大的跨境基础设施，有可能需要 2~3 年的立项批复时间，甚至会更久，而且从建设到完成竣工也需要 3~5 年。同时这种投资还具有不可分性。像铁路、公路、口岸这类工程浩大的基础设施项目，由于各个部分之间具有很强的关联性和配套性，如果想要其发挥作用，必须同时完工才行，为了发挥最大的效用，还需要限定初始投资资本的最低额度。这意味着，基础设施投资不可以分为多次的或者间断的投资，如果只有一些零散的投资或只有一个或两个系统先完成，只会导致资源的闲置和浪费，而不能发挥其应有的作用。因为具有较长的投资酝酿期和建设周期，作为社会生产生活的共同基础性条件，基础设施应该适度超前发展，以便能为更快地产生社会效益的直接生产性投资提供服务。

三、中蒙俄基础设施不同类型风险因素

（一）政治风险

政治风险源自东道国国内，政权更迭、战争或内乱、恐怖主义等问题，会直接导致海外项目无法进行、合作协议不连贯或投资无法收回。此类风险一般无法预见，却大大增加了海外基础设施投资的风险变数。

（二）经济风险

经济风险主要指在海外投资中相关经济因素的不利影响导致的收益损失风险。除了传统的经济因素，如东道国宏观经济变化、产业结构调整、价格波动、通胀率变化等，货币汇率风险也是不可忽视的因素之一。

（三）行业风险

在跨境基础设施建设中，技术标准差异不容忽视，亟待解决。中蒙俄三国基础设施技术标准存在差异，且较难统一。例如几十毫米的细微差距就可能使中国与蒙古国之间的铁轨无法对接。由技术原因引发的一系列风险，如项目延期、成本增加等是中国跨境基础设施建设中的重要瓶颈。

（四）社会风险

中蒙俄三国在长期发展进程中形成了不同的意识形态、文化习俗、制度体系等，使中国企业在海外经营管理中面临诸多挑战。一方面，中国企业对东道国民众文化等隐性问题的忽视，容易将小问题激化成大矛盾，甚至是激烈的冲突和悲剧事件。另一方面，缺乏相应的协调机构使中国企业在海外沟通成本增加。

基础设施项目建设会涉及东道国的中央或地方政府以及各领域相关部门与区域机构等，与参与主体之间的协调沟通是跨境基础设施投资顺利实施的重要保障。

（五）金融风险

主要包括利率、外汇以及通货膨胀风险。跨境基础设施项目的融资主要是贷款资金，利率的变化对项目本身有很大的影响。当国际市场利率不断波动时，可能会导致投资者项目融资成本增加。外汇风险主要是指投资企业在当地获取的收益不能按预期汇率兑换成外汇、汇出受到一定限制和汇率发生变化可能导致的损失等。中蒙俄三国的外汇管制规定不同，政府部门对外汇汇兑以及汇出限制会给项目带来一定的风险。另外，项目所在国一旦发生通货膨胀，给项目带来的最直接影响是原材料、能源、劳动力价格上涨，建设成本增加，运营维护成本相应增加，导致项目现金流减少，增加了投融资风险。

（六）贸易风险

中蒙俄三国贸易不对称性显著。在俄罗斯同中国的贸易往来中，占据较大比例的主要是一些初级产品，高精尖商品、高科技商品所占比例较低。俄罗斯主要向中国出口能源矿产品，中国主要向俄罗斯出口轻工业产品。在中蒙贸易往来中，蒙古国主要向中国出口矿产品类的资源型产品，几乎所有的矿产品、原油、煤炭都出口到中国；由于蒙古国工业体系还不完善，大部分的轻工业产品和制造业产品不能实现自给自足，中国主要向蒙古国出口生活产品。

（七）中国对蒙俄跨境基础设施建设投资风险指标体系

作为中国对外投资的重点项目，中蒙俄跨境基础设施建设投资需求巨大，但也面临极大的风险，海外投资失败案例时有发生。基于中国对外基础设施建设投资的现状与特点，为全面评估中国企业对蒙古国及俄罗斯跨境基础设施投资面临的主要风险，主要选取经济风险、金融风险、社会风险、行业风险、政治风险、贸易风险等 6 个一级指标以及下属的 27 个二级指标，建立了中国对蒙俄跨境基础设施建设投资风险评价指标体系，供中国企业参考。

第四节　中蒙俄经济走廊基础设施建设投资面临的困难

一、中蒙俄经济走廊基础设施建设投资缺口巨大

中蒙俄经济走廊基础设施建设将面临巨大的资金缺口。俄罗斯为开发西伯利亚和远东，计划到 2025 年，实施 92 项基础设施建设工程，其中包括北极油气资源配套设施的开发建设、贝阿铁路和西伯利亚大铁路的现代化改造、远东石油天然气产业集群等大型投资项目，需要总投资 5876 万亿卢布（折合 1960 亿美元）。蒙古国“草原之路”计划由 5 个项目组成，具体包括连接中俄的 997 千米高速公路，1100 千米电气线路，扩展跨蒙古国铁路，天然气管道和石油管道，总投资需求约为 500 亿美元。面对如此巨大的资金需求，短时期内仅靠国家主导投资或借贷将难以满足项目建设的进度。

二、中蒙俄经济走廊基础设施建设投资结构不合理

相比于蒙古国与俄罗斯，中国的工业体系相对先进、系统，而蒙俄则以资源型产业为主，这就导致了三国的贸易总量较小、贸易种类较为单一、贸易规模大多局限于资源贸易与小额贸易，即蒙俄对中国的出口集中于煤炭、天然气等矿产品，中国向蒙俄则主要出口工业产品、服装、电子产品等轻工业品。基础设施建设较为落后的现状进一步加剧了蒙俄为中国提供的资源种类的单一性和三国目前贸易量较小的趋势。此外，从三国的对外投资情况来看，蒙俄对华直接投资规模小，中国对蒙俄的投资领域也以资源型产业为主，其他领域的投资类型较少、投资总额不高。以上因素导致三国缺乏强化基础设施建设的动力与意愿。

投资主体仍然相对单一，目前基础设施建设项目资金主要渠道仍然是政府投资，而民间资本、私营资本以及外国资本虽然已经不同程度地介入各基础设施建设项目

中，但遇到的阻力是不容忽视的。以民间资本为例，因蒙古国和俄罗斯特殊的投资环境，民间资本很难直接进入，且风险较高。

三、中蒙俄经济走廊基础设施建设投资风险大

蒙俄两国特殊的国情及历史使中国企业在跨境基础设施投资中面临高度的社会政治经济风险。

（一）存在跨国结算的风险

多种货币的跨境结算一直是一个复杂的问题，包括货币兑换，银行金融机构的沟通、协调等方面。目前，中蒙俄的边境贸易结算渠道不畅，服务滞后，不能满足跨境贸易的结算需要。中蒙俄边境的结算仍以汇付为主，保理保函业务和信用证业务较少，且蒙古国的汇率波动频繁，这些都给中蒙俄经济走廊建设造成风险。

（二）存在信用违约风险

蒙古国和俄罗斯的财力有限，但是中蒙俄边境的基础设施却需要巨大的资金，需要向银行贷款。但是蒙俄两国不能提供主权担保，没有良好的信用担保，项目还款缺乏强有力的保证。同时，项目还集中在能源开采和运输领域，集中度过高的贷款结构增加了还款难度，这些不仅增加融资成本，还容易造成信用违约。

（三）投资者的利益无法得到保障

中国对蒙古国的投资结构失衡，多集中在矿产资源领域，涉及基础设施、生态建设和民生领域的投资不够，且多数中国投资企业规模小，技术水平低。某些实力不足、缺乏国际合作能力的中国企业在蒙古国无序竞争，造成一些有投资意愿的中国企业对开展对蒙经贸合作持观望态度。此外，蒙古国相关政策规定，企业聘用外国务工人数不得超过聘用蒙古国本国总人数的 10%，并收取每人每月 2000 元的岗位费，以保护本国公民就业，对中国公民在蒙进行劳务控制十分严格。

俄罗斯经济政策具有多种限制性条款，不仅垄断行业多，而且对外资投资领域也有诸多限制，包括关税和非关税壁垒限制，对外商投资和经营构成阻力。法制环境仍有待改善。俄罗斯国家法律、政府条例缺乏连续性，特别是针对外来投资的政策不够稳定。

四、中蒙俄经济走廊基础设施建设国际融资合作机制不健全

中蒙俄经济走廊基础设施建设融资合作以中国和东道国之间的双边沟通为主，还没有形成常态化的融资协调机制，且中国与其他有关资本盈余国之间的融资合作也有待深化。目前，在“一带一路”沿线项目中，中国金融机构参与较多，国际性金融机构包括开发性金融机构参与较少。世界银行、亚洲开发银行等多边开发银行（MDB）也对沿线成员国有大量的基础设施投入，但MDB作为多边机构有其自身的宗旨、战略和业务规划，如何与“一带一路”倡议更好地契合，还有待进一步探讨。

五、投融资成本偏高，融资模式较为单一

目前，中蒙俄跨境基础设施建设融资模式相对单一，基本以主权借款或者抵押贷款为主，从国际资本市场获得融资较少，而且也很难在国际市场上进行融资。由于蒙古国和俄罗斯的银行美元信贷利率或者政策性贷款利率普遍较外资高，因此产生的融资成本过高，导致企业面临较高的境外融资成本。尽管有些商业银行通过发放优惠贷款的方式对基础设施进行投资，但是贷款审批手续烦琐，在资金投向、利率和期限等方面都有严格的限制，使优惠贷款的适用范围受到进一步限制。

六、国际化专业管理人才缺乏，专业中介机构能力不强

受语言限制、文化差异，以及国内专业人才培养不够等因素的影响，与国际同

行相比，中国的涉外会计、律师、咨询等中介机构的发展程度较低，专业能力不强，特别是涉及国际调研项目设计、信息咨询和风险评估等方面能力不足且缺乏国际经验，这些都会影响中国对蒙俄进行大规模和高水平的基础设施投资。

第五节　中蒙俄经济走廊跨境基础设施投资创新模式的框架构想

中蒙俄经济走廊跨境基础设施市场容量大，且具有广阔的上升空间，而随着技术水平的提升和金融手段的创新，大市场、大项目、大资金已经成为跨境基础设施投资发展的主流趋势。因此过去传统的单纯依靠“设计、施工、建造的交钥匙”投资模式，已经无法满市场新的需求。传统的海外基础设施项目的投资发展模式是在特定的历史时期形成的，具有历史的局限性。传统模式发展之初，对海外市场的环境及风险缺乏预见性的研究，随着时间的推移，这种发展模式的固有弊端就会越发显现。传统发展方式将很难支撑海外基础设施业务增长的可持续性。探索新的投资模式成为必然趋势。

以公私合营建设特许经营权模式（Public- Private-Partnership，简称PPP）及“建设—运营—移交”特许经营权模式（简称BOT）是目前主要的引入私人资本参与项目投融资的商业模式，也是未来中蒙俄跨境基础设施投融资领域发展的主要方向。

针对中蒙俄三国区域特点和基础设施产品特点，对中蒙俄三国开展基础设施投融资合作进行可行性分析，继而提出构建中蒙俄经济走廊基础设施投融资国际合作的新型模式框架构想，旨在为顺利实现中蒙俄经济走廊互联互通提供理论参考。

一、中蒙俄经济走廊基础设施投融资合作体系构建原则

（一）平等参与、共享收益、共担风险

本着“共商、共建、共享”原则，在照顾三国利益的基础上，挖掘共同利益，加强三国政府间的政策沟通，巩固合作意向，并针对跨境基础设施投融资可能面临的风险，与各投资主体共担风险，保障三国共同利益。

（二）坚持以市场化运作为主体，政府与市场有效结合

综合运用多元化基础设施投融资模式，充分调动三国政府、金融机构、企业、社会资本和国际各类经济组织共同参与跨境基础设施投融资，发挥包括金融机构在内的企业的投融资主体作用，积极拓宽跨境基础设施建设资金的来源渠道，在减少政府财政负担的同时保证区域基础设施资金来源长期、稳定、可持续。

（三）本国为主，外资为辅

中蒙俄经济走廊跨境基础设施项目建设需要三国的共同合作，但应以基础设施所在的东道国为主。应根据东道国对基础设施的偏好充分调动东道国自身的国内储蓄、社会资本，充分利用当地的资本市场。

（四）秩序推进，区别对待，统一性与差异性相结合

由于中蒙俄经济走廊跨境基础设施项目沿线地区经济发展水平、金融市场成熟程度和对基础设施的需求程度存在较大差异，在坚持平等的前提下，在客观论证的基础上，要针对每个地区的特点，制定有区别的梯度政策，保证三国在基础设施建设过程中承担“共同但有区别”的责任。

二、中蒙俄经济走廊基础设施投融资合作机制构建目标

构建中蒙俄经济走廊基础设施投融资国际合作的新型模式体系的目标可分为根

本目标和直接目标。根本目标就是以打造利益共同体为指导，畅通资金支持中蒙俄经济走廊沿线基础设施建设的渠道，进而改善区域内部基础设施状况，促进区域内基础设施的互联互通、贸易畅通和资金融通，最终实现三国的经济增长和福利改善。直接目标是如何通过体系设计，克服区域内部经济金融发展不平衡的环境及潜在风险。

三、中蒙俄经济走廊基础设施投融资国际合作的新型模式

（一）法律保障机制

（1）建立专门的中蒙俄经济走廊投资争端解决机构。随着各种中蒙俄经济走廊基础设施项目的实施和运行，如何从法律上保障中蒙俄跨境基础设施 PPP 项目的有效运作，并建立完善的投资争议解决机制将成为中蒙俄经济走廊互联互通建设领域的重要议题。为了避免由于实体性争端解决的长期性困难，建议借鉴在世界银行主导下 ICSID 投资争端解决机制的形成过程，首先回避实体性争议，通过建立符合中蒙俄三国诉求的区域性争端解决机构，并在其组织下为中蒙俄经济走廊跨境基础设施投资争议提供原则性的解决框架，并在此基础上不断完善实体性争议的判定和解决办法。

（2）建立中蒙俄经济走廊投资争议解决机制。可以参照《中国—东盟全面经济合作框架协议投资协议》等区域性自由贸易机制，就中蒙俄三国跨境基础设施建设建立专门的投资争议解决机制，从机构设置、争议解决程序、仲裁标准、违约制裁等方面建立一个整体性的争端解决框架。

（二）民间资本引入机制

单纯依靠政府财政难以满足巨大的区域基础设施资金需求。社会资本进入基础设施投融资领域，不仅可以有效减少各国政府财政负担的成本份额，也可使政府责任逐渐转变为搭建多边或双边保障机制为企业投融资提供良好环境和有力支持。社

会投资者投资跨境基础设施需要付出更多成本，包括与当地政府沟通协商、项目评估以及项目谈判等沉没成本，打击了境外投资者参与中蒙俄经济走廊建设的积极性。需要建立民间资本引入机制，有效利用亚洲基础设施银行、丝路基金为代表的开发性金融机构和投资基金等平台引导跨境私人资本与项目对接，从而拓宽中蒙俄经济走廊基础设施建设资金来源，提高社会投资者参与中蒙俄经济走廊建设的积极性。

民间投融资的介入可以扩大投融资主体范围，并且通过吸引各类民间资本、商业资金和社会资金直接投融资于基础设施建设和经营，可以大大提高对三国跨境基础设施建设投融资的运行效率和水平。在这一过程中，可以借鉴欧盟吸引私营投资的方式，三国政府共同制定区域基础设施投融资协议，保护跨国投融资并向区域内所有投融资者提供国民待遇。这些措施可以营造出更为宽松、透明和具有竞争力的投融资环境，从而达到吸引私营部门投资的目的。

（三）收益保障机制

目前国际跨境投资基础设施项目存在普遍盈利效益不如预期、对合作国或东道国利益照顾不周的问题。世界银行 PPI 数据库显示，中国对“一带一路”沿线多个国家基础设施的总投资收益率和项目资本净利率分别集中在 0.47% ~ 1.11% 和 2.1% ~ 5%，投资商业收益不高且缺乏稳定盈利模式。在中蒙俄经济走廊跨境基础设施建设中我们应该脱离纯粹商业收益驱动机制，构建包括商业利益、合作国国家利益和区域利益三者的整体利益最大化为目标的收益驱动机制，形成相对完善的收益评价体系，帮助选择优质基础设施项目，以保障投融资参与主体的收益，提升投资者对跨境基础设施的偏好，以巩固投融资合作。

（四）风险防范与分担机制

中蒙俄三国跨境基础设施区域广、范围大，政治社会问题复杂，传统安全和非传统安全威胁突出，叠加跨境基础设施投资规模大、建设周期长、行业分布敏感的特性，投资风险发生的概率大大提升。根据 2017 年中国出口信用保险公司发布的《国家风险分析报告》对国家风险的参考评级，在由高到低 1 ~ 9 级的风险评价体系中，俄罗斯及蒙古国评级均值为5级左右，处于风险高位，且风险整体水平呈轻微上升态势。一些突发事件如政府换届、政策变更、汇率大幅波动、民众抗议、领土争端等，都会造成项目的停滞甚至终止，使企业、金融机构和国家利益遭受严重损失。需要建立三国共同参与的风险防范与分担机制，加强对投资风险的识别、风险考察指标设计、重大风险防范与应对方面的合作，并设计合理机制分担各投融资主体的风险。

四、中蒙俄经济走廊基础设施投融资合作体系的协调管理机构

为降低中蒙俄三国信息交流与协商谈判成本、有效协调三国政策与行动，可以设立区域跨境基础设施投融资协调管理机构。

根据合作深入程度不同，目前国际合作实践主要有以下几种形式。

（1）非正式合作机制。主要采取国家间面对面的协商谈判方式来确定合作关系，通过国家间的信任关系和国家名誉来减少背信弃义行为的发生，制度化程度和约束力较小，一般较少设立合作常设机构来协调管理各国合作。

（2）合作协议机制。两个或两个以上的主权国家政府通过协商谈判达成合作共识并签订双边或多边合作协议，具体规定该国际合作机制着力解决的问题、合作范围、合作的具体规则及实施步骤，这种合作机制制度化、规范化更强，对签订合作协议的各成员国的约束力有所提升。

（3）工作小组或者工作委员会机制。委员会的委员由各成员国家代表组成，是日常管理机构，通过召开非正式会晤来协商解决合作发展中的重大问题、共享合作信息、协调合作活动，其所做出的非正式决策能通过合作成员的集体认可和强化，因此具有较强的约束力。

（4）区域一体化合作机制。区域一体化可以说是国际区域合作最紧密的一种形式，以欧盟为代表，区域内部各成员国以让渡一部分主权为前提，组成区域一体化合作组织，颁布具有超主权国家性质的区域宪法，成立了正式的立法、行政执行和司法机构，各成员国实现贸易一体化、投资一体化、货币一体化和人员流通便利化，

各国合作组成了政治经济共同体。

基础设施投融资合作涉及的合作方越多、集体行动决策和合作机制越复杂，相应的合作风险就越高。总体来看，中蒙俄经济走廊跨境基础设施投融资合作风险包括三种：协调不充分、分配不公平和背弃合作。针对上述合作风险，需要一个作为第三方监督的、更具权威性的合作管理机制来保证合作的稳定性和各国承诺的可靠性。在充分考虑目前中蒙俄经济走廊区域内部存在的现有合作机制之后，笔者认为，中蒙俄经济走廊跨境基础设施投融资合作的管理体制适宜采用工作小组或工作委员会机制。

工作委员会合作机制有以下优点：既不需要各国让渡部分国家主权，又具有比较权威、有一定约束力的机构来保证合作的顺利进行；同时，相对开放的合作架构符合中蒙俄经济走廊的特点。建议中蒙俄三国在平等自愿协商的基础上组建中蒙俄经济走廊跨境基础设施建设委员会，总体指导和统筹中蒙俄经济走廊重大基础设施工程建设和投融资工作，下设战略规划司、对外联络司、项目评估司、社会资本合作司和争端协调司等部门。

中蒙俄经济走廊跨境基础设施建设委员会委员由中蒙俄三国各派国家代表组成，主席由选举产生。中蒙俄经济走廊跨境基础设施建设委员会是日常管理协调区域内基础设施建设与投融资的最高机构，职责主要包括：第一，负责协调中蒙俄经济走廊跨境基础设施投融资的国际合作，积极搭建沿线国家基础设施发展战略、投资计划等信息对接与交流平台，协调三国支持政策与融资安排，交流三国基础设施先进技术与经验，制定区域基础设施发展战略或规划，促成沿线各国达成中蒙俄经济走廊跨境基础设施建设与投融资合作倡议，并制订《2020—2030 年中蒙俄经济走廊跨境基础设施行动计划》，确定各国成本分摊、利益共享、风险共担的合作机制。第二，确定重大项目识别和优先选择的原则，在前期负责评定基础设施项目建设的预期收益，在建设过程中监督项目进展情况并加强风险管理，并将评估结果定期向参与投融资的各国政府与社会投资者通报。第三，引导中蒙俄三国优化中蒙俄经济走廊跨境基础设施投融资环境，鼓励提升三国资本市场的开放度，促进区域建立公正、公平、透明、合法的投融资债务争端解决机制和仲裁协议，切实保护债权人和投资人合法权益。另外，中国应成为合作机制的领导者、推进者，跨境基础设施建设的主要参与者、成功经验的积极分享者。

第六节　对蒙俄跨境基础设施投资风险防控与投资建议

一、打造人类命运共同体，实现政府间协同

集合不同主体，绑定各方利益，共同承担风险，树立中蒙俄经济走廊跨境基础设施建设的“共建”原则，建立区域性国际投融资机制。

（1）加强中蒙俄三国政府在跨境基础设施领域的政策协调，把投融资合作作为三国战略对话等双边合作机制的重要议题，指导项目实施。推进三国的双边及多边投资条约谈判，将跨境基础设施投资纳入双边投资协议保护范畴。

（2）加强中蒙俄三国省州级政府的互动，同时，充分利用智库、商会、行业协会、NGO 等“二轨外交”途径，提早参与项目前期设计过程，共同推动项目合作。

二、进一步完善中国跨境基础设施建设投融资机制

基于战略沿线国家基础设施建设资金缺口较大的现状，单一的投融资模式难以满足项目建设的需求，因此应在传统与创新融资模式有机结合的基础上，不断探索新的投融资模式，在充分发挥政策性金融支持的基础上，打通多条融资渠道，加快人民币国际化。

（1）充分发挥现有政策性金融机构的作用。政府应鼓励支持国家开发银行和中国进出口银行重点开展对中蒙俄跨境基础设施的融资业务。

（2）加强多边金融合作，特别是充分利用亚洲基础设施投资银行、丝路基金、金砖国家开发银行等融资平台，为中蒙俄经济走廊的海外投资提供强有力的资金支持，优先解决跨境基础设施建设领域的融资缺口。

（3）借鉴“一带一路”建设成功经验，创新中蒙俄跨境基础设施融资模式，积极运用当前国际流行的PPP（公私合作或合营）、BOT（建造—经营—移交）、ABS（基于资产的证券化）等投融资模式。另外，加快国内金融体制改革，推进人民币国际化，以人民币进行对外基础设施投资可以避免汇率风险所造成的损失，降低投资和运营管理成本。

三、继续优化中国跨境基础设施投资结构

一方面，把握基础设施投资重点。交通通信和水电气的供应对经济增长有直接作用，但在第三次工业革命期间，要提高ITC基础设施投资，推动“互联网+”发展。为了摆脱资源依赖型经济增长，实现技术进步和科学创新，三国政府应加大对教育和科研的基础设施投资。另一方面，优化基础设施投资区域结构。不管是动态还是静态，例如，俄罗斯西伯利亚联邦区、远东联邦区和西北联邦区的基础设施投资效率都较其他联邦区低，导致这些地区丰富的资源难以得到有效开发利用。

四、提升中国跨境基础设施建设投融资效率

为了提升域内跨境基础设施投融资效率，更好地推进中蒙俄经济走廊基础设施建设，中蒙俄沿线地区可考虑重点采取以下四点措施。

（一）坚持共建原则，以东道国为主

中蒙俄经济走廊的建设需完善域内基础设施，促进设施联通，需要三国的共同努力，但应以东道国为主。历史经验表明，一国基础设施的改善仍需主要依赖其国内自身力量，外部力量只能作为有益补充，不能也无法成为主导。就金融资源而言，

中蒙俄均拥有自己的储蓄、信贷，也有债券、股票等直接融资市场。这些金融资源是各国发展国内基础设施的基础性资金来源。

（二）加强合作，改善域内基础设施投资环境

挖掘与打造域内基础设施投资的优质项目是提升域内资金互融互通、吸引域外资金的关键，为此应加强合作，大力改善域内基础设施投资环境。合作的重点包括以下四个方面。

第一，加强三国多边、双边沟通与协商，构建致力于改善整个区域基础设施投资环境的合作和对话机制。

第二，在资金与基础设施项目之间搭建起信息互通、风险共担、利益共享的平台，在条件允许的领域率先形成制度化合作机制。

第三，在域内基础设施投资风险的识别、防范与应对方面加强合作。在基础设施建设过程中，任何风吹草动，如政府换届、汇率大升大降、他国干预、民众抗议、宗教运动等，都会造成项目的停滞甚至终止，风险的暴露使企业、金融机构和国家利益遭受严重损失。对此，沿线国家应就风险考察指标设计、风险因素跟踪、重大风险防范与应对等展开积极合作。

第四，加快推进投融资条件较好的项目建设，将其打造成早期收获项目，发挥示范引领作用，增强域内外投资者对中蒙俄经济走廊基础设施项目的信心。

（三）坚持市场化运作，加强域内外金融资源的统筹和各种融资渠道的使用

中蒙俄经济走廊倡议虽然由政府主导提出，但在基础设施项目投融资推进方面应充分遵守市场规律，使包括金融机构在内的企业成为投融资主体。政府的责任是通过合作搭建多边或双边的保障机制，为企业的投资行为提供良好环境和有力支持。为提高中蒙俄经济走廊基础设施项目的投融资效率，首先，要加强对包括各国内部金融资源、三国之间的金融资源互通以及域外第三方资源在内的商业性、开发性和政策性金融资源的统筹。鉴于中蒙俄三国地域广、域外影响因素多的特点，在统筹

金融资源时必须将域外第三方资源考虑在内，尤其是拥有丰富金融资源的发达经济体，以便将中蒙俄经济走廊建设成超越区域边界的利益共享平台。其次，要根据项目的条件，灵活运用各种融资工具，包括信贷、债券、股权、公共资金、夹层融资、混合融资、资产证券化、设备租赁等。

（四）在充分尊重东道国国情的前提下，发挥中国的积极作用

作为倡导者，中国将凭借其 40 多年改革开放积累起来的经验、资金和技术，成为中蒙俄经济走廊基础设施建设成功经验的积极分享者、项目建设的主要参与者、合作机制的共同推进者。在 40 多年改革开放过程中，中国在通过改善基础设施实现经济社会快速发展方面积累了大量有益的经验，实现了资本积累，很多基础设施领域技术处于全球领先地位，如陆桥、高铁、电力生产，等等。介绍中国的有益经验，需要先了解对方的实际情况，对照两国的差异，找出中国经验之所以成功的关键点，促动其进行相应的调整，而在提供资金技术支持时应量力而为，因为中国只有稳定发展了，才能为“一带一路”建设持续贡献力量，否则只会竭泽而渔。

五、建立有效的跨国基础设施投资风险保障机制

蒙古国和俄罗斯现有的政治和法律存在一定的不稳定性，增加了中国企业在两国投资的风险，同时还会使本来很多有意愿在蒙古国和俄罗斯投资的中国企业止步。在激烈的国际竞争和企业自身的不确定因素的影响下，企业对外投资的风险加大，企业自身的利益很难得到保证。所以，企业需要以降低投资风险为前提建立有效的风险保障机制。

直接投资对中蒙俄三国经济的发展都具有很强的促进作用，虽然出发点是好的，但合作战略是长期的，且涉及的范围比较广，因此在中蒙俄合作过程中也要充分考虑风险。在投资合作过程中，要注重对投资风险的分析和评估，做好风险防范措施，保障双方的利益。首先，应该制定相应的法律法规，对可能发生的风险进行明确的责任确定，中俄、中蒙双方均必须遵循法律法规的要求，同时要保证法律法规的可

实施性。其次，在双方合作过程中，要对项目投资前后的风险进行详细的评估与防范，把风险降到最低。最后，中俄、中蒙双方还可以成立相关的第三方保障机构，如保险、担保机构，风险管理机构等，将风险损失降到最低。

合理的风险评估和有效的风险控制是企业面对投资风险时，能够有效解决风险问题的保证。风险机制不仅能对投资面临的风险进行有效的预防，而且在面对风险时，能有充足的准备来及时解决矛盾。因此，建立风险保障机制，使对蒙俄投资稳步发展，扩大三国的经济利益，实现三国经济共赢。

六、培养跨国管理人才

当前，中国到国外进行直接投资的企业中负责经营管理的人员与其他国家相比，综合素质较低，这在一定程度上影响企业投资效率，从长期来看，会对两国经济的发展产生不利影响。因此，政府应重视跨国管理人才的培养，一方面对现有的国外企业经营管理人员进行培训，提高他们的经营管理水平及社会适应等方面的能力，让他们更好地促进企业进步；另一方面，要积极扩展招聘渠道，不断为企业注入新的活力，从整体上提高企业经营管理人员的综合水平，利用优秀人才提高企业的风险识别能力和持续性发展的能力。与此同时，中蒙俄三国应该加强教育领域的合作，更多地互派留学生学习，重视三国文化之间的交融与渗透，合作定向培养人才，使人才更好地满足三国的经济发展需要。

参考文献

[1] 李建军，李俊成."一带一路"基础设施建设、经济发展与金融要素[J].国际金融研究，2018（02）:8-18

[2] 范祚军，何欢."一带一路"国家基础设施互联互通"切入"策略[J].世界经济与政治论坛，2016（06）:129-142

[3] 王继源，陈璋，龙少波."一带一路"基础设施投资对我国经济拉动作用的实证分析——基于多部门投入产出视角[J].江西财经大学学报，2016（02）:11-19

[4] 陈锐，谭英双."一带一路"基础设施项目投资及其省际操作[J].改革，2017（08）:81-88

[5] 王成喜."一带一路"视角下的中蒙俄经济走廊建设研究[D].聊城大学，2017

[6] 耿增涛."一带一路"沿线国家和地区基础设施建设及投资研究[D].外交学院，2016

[7] 齐勇锋，张超．“一带一路”战略与中蒙俄文化产业走廊研究[J].东岳论丛，2016，37（05）:16–24
[8] 张志华．“中蒙俄文化走廊”建设研究[J].北方经济，2017（10）:40–43
[9] 高国清，都静，纪超．“中蒙俄经济走廊”基础设施建设引入PPP模式的探讨[J].北方经济，2015（09）:26–29
[10] 魏娟.草原丝绸之路经济带内蒙古中蒙俄口岸物流发展研究[J].物流科技，2016，39（02）:12–15
[11] 李支援，廖雅珍.俄罗斯基础设施投资效率问题研究[J].内蒙古财经大学学报，2016，14（02）:1–7
[12] 中国进出口银行课题组.共同推进“一带一路”基础设施建设的思考聚焦[J].中国银行业，2017（06）：54–56
[13] 包思勤，张永军，祁婧，赵秀清，佟成元，康磊.基础设施互联互通是中蒙俄经济走廊建设的优先领域[J].北方经济，2015（09）:58–60
[14] 曾颉，梁天戈，李震岳.满洲里构建中蒙俄经济走廊重要节点城市空间发展战略探讨[J].现代城市研究，2017（05）:90–99+125
[15] 娜仁图雅，魏泽瀚.融合“一带一路”战略　助力中蒙俄经济走廊——基于二连浩特口岸的分析[J].宏观经济管理，2015（10）:79–82
[16] 于洪洋，欧德卡，巴殿君.试论“中蒙俄经济走廊”的基础与障碍[J].东北亚论坛，2015，24（01）:96–106+128
[17] 赵福军.推进“一带一路”基础设施建设重在创造相关主体参与合作建设的条件[J].广东经济，2016（09）:16–19
[18] 杨秀芝.文化消费视域下的民族文化传承和发展[J].沈阳师范大学学报（社会科学版），2015，39（02）:24–27
[19] 苗晶. 以投融资为带动的海外基础设施产业发展模式研究[D].对外经济贸易大学，2016
[20] 周亚静. 中俄两国基础设施投资与经济增长关系对比研究[D].辽宁大学，2015
[21] 汤晓丹.中蒙俄经济合作走廊建设的现状及前景分析[J].对外经贸实务，2017（06）:18–21
[22] 鄂晓梅.中蒙俄经济走廊“五通”建设中的问题与对策[J].内蒙古社会科学（汉文版），2017，38（05）:206–213
[23] 吴涧生.中蒙俄经济走廊重点口岸经济发展的思路与对策[J].中国发展观察，2016（24）:20–23
[24] 朴键一.中蒙俄三国互联互通的建设与合作[J].当代世界，2016（03）:38–41
[25] 陈强（SAPEKOV CHINGIZ）．“一带一路”背景下中国对俄罗斯的直接投资（FDI）研究[D].武汉大学，2017
[26] 祝宁．“一带一路”背景下中国对俄罗斯直接投资研究[J].纳税，2017（26）:92–95
[27] 吕星嬴，周建，凌雁．“一带一路”背景下中国海外基础设施建设投融资模式探究[J].现代管理科学，2017（07）:21–23
[28] 张汉林，张鹏举．“一带一路”倡议基础设施建设国际金融合作体系研究[J].理论探讨，2018（02）:91–98
[29] 郑雪峰，刘立峰．“一带一路”的投融资问题及对策建议[J].中国经贸导刊，2018（15）:34–36
[30] 本刊讯．“一带一路”国家基础设施发展指数发布[J].墙材革新与建筑节能，2017（06）:8
[31] 崔岩，于津平．“一带一路”国家基础设施质量与中国对外直接投资——基于面板门槛模型的研究[J].世界

经济与政治论坛，2017（05）:135-152
[32] 张丽平.“一带一路”基础设施建设投融资需求及推进[N]. 中国经济时报，2017-04-18（005）
[33] 姚鸿韦.“一带一路”基础设施建设投融资与经济增长思考:基于历史视角[J].现代管理科学，2018（02）:75-77
[34] 肖光睿.“一带一路”基础设施投融资模式[J].中国公路，2017（19）:35-38
[35] 刘国玉.“一带一路”基础设施投资效率与经济增长方式转变分析[J].中国国际财经（中英文），2017（06）:204-205
[36] 张方卉，张傲巍，杜梦.“一带一路”下中方对俄基础设施建设金融支持问题研究[J].现代商业，2018（09）:190-191
[37] 顾威.“一带一路”沿线国家和地区基础设施状况对中国出口贸易的影响[D].南京大学，2017
[38] 蒋岱位.“一带一路”沿线国家和地区交通基础设施投资效率变化研究[D].兰州大学，2018
[39] 姜巍.“一带一路”沿线基础设施投资建设与中国的策略选择[J].国际贸易，2017（12）:44-52
[40] 张睿姝. 多边金融机构参与“一带一路”基础设施PPP项目研究[D].外交学院，2018
[41] 中国民生银行研究院宏观研究团队.俄罗斯投资机遇及风险分析[J].中国国情国力，2018（06）:68-71
[42] 李尚德.水利基础设施建设投融资思路探讨[J].山东水利，2018（02）:28-29
[43] 周嘉莉，方嫣彤.我国“一带一路”对外基础设施建设的投资现状分析[J].中国国际财经（中英文），2018（06）:5-6
[44] 陈四清.用金融创新推动“一带一路”建设[J].中国金融，2017（19）:9-12
[45] 张丽平. 有效提升“一带一路”基建投融资效率[N]. 经济日报，2017-05-03（012）
[46] 吴彤. 中国对“丝绸之路经济带”沿线国家直接投资的风险分析[D].陕西师范大学，2017
[47] 董有德，张露.中国OFDI推进相应国家基础设施建设——基于2007—2016年的57个“一带一路”国家的面板数据[J].上海经济研究，2018（08）:94-102
[48] 李雅. 中国对“一带一路”沿线国家和地区基础设施投资问题研究[D].兰州大学，2018
[49] 古丽艾山力・阿衣木. 中国对俄罗斯的直接投资与贸易关系研究[D].新疆财经大学，2012
[50] 兰东梅.中国对俄罗斯直接投资现状分析[J].北方经贸，2018（03）:15-17
[51] 埃连拉乌特・卡佳（Erentraut Ekaterina）. 中国对俄罗斯直接投资对俄罗斯经济的影响[D].哈尔滨工业大学，2017
[52] 桑召敏.中国对俄罗斯直接投资研究[J].北方经贸，2013（09）:6-7
[53] 张梅. 中国对俄罗斯直接投资与贸易关系研究[D].浙江理工大学，2017
[54] 孟猛. 中国对蒙古、俄罗斯直接投资是否会减少国内就业？——基于企业微观层面数据的研究[A]. 载天津市社会科学界联合会.发挥社会科学作用 促进天津改革发展——天津市社会科学界第十二届学术年会优秀论文集（中）[C].天津市社会科学界联合会，2017:6
[55] Danzan Pagamsuren. 中国对蒙古的直接投资分析[D].吉林大学，2015
[56] 黎青. 中国对蒙古国直接投资风险研究[D].哈尔滨商业大学，2017
[57] 玫瑰（KHONGORZUL KHURTSGEREL）. 中国对蒙古国直接投资现状与问题分析[D].吉林大学，2017
[58] 任丽丽. 中国对蒙古国直接投资研究[D].东北财经大学，2010

[59] 萨日娜. 中国对蒙古国直接投资研究[D].天津科技大学，2015

[60] 冯雷鸣，李丛珊，李青原.中国对外基础设施建设投资风险评价研究——以“一带一路”沿线10国为例[J].国际经济合作，2018（03）:56–59

[61] 龙雪.“一带一路”背景下中蒙俄旅游合作研究[D].黑龙江大学，2018

[62] 李原，汪红驹.“一带一路”基础设施投融资合作基础与机制构想[J].上海经济研究，2018（09）:61–71

[63] 张鹏飞.“一带一路”沿线亚洲国家基础设施先行研究[D].上海社会科学院，2018

[64] 郭菲菲，黄承锋.PPP模式存在的问题及对策——基于“一带一路”沿线国家和地区的分析[J].重庆交通大学学报（社会科学版），2016，16（05）:12–17

[65] 于鑫. PPP模式在“一带一路”基础设施投资中的应用分析[D].对外经济贸易大学，2017

[66] 黄艳葵.跨境基础设施PPP项目的法律保障问题分析——基于对15个海上丝绸之路沿线国家的分析[J].经济研究参考，2017（29）:43–47

[67] 高洋.中国对哈萨克斯坦基础设施建设的投融资研究[J].新疆财经，2017（04）:67–73

第五章

“一带一路”倡议下中国同俄罗斯金融合作现状及风险

中俄两国在“一带一路”和中蒙俄经济走廊建设的合作中一个关键点就是如何实现共赢，即将两国的经济诉求统一起来，而金融合作为这种“统一”创造了可能性。一方面，中国在推动人民币国际化、分散外汇储备资产投资和寻找高回报率的投资标的上具有需求，而俄罗斯正在努力寻找新的融资来源，来为其一系列重要项目融资，无论在基础设施还是资本市场上都有较高的回报。这就为中俄两国在金融合作方面创造了“契合点”，以实现双方进一步的战略合作。另一方面，经历了经济危机并受到外部因素强烈影响的俄罗斯经济及金融系统，在稳定性上能否持续支持俄罗斯的国家信用并构成其对外金融合作的“资信”目前难以预测。风险是潜在的，中国需要对俄罗斯的整体宏微观经济环境仔细研判才能够做出理性的金融合作方略以最小化风险，这在“一带一路”倡议的大背景下显得格外重要。

对于中国金融部门的发展沿革，张礼卿和谭小芬将中国金融部门的改革发展历程分为三个阶段：起步和创立阶段（1979—1993 年）、改革深化阶段（1994—2002 年）、全球化背景下的金融部门改革阶段（2003 年至今）[①]。它们是中国金融体系不断适应全球化发展的过程，可以认为，中国的金融改革尽管取得了较大的进展，但总体上仍处于深化的过程中，金融抑制仍旧存在，既包括对内也包括对外金融活动。如何以“一带一路”建设为契机，在与沿线国家的金融互动中推动金融创新，是中国新发展阶段的重要任务。

回顾转轨以来的俄罗斯经济发展史，金融领域发展很不平静。从刚解体经历的恶性通货膨胀，到大幅提高利率和卢布贬值后导致的经济萧条，再到亚洲金融危机期间这一境况重演，原因同样是外部恶劣环境下的自身金融政策（货币政策）失当。

---

① 张礼卿、谭小芬：《跨越“中等收入陷阱”展望中国经济增长的持续性》，格致出版社2012年版，第148页。

金融环境的不稳定让俄罗斯的资产投资价值在国际市场一直被小看。俄罗斯接受了以往的教训开始放弃固定汇率制并致力于实现国际收支顺差，石油价格的高涨让2008年金融危机被以损失最小化的方法消解。俄罗斯的金融政策管理也随之成熟，央行同财政部的配合更加协调，这在应对2014年后的高通货膨胀时显得非常突出，财政同货币政策的搭配更加适当，在稳定的宏观金融环境下资产价值及投资回报率也不断提高。另外，国际金融合作也日渐多元化，这表现在以更加积极开放的态度面向亚洲特别是中国，尽管相比投资、贸易和人文等领域，两国金融合作无疑处于初级阶段，但互补性需求会使这一合作得以不断深化，并且完全符合两国的利益。

第一节　俄罗斯融资困局与中国的互补关系

随着俄罗斯经济的逐渐复苏，在俄罗斯总体投资环境向好的情况下，面对不断提高的净资产回报率，中国正源源不断地将资本输入俄罗斯，总体上，俄罗斯对中国资本的到来持开放并欢迎的态度，特别在金融领域存在中国对俄罗斯融资的新契机。在2019—2021年中期财政预算紧缩的背景下，俄罗斯如何寻求外部资金来支持政府基础设施建设支出是一个重要问题。经济制裁和国际金融市场的“灰犀牛”是俄罗斯国际融资的两大制约因素。2014年以来的经济制裁特点主要体现在美国和欧洲的立场基本一致，因为历史上从沙皇末期到冷战结束，俄罗斯一直在欧洲和美国之间进行主动或被动的风险更替，寻找合作突破口，但当前的局势让这种风险更替失去了可能性，使俄罗斯面对美国和欧盟处于空前孤立的状态。尽管新兴市场在传统国际贸易上为俄罗斯提供了部分替代选择，但对于俄罗斯来讲，制裁的真正威胁来自金融领域，要彻底达到隔离危机的目的，必须同时解决美元结算和外部融资依赖的问题。

一、金融制裁导致的融资困难使企业部门复杂化

2017 年的多次小幅降低基准利率并没有对企业融资产生很强的乐观预期。2017 年俄罗斯加权后的平均长期利率下降 3%，短期利率下降 2%[①]，下降幅度不是特别显著。2017 年俄罗斯企业卢布信贷平均利率为 10.7%，尽管该数据比 2016 年有所下降，但除了受政府利率补贴的少数行业外，绝大部分中小企业的商业贷款利率基本处于 15% ~ 20% 区间，而原来的融资地——欧洲资本市场的贷款利率仅为 6% 左右，经济制裁中的金融制裁更能给俄罗斯产生切肤之痛。内部和外部两个原因导致俄罗斯央行自 2015 年 2 月以来首次提高基准利率，内部原因是从 2019 年起增值税将从原来的 18% 提高到 20%，外部原因是经济制裁和美联储加息。金融制裁导致的企业融资困难使现状复杂化，另外，美联储加息导致的资本外流和通胀预期迫使俄罗斯央行在 2018 年 9 月 14 日将利率提高 25 个基点，重新回到 2018 年 2 月 7.5% 的水平，以阻止或延缓资本外流[②]。另外，美元结算限制造成的威胁不容小觑。2014 年底第三轮量化宽松货币政策结束后，美联储开始收缩资产负债表，其重要结果就是美元从新兴市场流回美国本土，为了延缓资本流出速度，俄罗斯将同美国保持一定的利差，即以相对高的利率来维持卢布稳定和较低的通胀率，但这拖累了俄罗斯的经济增长，包括很多智库机构对俄罗斯的货币政策提出了不同的意见，认为俄罗斯需要大幅降低利率来放松货币政策以促进经济增长而非加息，因为实体经济部门完全可以消化降息后的市场流动性，不会出现 30 年前日本的经济泡沫，因为后者经济增长面临模式转换时，实体经济难以吸纳过剩的流动性，而实施大规模发展规划的俄罗斯有足够的空间来吸纳流动性。虽然没有明确新一轮的加息周期，但可以肯定的是，短期内不会出现降息空间。所以说，加息对俄罗斯企业影响颇大，这也是俄罗斯企业将目光投向中国资本市场的原因。

---

① Владислав Гринкевич: Цена “нормальной жизни” //Профиль. 2018. http://www.profile.ru/economics/item/125387-tsena-normalnoj-zhizni.

② Илья Горбунов: В ожидании финансового шторма//Профиль. 2018. http://www.profile.ru/economics/item/126894-v-ozhidanii-finansovogo-shtorma.

二、内债取代外债存疑

在庞大的各级政府财政支出预期下，不应仅仅保障基本的流动性，还需要通过内债或外债不断注入资本来拉动经济增长。根据童伟的研究，2000年之后俄罗斯实施的是内债取代外债的国家债务政策，使内债在债务总额中的比重不断上升，但2011年以后情况开始发生逆转，外债逐步攀升，开始在俄罗斯的经济中扮演重要角色[①]，新的周期里这一趋势可能被打破，国内债务将在规划实施过程中被设定为主要资金来源。原则上讲，俄罗斯国债占GDP比重并不高，应该有扩张财政政策的空间，但事实上有难度。俄罗斯最主要的内债融资渠道为发行国家有价证券和提供政府担保，两项大约占到俄罗斯政府内债的99.5%以上。面对欧美投资者的债券抛售，联邦政府债券有两个新的融资来源：国内家庭部门和亚洲投资者。对于家庭部门来说，10%的联邦债券年化收益率高于预期通胀率，应该是银行利息的完美替代者，在加息预期下还可以从股票等风险资产市场分流一部分国内投资者，但很难依靠可支配收入仍旧在低位徘徊的俄罗斯家庭部门完全填补其内债空间，因为俄罗斯居民可支配收入已经连续4年下滑，并且其杠杆率随着“消费信贷”的繁荣呈快速上升趋势。同时，俄罗斯不具备在“信贷泡沫”破裂后的美国式货币政策操作空间，后者的低利率政策同俄罗斯一直以来的防通胀目标是抵触的。所以，具有可操作空间的国际融资来源变成以中国为代表的亚太地区。

三、中国资本是俄罗斯重要的现实选择

近年来，中国企业跨境投资规模飞速发展，中国政府鼓励使用人民币向境外进行贷款和投资，也是金融领域人民币国际化的重要策略。例如在“一带一路”倡议下，中国政府鼓励企业在沿线国家以跨国并购、设立境外产业园区等形式，在转移产能、

---

① 童伟：《2015年俄罗斯财经研究报告》，经济科学出版社2016年版，第10–14页。

扩大市场、获取高新技术等领域展开人民币对外直接投资，而且中国主导的亚投行未来在亚洲和全球范围内进行基础设施投资方面也必然会加大人民币贷款的比重。所以，中俄两国的金融投资合作态势有利于俄罗斯从中国获取经济发展所需的资金，而中国资金也需要高回报的海外资产来实现海外净资产增值。这不仅包括了传统的外商直接投资（FDI）和银行贷款，在俄罗斯资本市场特别是债券市场上中国资金也存在很大的投资空间。目前，中国对俄罗斯融资可以通过多种渠道，有传统的银行贷款，有新兴的“人民币国际化”框架下的对俄融资，也包括中国对俄罗斯资本市场的投资。对于双方来说，可以形成双赢的局面，也有利于两国深化金融合作。

第二节　中俄金融合作现状

一、本币结算与融资

著名智库俄罗斯科学院国民经济预测研究所的专家在 2017 年一份 190 页的报告中[①]，将固定资产投资占 GDP 的比例设定为 30% 作为目标，这样到 2030 年可以支撑俄罗斯 4% ~ 6% 的 GDP 增长率，经粗略计算大约需要 1.5 万亿美元，这比俄罗斯银行系统的资本总和还要多，不借助外部融资基本不可能完成。从融资上看，美国和欧盟作为传统的债权人禁止向俄罗斯公司提供超过 30 天的贷款融资，影响比较大。但也不全是负面影响，切断俄罗斯的美元融资，可以避免在可预见的未来美元走强时俄罗斯企业的债务压力，借此机会中国有机会让人民币在对俄经济活动中扮演更重要的角色，前提是扩大本币互换、结算和搭建统一的银行卡支付系统等。

① 该报告名称为《保障俄罗斯经济增长的结构性投资政策》，它为俄罗斯2035年之前的经济政策提供前瞻性预测建议。

随着人民币在国际贸易和投资领域中的地位提升，越来越多的国家和中国签订货币互换协定。从中长期看，随着这些国家与中国贸易关系的更加紧密，以及接受人民币直接投资和贷款所导致的人民币负债规模扩大，这些国家更倾向于从目前的货币互换直接转为持有人民币外汇储备，在这些国家中俄罗斯表现尤为积极。2014年10月中俄两国央行签署了为期3年1500亿元人民币与卢布互换协议。2015年俄罗斯央行将人民币纳入储备资产中，同年由中国最早开办对俄金融业务的哈尔滨银行与俄罗斯储蓄银行（Сбербанк）牵头联合发起设立中俄金融联盟[①]。2016年9月中国人民银行与俄罗斯中央银行签署在俄建立人民币清算安排的备忘录。2009年7月，跨境贸易人民币结算正式试点，之后该试点进一步扩大。2017年10月中国推出了专门针对人民币和卢布的结算系统PVP，之后中俄本币结算业务规模不断扩大，这样可以降低交易成本，规避汇率风险，同时减少对美元的依赖。目前，中俄双方提供边境贸易本币结算服务的银行已经扩展至中国境内的黑龙江省、吉林省、内蒙古自治区和新疆维吾尔自治区以及俄罗斯境内的6个联邦主体[②]。另外，中国开始对俄罗斯进行人民币贷款融资。开发性金融领域，2017年中国进出口银行同俄罗斯对外经济银行达成协议，将在基础设施建设及高新技术发展领域对俄罗斯注资30亿美元，该投资将以人民币支付[③]。国家开发行支持的以美元信贷协议近几年也逐年增加。在传统的边境贸易和跨境旅游服务方面本币结算也在不断深化，中国对俄罗斯的ODI（人民币对外直接投资）也需要认真考虑，这都是人民币的“体外循环”，扩大了本币在俄罗斯的渠道。当然，海外人民币储量的不断扩大会使央行货币政策复杂化，从“蒙代尔不可能三角”[④]的角度看，会倒逼中国的汇率改革及进一步破除资本管制。

目前，在俄罗斯对外结算中，美元占70%，欧元占20%，卢布占20%，剩余

---

① 曲文轶：《西方对俄制裁三周年：普京政府的应对及其成效和影响》，《俄罗斯东欧中亚研究》，2018年第2期，第10页。

② 龙雪：《“一带一路”倡议下的中俄金融合作现状与潜力分析》，《对外经贸》，2017年第7期，第26页。

③ Татьяна Едовина:“Навстречу ста миллиардам”, Власть, 2017，https://www.kommersant.ru.

④ “蒙代尔不可能三角”即资本自由流动、货币政策的独立性以及固定汇率制只能同时满足其中两个条件。

10% 的国际结算由其他货币组成，其中，美元在出口结算中占比为 70%，进口结算中占比为 37%[①]。除了独联体国家，真正实现了同俄罗斯卢布结算的国家只有中国，尽管印度和伊朗也乐于同俄罗斯在经济活动中进行卢布结算，但当前仍处于谈判讨论阶段，远没有中国的步伐快。当然，存在的一些细节问题还需要在实践中不断完善。

二、基础设施建设融资的新趋势

当前，俄罗斯紧缩的财政预算需要其他资金来支持基础设施建设，但后者的主要来源——俄罗斯国民储备基金和国家福利基金于 2018 年 2 月 1 日合并后，用于支持财政赤字的资金相对有限。尽管俄罗斯是储蓄过剩和经常账户顺差国家，但其储蓄投资转化体系并不完善，基础设施的国内融资渠道并不畅通。现存的国家福利基金当初最重要的职能就是以银行贷款的形式为基础设施建设融资，然后再将投资回报收益进行储备增值[②]。但在合并后，国家福利基金还要承担部分退休职工养老保险和国有银行股票的投资保值职能，能够支持预算的资金不高于资金总量的 2/3，遑论为基础设施融资了。政府在积极寻找其他的收入来源，但很多政策缺乏稳定性。另外，政府希望将化工和冶金制造业企业因卢布贬值而获得的超额利润上缴联邦政府预算，该政策思路也引起了企业界的抵触，实施难度不小[③]。俄罗斯将财政盈余作为 2019—2021 年主要预算目标，新一届政府会更加小心翼翼地完成财政支出。从内外债的结构来看，低储蓄率和高利率让扩大内部债务的空间被挤压，而外债还有很大的空间。可以想象，没有外部资金的支持，基础设施建设将困难重重，而后者又被认为是俄罗斯实现经济增长突破的关键所在。

对于中国来说，面临外汇储备资产的“投资多元化”目标。中国过剩的美元外汇储备是俄罗斯潜在的重要融资来源。中国经济学家余永定认为，流入中国的 FDI

---

① Геворг Мирзаян：“Когда Москва сможет отказаться от доллара во внешней торговле”Эксперт，2018，http://expert.ru/2018/10/4/kogda-moskva-smozhet-otkazatsya-ot-dollara-vo-vneshnej-torgovle/.

② История Резервного фонда РФ. 2018. http://tass.ru/info/4918191.

③ Анна Королева: Промышленники сами придумают, как избавиться от денег// Эксперт. 2018. http://expert.ru/2018/08/13/promyishlenniki-sami-pridumayut-kak-izbavitsya-ot-deneg/.

并没有像其他国家那样转化为经常账户逆差，而是卖给央行变成了外汇储备，企业将从央行换回的人民币进行国内出口导向型投资，结果就形成了困扰中国央行多年的经常项目资本项目“双顺差”[①]。双顺差积累的外汇储备被用来购买只有2%～3%收益率的美国国债。俄罗斯希望能将中国过剩的外汇储备引入俄罗斯的基础设施建设当中，这完全符合“一带一路”框架下为推进欧亚基础设施提供资金的规划。多边金融开发机构搭建了相应平台，其实是中国政府看到了亚洲存在的巨大基础设施融资需求，以及为中国庞大的美元储备寻求新出路的一种理性战略考虑。中国在亚投行和金砖银行没有绝对的主导权，但作为倡议方和主要出资国，具有其他成员国不可比拟的影响力。另如丝路基金的400亿美元中，有65%来自由中国国家外汇管理局全额出资的子公司提供的外汇储备，有希望形成互惠双赢的结果。开发性金融机构和基金也是商业化运作和管理，贷款要基于市场回报率来考虑，这样一方面符合减少中国外汇储备增量的需要，另一方面扩大了海外资产收益。对于俄罗斯来说，由于其内外债务总和占GDP的比重仅为20%[②]，所以有很大的空间来扩大政府资产负债表，并且不必担心被下调评级，保证了中长期的建设资金来源。

基础设施建设投资具有联动效应，它不仅可以扩大国内总需求，同时也具有“社会回报性”，在“一带一路”框架下，为俄罗斯基础设施建设融资必然会带来长久的双向回报。目前俄罗斯主要基础设施建设项目主要集中在远东和西伯利亚，包括公路、港口和跨州物流设施，这些超大型项目实施遇到的主要问题就是资金问题。一方面，俄罗斯加入“亚投行”和金砖银行，希望获取基础设施建设所需的资金，同时，其他金融渠道也是俄罗斯寻求合作的目标。2018年俄罗斯两个重要的基础设施建设项目“俄罗斯供水与净水系统”工程和“俄罗斯小城镇基础设施综合发展”工程从“金砖银行”获得5.4亿美元的融资[③]，虽然贷款金额有限，但这说明融资开始向一些偏远地区延伸。随着前期项目的顺利完成，后续项目的融资规模将会不断

---

① 余永定：《最后的屏障：资本项目自由化和人民币国际化之辩》，东方出版社2016年版，第114-116页。

② Анна Королева: Bloomberg: Путин выделит 10 трлн на рост//Эксперт.2018. http://expert.ru/2018/04/24/bloomberg-putin-vyidelit10-trln-na-rost/.

③ Владислав Гринкевич: Кратковременный эффект//Профиль. 2018. http://www.profile.ru/economics/item/125800-kratkovremennyj-effekt.

扩大。另一方面，针对俄罗斯远东和中国东北地区的区域合作，2018 年 7 月中国正式批准成立“中俄区域发展基金”，该基金总资本额为 1000 亿元人民币，由中方出资为两国区域发展融资。另外，两国还设立了风险投资基金、矿业开采投资基金和基础设施投资基金。可以预见，基金将为构建区域“经济增长级”贡献重要力量，意义重大。

三、扩展在俄证券资产投资

更多的人民币如果能够进入俄罗斯股票和债券市场，将会对俄罗斯的中小企业有重要的激励作用，也契合中国“人民币国际化”的金融战略，可以通过资本项目逆差提供流动性。当然，这需要中国的金融市场具有更强的广度、深度和流动性，从而让包括俄罗斯在内的国外投资者投资于多种多样的、以人民币计价的金融资产。对于目前的俄罗斯金融市场来说，投资预期是比较乐观的。观察俄罗斯股票市场 10 年来的变化趋势，我们会发现，在经历了 2008 年国际金融危机的大幅下跌后，俄罗斯股市从 2009 年 1 月以来已进入上升通道，2018 年 11 月莫斯科证券交易所指数逼近 2500 点的历史峰值，并且俄罗斯股票的市盈率在 2017 年为 7.3 倍，全球最低。尽管俄罗斯股票总市值规模不大，但潜力巨大，从全球范围看具有很强的配置价值。尽管在 4 月上旬出现了两大交易所指数大幅下跌，但这并不是由基本面引起的震荡，而是国际政治冲突的结果[①]，具有短期效应，存在很强的“抄底”机会。在本轮股市震荡中，一部分同美国市场联系紧密的上市企业损失较大，大部分以俄罗斯国内市场为主的企业受影响并不大。债券方面，2018 年 2 月美国 S&P 公司将俄罗斯主权债务评级由之前的 BB- 提高到 BBB-[②]，进入“可投资”区间，外加高达 4.7% 的联邦债券收益率，对于俄罗斯债券市场吸引力和包括中国在内的外国投资者是一个积极的信号。当然，面对潜在地缘政治风险引致的投资的损失和现实的高收益率资产的选择，需要投资者相对审慎和全方位地研判，因为风险和收益是如影随形的，

---

① 2018年4月6日美国宣布了对俄罗斯的新一轮制裁，落入制裁名单的有14家俄罗斯企业，8月22日又出台了新的制裁措施，甚至涉及美国对俄出口的所有商品。

② Дмитрий Бутрин：России вернули инвесторов//Власть. 2018. https://www.kommersant.ru/doc/3558137.

特别是对俄罗斯这样较为特殊的市场。

俄罗斯央行 2017 年底对经济制裁环境下的俄罗斯经济做了压力测试，其中考验之一就是国外投资者撤出俄罗斯国债市场。俄罗斯国债 30% 的持有者是外国投资者[①]，俄罗斯央行和财政部预见到西方将进一步限制投资俄罗斯国债市场，这会导致财政和卢布汇率的双重不稳定。同时，由于同英国的政治冲突，俄罗斯大型企业通过在欧洲发行欧洲债券的融资渠道也被蒙上了阴影。对此，俄罗斯希望让更多的中国资金进入国债市场，来弥补西方投资者离开后的空缺。发行人民币债券也是俄罗斯的现实选择之一。从 2005 年开始，国际开发机构获准在中国境内发行人民币债券（熊猫债券）。由于之前俄罗斯更倾向于从欧洲融资，所以搁置了引导人民币进入俄罗斯债券市场的时机，而熊猫债券正好是一个突破口，而且不用考虑借款人最终想得到哪种货币。如果俄罗斯需要美元，他首先可以通过发行熊猫债券借入人民币，然后用这笔资金从中国居民手中买入美元。鉴于 2017 年俄罗斯铝业公司成功发行了两期熊猫债券，俄罗斯通过人民币证券融资的规模势必会不断扩大。另外，俄罗斯正在通过组建诸如“基础设施发展基金”的方式来发行卢布债券，鉴于内债空间有限且面临联邦债券的竞争，向中国投资者发行卢布债券是可操作方向。在“一带一路”框架下加强对俄罗斯证券市场投资，会通过更多的资本流动巩固两国的金融合作，使更多的俄罗斯企业直接或间接同中国投资者建立起联系，是两国在经济上深化合作的重要选择。

四、其他金融合作形式

除了上述提到的中俄金融合作形式外，面对两国的现实状况，有很多新金融合作形式具备成长空间。对企业来说，诸如“融资租赁”的合作形式是不错的选择。例如，在紧缩货币政策下，俄罗斯企业想从银行拿到贷款面临非常高的利率，可能面临资金链断裂的风险，因此对融资租赁业的需求大幅攀升，即不需要出钱购买设备，只

---

① Анна Королева: В ЦБ предполагают худшее//Эксперт.2017. http://expert.ru/2017/11/13/v-tsb-predpolagayut-hudshee/.

需要通过类似按揭的形式，每月付给融资租赁企业钱。而中国企业资金相对雄厚，且国内贷款利率相对较低，完全可以满足俄罗斯中小企业的融资需求。另外，在银行卡、跨境电商支付结算等领域两国都有很大的前景实现合作。中国国内部分地区已经建立了跨境电子商务结算系统，在同支付服务商家合作的基础上支持俄罗斯大多数主流支付方式的跨境结算支付，很大程度上化解了境内对俄电商企业支付成本。支付方式的形成，为中俄跨境电商完成了最后一块拼图，形成物流、仓储和支付的完整系统。在创新的大背景下，金融机构应该与产业界共同协作开创海外市场，实现财务投资与产业升级的目标的有效结合，因为本质上金融是配合、服务于企业的，与投资、贸易是有机的整体。在企业不断“走出去”的背景下，金融机构服务也应跟随脚步不断优化服务和创造新的金融工具，特别是在开拓俄罗斯市场方面更需要形成合力，才能实现“一带一路”框架下的各个战略目标。

第三节　问题与建议

首先，在中俄本币结算方面，从目前来看，本币结算主要集中在贸易领域，如果仅靠贸易输出人民币的话，人民币国际化的程度会很有限，根据中国经济学家马骏的估计，比例不会超过10%[①]。以日本为例，本币贸易结算占对外贸易结算的峰值是40%，离岸市场的货币存量大约为贸易结算量的4倍到5倍，那么离岸市场的人民币峰值大概在2万亿元到3万亿元，很难达到人民币国际化的目标。所以，通过诸如开放资本项目的改革来扩大人民币海外存量，同时实现中国庞大的储蓄增值是主要发展目标[②]。对此，俄罗斯是很有潜力的和被低估的市场，因为即使在贸易

① 马骏：《人民币国际化五个挑战》，《财经》，2012年第9期，第115页。

② 这一过程应是渐进的，否则会导致短期内大量资本外逃，银行资本和人民币汇率都将受到很大冲击。

领域，中俄本币结算也仅仅处于初级阶段，况且还面临两国经济调整背景下的贸易下滑倾向，所以如何继续深化贸易本币结算，通过其他方式向俄罗斯释放人民币资本是需要考虑的战略方向。同时，必须考虑本币结算的双向化。

两国的本币结算进展如何终落在企业的需求上，这是两国政府部门应该考虑的实际问题，因为本币结算如果没有企业的需求单纯通过政策来推动很有可能达不到预期的效果。例如，俄罗斯学者认为，卢布在俄罗斯可贸易商品的进出口中，暂时很难代替中国商人对美元的青睐①，这就需要另辟渠道拓展卢布的“中国市场”。同时，非能源贸易合同的参与者绝大多数为私人企业，从其自身利益角度看，比较倾向在交易中使用更加稳定的货币，不愿意承担本币结算带来的潜在风险成本，特别在人民币和卢布表现都不稳定的经济周期。所以，推动大规模本币结算，不仅需要技术上的设计，也需要两国高层的政治意志。

其次，基础设施融资也需诸多考虑。尽管融资不等于投资，但两者都应注重项目本身，因为这关系到前者的本金、利息和后者的投资回报。当然，融资不必考虑投资过程中的“当地化率”、税收政策等事宜，可以减少很多行政交易成本，但也需要对项目本身进行分析斟酌。对于中国来说，如何在技术操作层面搜寻、评估俄罗斯基础设施项目的收益率和潜在风险是中国出资主体的重要挑战，因为并不是所有的基建项目都可以带来高回报，特别考虑到俄罗斯的地域复杂性和地区发展不平衡，这个问题就显得更加突出。因为从整体上看，面对大规模的城市化进程，在未来一些年里中国仍然是缺乏资本的国家，资本输出必将是一个渐进的过程，这就要求在融资前仔细分析俄罗斯项目的收益和风险，避免盲目输出资本。从风险上看，中国经济学家张明认为，在债务违约方面，国家开发银行与丝路基金面临的违约风险要显著高于亚投行②。这是因为，相关经验表明，东道国对多边机构的违约成本很高，即通过多边机构进行投资的安全性更高一些。鉴于基础设施建设的需求，俄罗斯准备在新的经济周期里扩大外债。从债务结构来看，俄罗斯的外债水平并不高，

① Станислав Красильников: Китай пользуется моментом//Эксперт. 2018. http://expert.ru/2018/04/16/kitaj-polzuetsya-momentom/.

② 张明：《危机、挑战与变革：未来十年中国经济的风险》，东方出版社2016年版，第121页。

2017年俄罗斯外债总额为5290.84亿美元，占GDP比重为40.5%，总量虽然看起来不高，但增速很快，如外币和本币债务分别同比提高了27%和54%[①]。另外，外债规模也要匹配宏观经济增长趋势来看待。但在严峻的外部环境和结构改革并不明朗的条件下，外债规模是需要斟酌考虑的，否则大量低利率资本的注入会催生泡沫，中国需要长期监测俄罗斯的经济走势，审慎提供廉价融资，这也是对自身经济的保护。

最后，在证券投资方面，俄罗斯证券投资领域是未来可选项之一。因为俄罗斯对资本账户的限制较小，外币可以低成本进入俄罗斯境内兑换卢布投资资本市场并自由流出。让更多的中国投资者持有卢布购买俄罗斯股票、债券等是扩大卢布流动性的长远之计。2008年以来，中国对资本管制由原来的“宽进严出”变成“严进宽出”，这是有利的一面。如果资金以人民币形式汇出境外，会减少境内的货币供应量，有助于宏观调控，如果融得的资金需要兑换成外汇出境，正好符合中国减少外汇储备的需要。

鉴于目前跨境证券投资是中国资本管制的主要领域之一，中国经济学家黄益平认为应逐步减少对跨境证券投资的限制[②]。由于跨境投资的波动性，很容易短期内对市场造成冲击。所以，可以考虑在短期内保留现有的QDII框架，逐步减少甚至取消对个人和机构的跨境证券投资。这样，既保证了跨境投资，同时又可以避免资本流动逆转过快。如果考虑到外汇管制，那么也可以通过扩大QDII（Qualified Domestic Institutional Investor）配额等方式来支持对诸如俄罗斯等新兴市场的证券投资。对于中国投资者来说，俄罗斯基础设施的高资本回报率必定会带来不菲的债券收益率，当然，是以人民币还是美元的形式进入俄罗斯基础设施债券市场需要利弊评估和双方协商。宏观上看，俄罗斯的优势是具有经常账户顺差、较低的债务率、平衡的财政预算结构和预期向上的石油价格，这些基本面利好因素将有助于吸引中国投资者。同时，在俄罗斯境内发行人民币计价的债券也是可探索方向。中国工商银行已经取得了在俄证券业务牌照，未来中国其他商业银行也会陆续在俄罗斯开展

① Внешний долг России–2018. 2018. http://global-finances.ru/vneshniy-dolg-rossii-2018/.

② 黄益平：《超越奇迹：变革世界的中国改革》，北京大学出版社2012年版，第297页。

自营和托管业务，实现在俄罗斯发行以人民币计价的债券。如果能源市场再遇波澜，那么俄罗斯经济基本面也将面临严峻考验，这对其证券市场的稳定是一个潜在风险，中国投资者须谨慎对待。

第四节 总结

与金融强国相比，中国金融机构整合全球资金能力还不高，与欧美大型跨国机构还有一定差距。这就要求中国金融体系深度融入全球市场，提高中资金融机构集聚资本、配置资源的能力，从而提升在全球资本运作中的影响力。事实证明，在当前的现实情形下需要中俄两国在金融领域有更大的作为，这既符合中国的利益，也契合俄罗斯的经济诉求。特别对于俄罗斯来说，真正威胁到它的制裁措施就是金融。中俄两国金融合作目前尽管有了初步成效，但后面还有很长的路要走，中国也要抓紧时机在“一带一路”的框架下通过各种金融工具来润滑两国的经济对接，这在当前的全球背景下显得尤为重要。

第六章

中蒙俄经济走廊沿线国家产业发展现状及合作前景

第一节　蒙古国产业发展现状及合作前景

一、蒙古国产业发展现状及投资前景

蒙古国位于亚洲的中部，紧邻中国和俄罗斯，是世界第二大内陆国家，具有“西高东低，北林南漠”的地理学特征，是中国“一带一路”倡议中北线的重要支点。蒙古国的区位优势明显，与中国的经济互补性大，其众多产业尤其是农牧业和能源、矿产产业与中国有较好的合作前景。

蒙古国农牧业产业现状及投资前景

1. 蒙古国农牧业产业现状

蒙古国总面积为156.41万平方千米，拥有丰富的土地资源和天然草场，畜牧业发展潜力巨大。近年来，以蒙古国的东方省及贝尔湖地区为畜牧业开发核心区域，蒙古国提出了具体的畜牧业相关项目内容和生产业务序列。2018年，中蒙双边贸易额79.9亿美元。2019年1～4月，中蒙双边贸易额达到了25.6亿美元，同比增长14.5%。除原煤、焦煤、铜等产品外，主要是山羊绒、羊肉、青干草、苜蓿草、水果蔬菜等。

蒙古国总人口300多万，农牧业人口占33%，其中农业人口6万，其余为牧业人口。蒙古国拥有90万公顷耕地和1.13亿公顷肥沃草场。除首都乌兰巴托之外，划分的其他21个省中，色楞格省占全国农业用地面积的68%，其他农业用地分布于色楞格省周边的达尔罕乌拉、布尔干、后杭盖以及东方省等。

2012 年起，蒙古国开始推行“垦荒计划”，以色楞格、达尔汗乌拉地区（色楞格河灌区）以及东方省为主的马铃薯、红小麦、萝卜、白菜、大麦、青稞、油菜等产业发展迅速。目前，以乌兰巴托—达尔汗为主线的牛奶、肉牛、马铃薯、红小麦、胡萝卜等现代农业产业已基本形成。历年来，蒙古国政府高度重视农业发展，并制定了农业发展相关规划。近年来，蒙古国耕地面积显著增加（见表 6–1），农作物产量也出现明显上升趋势，但蒙古国农业生产的区域差异较大，2/3 的耕地分布在鄂尔浑—色楞格流域，其余部分分布在克鲁伦河流域、鄂嫩河流域、哈拉哈河流域，以及西部地区。

蒙古国农业区划为 5 个农牧业地带。90% 的家畜集中在杭盖、西部、中部以及东部等 4 个地带。种植业中，杭盖、中部、东部的马铃薯所占的比重最大，西部和乌兰巴托的谷物、马铃薯和蔬菜种植分布相对均匀。2006—2014 年，除西部农作物分布保持不变以外，其余 4 个地带的饲料作物所占比重明显增加。

表6-1　　蒙古国耕地面积变化趋势　　单位：万公顷

年份	1960	1970	1985	1990	1995	1997	2001	2004	2009	2015
耕地面积	26.55	45.46	78.96	78.64	37.26	33.39	21.76	20.05	31.2	102.8

资料来源：蒙古国国家土地统计库。

蒙古国农业在国民经济中占有相当重要的地位，已有的调查数据显示蒙古国近年来农业占 GDP 的比重为 14% ~ 15%，其农业用地总面积（含畜牧业用地）超过 50%。而且蒙古国地广人稀，人口一半以上集中在乌兰巴托及其周边，人均耕地面积远远高于中国，但其单位面积产量不足中国的 1/4，农业发展潜力巨大。

蒙古国畜牧业较为发达，占农业生产总值的 80% 左右。畜牧资源一直保持稳定增长。蒙古国国家统计局数据显示，2015 年牲畜数量达到历史新高，2016 年，牲畜数量继续保持增长，再创历史新高。截至 2016 年底，蒙古国牲畜存栏量共计约 6154.92 万头，同比增长 9.9%。其中，马 363.55 万匹，占 5.9%；牛 408.09 万头，占 6.6%；骆驼 40.13 万头，占 0.7%；绵羊 2785.66 万头，占 45.3%；山羊 2557.49 万头，占 41.6%。

2. 蒙古国农牧业发展的优势

（1）农牧业发展高度集聚，规模化程度高。例如，乌兰巴托—达尔罕乌拉—色楞格为主线的红小麦、马铃薯、奶业；东部的肉牛产业；乌兰巴托及中部的蔬菜、水果等种植业；色楞格省马铃薯、白菜、萝卜种植业；西部的传统游牧业等。

（2）农牧业产品的“绿色”程度高。绵羊胴体重与澳大利亚、新西兰及中国等主产国的绵羊肉差距不大，绵羊育肥技术并不落后于其他国家，符合中国人的消费需求。

（3）毗邻中国，有广阔的中国市场，区位优势明显。宝音都仍等 2015 年在《蒙古国山羊绒、羊毛生产及中蒙贸易》一文中指出，蒙古国在草原畜牧业生产中有自己的优势，主要包括天然草地资源和游牧生产条件，具有优质、绿色的初级畜产品。中国市场的消费和市场需求巨大，特别是对优质畜产品。中国的畜产品加工业，需要进口大量的优质原料，每年对初级畜产品市场需求较大。

（4）价格优势。由于蒙古国肉类产品价格均比中国低，因此，具有向中国出口的价格优势，具备蒙古国肉类产品对中国出口的条件。

3. 蒙古国农牧业发展的劣势

（1）种植业技术人才较少，技术水平也较低，并且种植业基础设施较落后。蒙古国没有农机生产制造企业，机械设备基本依赖进口。

（2）缺乏规模化、集约化养殖和育肥技术。蒙古国畜牧业中，牛的胴体重平均为 122.0 千克，明显低于美国的 371.1 千克和巴西的 240.8 千克，山羊的胴体重为 13.6 千克，远低于澳大利亚的 25.0 千克，缺乏规模化、集约化养殖和育肥技术。

（3）加工方式较为落后，产能不足。畜产品加工多以传统方式为主，现有屠宰能力较难满足出口需求，加工质量也不符合国际标准，直接导致屠宰量增长速度远远低于牲畜存栏量增长速度，难以充分发挥畜产品的生产潜力，阻碍畜产品生产规模的进一步扩大。

（4）缺乏全国和地区性的动物疾病防控体系，预防和治疗动物疾病的药品缺乏。符合国际防疫、卫生、营养标准的畜产品生产以及现代化、规模化、产业化发展滞后。

（5）基础设施薄弱，抵御自然灾害能力较差。蒙古国畜牧业难以抵御自然灾害，死于暴风雪、沙尘暴的牲畜数量众多。畜牧业生产受气候条件的限制程度较大，不稳定。

（6）受交通运输条件限制，农牧产品运输成本大。蒙古国交通基础设施条件较差，绝大多数地方仍是沙土路，牧区路况更差，甚至有的牧区还没有通公路。

4. 中国农牧业与蒙古国的比较优势

（1）农牧业领域具有较高的生产技术和成熟的生产经验。

（2）农业、畜牧业发展水平高，科技含量高。

（3）在农牧业产品深加工领域具有技术优势和生产设备优势。

（4）人口基数大，农牧业产品需求旺盛，人均购买力强。

（5）中国作为蒙古国最大的贸易伙伴和投资国，能够享受在畜牧业加工和半加工等项目上的优惠政策。

5. 中蒙农牧业合作前景

中国与蒙古国在畜牧业方面合作蕴藏巨大的商机。比如，农产品，近年来中国一直是蒙古国农产品进口的主要来源地，蒙古国每年从中国进口大量谷物、肉类、蔬菜及水果等。在“一带一路”及中国与联合国粮食农业组织开展“南南合作”项目的背景下，中国和蒙古国正积极开展两国的农牧业合作。但目前在农牧业合作的广度和深度都还不够，仍然以畜牧业产品进出口贸易为主，还没有形成全方位的合作。在近几年国际矿产资源不景气的背景下，蒙古国提出发展面向中国这一大市场的相关产业，如羊绒、乳业以及牛羊肉加工业等。

蒙古国肉类产品生产加工企业纷纷把目光瞄准中国市场。中国国家质量监督检验检疫总局检验检疫局已核准蒙古国 5 家肉类企业向中国出口肉类许可。蒙古国现在鼓励和规划扩大发展肉类产业和产品出口。

2018 年，内蒙古自治区科技厅在科技计划项目中立项支持了“中蒙矿产资源综合利用检测联合实验室”“中蒙医药转化医学联合研究中心”“中俄蒙科技合作服务平台建设”3 个项目，财政拨款 550 万元。由内蒙古农牧业科学院等中方单位与蒙古国草业协会共同承担的中蒙国际科技合作专门项目“蒙古高原绒山羊高效生态养殖技术模式研究与应用”，创建了适合蒙古国高原彩色绒山羊高效生态养殖模式，改变了蒙古国传统的自由放牧方式，在有效提高绒山羊繁育水平和提升羊绒产量质量的同时，还保护了草原生态，促进了蒙古国畜牧业的可持续发展。在科技合作项目的支持引导下，中蒙两国科技合作日趋紧密，科技成果转移转化步伐明显加快。2017 年，中蒙两国政府签署了《蒙古国“发展之路”计划与中国“一带一路”倡议对接》谅解备忘录，中蒙全面战略伙伴关系的发展迎来了新的机遇，推进了双边科技合作不断深化，两国务实合作水平不断提升。

6. 中蒙农牧业重点合作领域

（1）“绿色”产品的基地建设。

（2）农牧产品深加工技术和设备方面的合作。

（3）农牧业基础设施建设方面的合作，譬如节水灌溉技术、温室大棚及温室圈舍等。

（4）畜牧业现代化和高新技术、高产育种业。

（5）中国种子栽培技术、有机肥料技术出口等。

7. 中蒙农牧业合作可能面临的挑战

（1）蒙古国经济欠发达，政策的稳定性和连续性较差，相关的专业人才缺乏，信任度低。

（2）蒙古国畜牧业产品受气候影响大，产量不稳定，同时由于动物疾病预防能力较差，牲畜疫情频发，影响出口。

（3）蒙古国劳动力缺乏，多数地区尤其牧区基础设施水平薄弱，需要大量的前期配套投入。

（4）蒙古国一般性外贸政策法规较多，支持性外贸政策措施尚显不足，出口产品检验检疫措施不够具体和完善，产业政策与措施涉及范围较广。

（5）蒙古国的肉类产品的运输工具仅限于陆路汽运，冷藏、冷冻集装箱及车皮等几乎没有。

二、蒙古国能源、矿业产业现状及投资前景

能源是能被人类加以利用可获得有用能量的各种物质。能源合作一直是中蒙两国战略协作伙伴关系的主体内容。中国能源和矿产资源总量居世界第三，但人均能矿资源占有量仅为世界平均水平的58%，人均石油储量仅为世界平均水平的11%，天然气仅为4.5%。目前，石油、天然气的对外依存度分别高达56%和32%。

从蒙古国的情况来看，丰富的资源条件决定了能源产业和矿业在其国民经济中的重要地位。蒙古国矿产资源总量仅次于俄罗斯、美国和中国，列世界第四位，矿业占到蒙古国国内生产总值的23%。由于中蒙两国资源条件的互补性，加上近年来，蒙古国提出“矿业兴国”战略，矿业部门是蒙古国主要出口创汇部门和蒙古国国民经济的产业支柱，能源产业和矿业也是中蒙贸易合作中的重要内容。中国对蒙古国投资的大部分为能源资源和矿产勘探开采行业，矿业投资占中国在蒙古国总投资的51%。目前，蒙古国在31个场地进行矿业勘探，16个场地进行矿业开采，其中中蒙合作的场地有3个。

（一）蒙古国能源、矿业产业现状

蒙古国拥有丰富的矿产资源，中国是其主要的矿产品消费国之一。中蒙经济走廊是“一带一路”的重要组成部分，“一带一路”倡议的实施为两国加强矿业合作提供了新的机遇。

蒙古国矿产资源丰富。其重要固体矿产资源的储量和开发潜力在“一带一路”沿线65个国家（包括中国）中位列第七。蒙古国铜、金、钼的储量处世界领先地位，已发现的典型基本矿床（点）超过1400处。其中金矿1044处，铜矿173处，铅矿87处，锌矿50处。其中，铜矿资源储量达7500万吨，为“一带一路”沿线国家和地区之最，位列世界第四，占全球总储量的10.42%；钼矿资源16万吨，位列世界第八，占全球总储量的1.45%；铬矿资源23亿吨，位列世界第一，占全球总储量的47.92%；重晶石8500万吨，位列世界第二，占全球总储量的22.73%；铼190吨，

位列世界第四，占全球总储量的 7.60%。

蒙古国典型能源、矿产主要有以下 10 多种。

（1）铜矿：奥尤陶勒盖（Oyu Tolgoi）铜矿，初步探明铜储量 3000 多万吨，预计到 2020 年将占到蒙古国经济的 1/3。蒙古国政府持有奥尤陶勒盖铜矿 34% 的股权，力拓旗下的 Turquoise Hill 拥有其余股权。

（2）煤炭：总储量达 1800 亿吨，已勘探储备量 243 亿吨，目前可开采量 220 亿吨，煤种主要有炼焦煤、无烟煤、褐煤、气煤等。其中最大的未开采矿位于南戈壁省的塔旺套勒盖煤田，15 亿吨为炼焦煤，35 亿吨为蒸气锅炉用煤，发热值为 5000 ~ 5500Cal/kg；沙林南丁格尔煤矿无烟煤储量巨大；巴加诺尔矿含有丰富的炼焦煤，设计年产量 600 万余吨；新乌斯煤矿含有大量气煤，设计年产原煤 200 万吨；塔班陶勒盖煤田煤矿预计动力煤产量 3.5 亿吨。

（3）铜金矿：奥尤陶勒盖矿，是亚洲最大的铜金伴生矿，铜储量 358 万吨，金储量 1275 吨。

（4）金矿：总储量约为 3100 吨，分布在 300 多处金矿产地。除奥云陶勒盖铜金矿外，主要矿山有塔福德金矿（贮量约为 50 ~ 100 吨）、保罗脉金矿（贮量约 10 吨）、布木巴特岩金矿（贮量约 17 吨）、图森金矿（贮量约 13 吨）。目前年产 20 吨，黄金产量的 90% 用于出口，大多数出口至中国。

（5）铜钼矿：额尔登特铜钼矿，2015 年完成扩建，由俄蒙两国控股，年产铜钼矿石 3200 万吨，铜精矿 53 万吨和钼精矿 4500 吨，主要出口至中国。

（6）萤石总贮量约为 5100 万吨，位居世界第五，占全球总量的 3.3%，主要萤石矿有蒙俄合资的宝日温都尔矿（贮量约 1700 万吨）、别尔和矿区（贮量 200 万吨）、哈日艾拉格矿区（贮量 700 万吨）和奥尔根矿区。

（7）铁矿：蒙古国铁矿储备丰富且铁矿提炼精度高。主要位于库苏古尔省的 Bayan Gol，中戈壁省的 Bayasgalant，尧勒色楞格省的 Yoroo 和 Tumurtei，加上其他矿区，合计贮量 7.3 亿吨。

（8）其他固体矿产资源：锌矿主要位于苏赫巴托省的 Tumurtei ovoo，目前年产 28 万吨；铅矿位于肯特省的 Jargalthaan，南戈壁省的 Bordzongiyn Govi，目前年产 19.4 万吨；银矿位于巴彦乌列盖省的 Asgat，储量 2.2 万吨；钨矿位于托夫省和苏赫巴托尔省的 Buren，Sog，Chonogol，Ihhayrhan，Salaa 和 Hanhohiy，储量 7 万吨；磷矿主要分布在库苏古尔省 Urandosh，储量 24 亿吨；铀矿位于东方省的 Mardai，Dornod 和 Gurvanbulag，储量 6 万吨；锡矿主要位于南戈壁省的 Nomgon，苏赫巴托省的 Yeguuzer，储量 1 万吨；沸石，480 万吨；矿物色彩，130 万吨；建筑石材，8590 万立方米；氟化物，1440 万吨。

（9）石油：蒙古国石油储量丰富，油质好，初步探明储量为 80 亿桶，主要分布在位于东戈壁省的 Zuunbayan 和 Tsagaan Els，以及东方省的 Tamsag Bulag。

（10）其他能源

风能，总开发潜力 1100 吉瓦，主要分布在蒙古国南部和东部。蒙古国 71% 的领土可以开发风力资源，10% 国土面积风能资源等级达到优良级别以上，超过 40% 的国土面积风能资源达到中级至良好级别；太阳能，资源量约 5 太瓦，发电潜力位列世界第三。

（二）蒙古国能源、矿产产业的优势

（1）蒙古国能源、矿产资源极其丰富，在世界上排名前 20。能源、矿业产业是蒙古国国民经济的支柱。

（2）矿产资源埋藏条件好，易于开采，且品质优良，受中国市场的欢迎。

（3）蒙古国人口密度很小，人均资源占有率高。

（4）中国“一带一路”倡议与蒙古国“草原之路”计划对接，双方各取所长，优势互补。

（5）大量的能源和矿产地紧邻中蒙两国边境。

（三）蒙古国能源、矿产产业的劣势

（1）蒙古国矿业领域对外开放程度高，但矿业开发程度较低，冶炼加工产业短缺。传统开发的有色金属主要为铜和金，年产金矿石 20 吨，铜矿石 130 万吨，锌矿石 7 万吨。受基础设施和水资源不足的制约，冶炼加工产业几乎空白。2015 年精炼铜的产量仅为 1.5 万吨。

（2）矿业投资环境包括政治、经济、法律法规、基础设施、环境保护等多个方面，是影响矿业投资的重要因素之一。矿业投资环境的调查结果显示，蒙古国的排名在全球排名第 80 位之外。

（3）近年来，受国际矿产品价格大幅下跌影响，矿业市场不景气。

（4）基础设施不完善。

（5）投资环境差，中蒙两国缺乏民间互信。

（6）生态环境脆弱，水资源短缺，资源民族主义盛行。

（7）蒙古国矿产资源政策不稳定。蒙古国处于社会转型的阶段，国内的环境不容乐观。

（四）中国与蒙古国的比较优势

（1）中国的资金和技术优势。

（2）先进的技术装备、管理和企业经营理念。

（3）完整的产业链。

（4）中国有成熟的探矿、采矿和能源矿业产品加工和深加工产业大军。

（5）巨大的能源和矿产资源产品消耗力和购买力等。

（五）合作前景

近几年，中蒙关系有了突飞猛进的发展，达到前所未有的新高度，双方贸易额有望在 2020 年突破 100 亿美元，创历史新高。中国希望同蒙古国继续依据矿产资源开发、基础设施建设、金融合作“三位一体、统筹推进”的重要共识，落实具体工作，推动两国经贸大项目合作取得实质进展。

中蒙之间能源合作最大的优势就是资源互补。随着中国经济发展水平的提高，中国每年消费能源量远远大于本国能源产量，能源进口是必然的选择，而中蒙两国山水相连，特殊的地缘优势与人文优势是双方合作的有利条件。蒙古国拥有丰富的能源与矿产资源，而且一直鼓励能源兴国。

2016 年，蒙古国发生经济危机，GDP 增速仅为 0.1%，面临债务违约的风险。让蒙古国意识到应积极与中国发展能源与矿产合作。

案例1　神华集团再续神话，与蒙企合作开发世界第一大煤矿

2014年神华集团与蒙古国方面签署了一条跨境铁路的建设协议。中蒙两国共同修建跨境铁路，路线起始于中国甘其毛都，终止到蒙古国的嘎舒苏海图，因为全世界最大的未开采塔本陶勒盖煤矿就在那里。铁路修建的同时，中蒙两国组成一个大型煤炭合资企业，该企业由四家公司组成，分别为中国神华、蒙古国额尔德斯—塔本陶勒盖公司（ETT公司）、能源资源有限责任公司（ER公司）以及塔本陶勒盖公司（TT公司）。铁路全长18千米，直接与中国的铁路网连接。该项协议成为中蒙两国煤炭企业联合开发的新起点，具有里程碑意义。

目前，蒙古国一共有16家石油开采公司，其中与中国合作的公司有6家，中国已经成为蒙古国石油行业当中最重要的合作方。其中，中国石油公司独占鳌头，截至2014年该公司在蒙古国石油公司投资已经达到17亿元，计划在2010年到2019年期间开采石油93.3万桶。2015年末，中国最大的民营资本——森田能源集团，取得蒙古国的天然气开采许可证，这是中国企业第一次获取蒙古国的天然气开采许可证，具有重要历史意义。

能源是中蒙两国未来的发展战略重点之一，中蒙两国均强调加强两国之间的能源合作，取长补短，互利共赢。在两国高层的共同设计下，中蒙两国的能源合作会越来越多，合作的广度和深度也会不断增加。

（六）重点合作领域

（1）矿产资源的勘测与开发。

（2）冶炼和深加工。蒙古国受水资源限制，矿产资源冶炼和深加工几乎一片空白，发展潜力巨大。

（3）基础设施建设。目前，铁路专线列车在中蒙交界处需要换轨，且中蒙之间的铁路联系过少，途经二连浩特的铁路已不堪重负；蒙古国公路基础设施不完善，因此在基础设施建设方面，双方还有很大的合作空间。

（4）新能源。蒙古国风能、太阳能资源丰富，而中国的电力需求市场很大。作为绿色能源，风能和太阳能是未来能源发展的主要方向，新能源合作的发展，对于促进两国经济发展和生态环境保护都具有重要的意义。

（七）挑战

（1）蒙古国的“第三邻国”战略，尤其是美国和日本对于中蒙合作的挑战极大。美国积极与蒙古国进行合作，甚至包括军事领域的合作；日本资源极度匮乏，需要蒙古国丰富的资源。另外，日本一直对蒙古国进行经济援助。这些都在一定程度上遏制了中国与蒙古国合作的深入开展。

（2）中国企业无序竞争及对环境保护不够重视。中国的一些企业尤其是小型企业在蒙古国矿业领域搞恶性竞争，缺乏合作精神；还有一些企业只考虑当前利益，不注重生态环境的保护，最后导致中国企业集体失去更好的发展机会。

第二节　俄罗斯产业发展现状及投资前景

一、农、林、牧、渔业产业现状及投资前景

（一）农、林、牧、渔业产业现状

1. 俄罗斯农业现状

俄罗斯农业用地面积近406.44万平方千米，占全世界耕地总面积的10%左右，

居世界第一，人均耕地面积仅次于印度，居世界第二位，并拥有适合农业耕种的世界最大的黑土带，黑土层厚度为 30 ～ 100 厘米。远东地区总面积为 621.59 万平方千米，占国土总面积的 36.4%，人口 600 多万，占总人口的 4.9%，可谓地广人稀，大量资源处于待开发状态。此外，与农业生产密切相关的淡水资源极为丰富，江河、湖泊纵横，完全能够满足农业需求。

由于东西部经济发展不平衡，再加上自然气候条件恶劣等因素，大批居民从远东及西伯利亚地区向西流动，俄东部地区移民增长率及人口自然增长率不断下滑，这导致该地区农业劳动力缺乏，农村劳动力短缺已经成为制约其农业发展的一个重要因素。由于从事农业的劳动力数量有限，每个农业劳动力占耕地 15.7 公顷，且农业机械化水平较低，再加上生产资料严重不足，近十年来约 1400 万公顷耕地撂荒。以西伯利亚地区为例，自 2008 年以来，农业耕地一度减少 530 万公顷，熟地减少 460 万公顷，农作物种植面积减少 25%，农业生产破坏严重。

在农业人口外流、大量耕地废弃且形势日益严重的情况下，俄罗斯从国家安全角度出发，提出必须重视农产品生产，进而欢迎外资进入其农业产业，以期实现境内生产的农产品能够长久满足本国市场需要。随着国家政策的支持，俄罗斯农业发展好转，2006—2011 年俄罗斯农业产值年均增长 2.68%。目前已成为世界第三大小麦出口国。

俄罗斯尤其是俄罗斯远东地区，地广人稀，土地肥沃，适合谷物、豆类等多种农作物生长。但由于农业人口缺乏，农业基础设施薄弱及生产技术水平落后，其农作物单位面积产量较中国存在较大差距。

2. 俄罗斯畜牧业现状

畜牧业是俄罗斯农业的两大重要部门之一。俄罗斯有 7260 万公顷草地牧场。畜牧业在俄罗斯主要为养牛、养羊、养猪业和生产肉、奶、蛋等畜产品的行业。目前形成的三大畜牧业产业带分别是北部养鹿业放牧业地带，位于北部的苔原带与森林带，其面积几乎占全俄的 1/2。在北半部的极地荒漠地带以养鹿业为主，东北部的雅库特地区则以养马业为主；中部养牛业和养猪业地带，位于俄罗斯南半部，包括森林带的南半部和森林草原带和草原带，面积几乎占全俄的2/5；南部养羊业地带，位于俄罗斯南部半荒漠地区，包括伏尔加河下游和里海低地，以放养半细毛羊和细毛羊为主。俄罗斯具有发展畜牧业的良好条件，具有广阔的牧场、草场以及历史悠久的草原文化传统。俄罗斯的畜牧业以饲养牛、羊、猪为主，还饲养家禽等。

俄罗斯联邦对工业较为重视，导致农业成了国民经济的一个薄弱环节，而畜牧业又是这个薄弱环节中更为薄弱的一环。上述情况，不仅对国民经济发展不利，而且直接影响人民的生活水平，引起广大群众的不满，对国家和社会的稳定更为不利。尽管国家为了满足居民的需要，花数亿美元从国外进口肉食品。但是，这种做法不仅花费不菲，而且远远满足不了国内需求。

3. 俄罗斯林业现状

俄罗斯是世界上森林面积最大的国家，其森林资源占世界森林资源总量的22.0%，森林覆盖率达50.4%，蓄积量为891.36亿立方米，占世界总蓄积量的23.1%。《2030年俄罗斯林业发展前景预测》研究报告显示，到2030年俄罗斯的森林面积将达8.85亿公顷，比2010年的8.82亿公顷增加0.3%，平均每年将增加15万公顷森林面积。根据研究报告估计，如果每年投向俄罗斯林业部门的资金增加4倍，即从目前的20亿美元增加到100亿美元，那么，到2030年，俄罗斯的圆木产量将超过3亿立方米。同时，俄罗斯的制浆和造纸产量将增加到每年255万吨。

俄罗斯丰富的森林资源主要分布在西伯利亚地区、西北和远东各联邦区，其中远东和西伯利亚地区的森林储量占俄罗斯森林总储量的60%左右。俄罗斯远东地区的面积大约为6.2亿公顷，拥有五大森林经济区：哈巴罗夫斯克边疆区森林经济区、滨海边疆区森林经济区、阿穆尔州森林经济区、萨哈林州森林经济区和东北森林经济（即堪察加州、马加丹州和萨哈共和国）。总的森林覆盖面积为3亿公顷，森林覆盖率高达40.7%。森林蓄积量约210亿立方米，其中处于采伐期的森林或老龄林约54亿立方米，年允许采伐量9440万立方米。

从当前的俄罗斯森林资源实际情况看，虽然森林覆盖率及木材的储量丰富，但成熟林和过熟林蓄积量过多，如果不及时采伐、抚育和更新，会造成林地资源和林木的极大浪费。俄罗斯林产品可以满足以下方面的需求：建筑、木材加工、林产化工、纸浆造纸、矿山工业、纸与纸板生产、家具和其他民用必需品生产、国内锯材交易、出口等。长期以来，俄罗斯大多数以原料型木质林产品进行出口，但受关税等问题的影响，俄罗斯的木材出口波动较大。

案例2　俄罗斯木材出口关税多变

从20世纪90年代开始，俄罗斯的木材出口产业就一直保持着快速迅猛的发展势头。但在2007年，俄罗斯出台了一系列政策提高其木材出口关税，比如原木出口关税从以前的10欧元/立方米提高到50欧元/立方米以上。以针叶树、阔叶树、杨树和部分锯材品的出口关税为例，日本从俄罗斯进口的主要针叶树原木出口税率从2007年2月以前的6.5%上调至2007年7月的20%，又上调至2008年4月的25%，后又计划上调至80%，因受金融危机影响，一直未能实现，但总体而言，俄罗斯对木材产品出口的限制越来越严。虽然俄罗斯政府出台此项政策是为了促进其木材深加工化和高附加值的产业发展，鼓励俄罗斯本国企业在俄境内进行木材深加工并出口成品或半成品木制商品，但这一政策却导致了一直依靠俄罗斯进口木材而满足本国需要的中国、日本和芬兰等一些国家的不满，由此也导致了这些国家减少了对俄的原木进口数量，转而从其他国家进口原木以替代从俄罗斯进口木材，以减少对本国的影响。

4. 俄罗斯渔业产业现状

俄罗斯位于欧亚大陆北部，地跨欧亚两大洲，是世界上面积最大的国家，也是世界上海洋面积最大的国家，濒临 14 个海，海岸线漫长，渔业资源非常丰富。苏联解体后，俄罗斯渔业面临渔船老化、渔业设备落后、管理混乱等诸多问题。拥有辽阔海域的俄罗斯，渔业走向衰退，以至于每年需要大量进口海产品。2000 年以后，渔业重新受到俄罗斯政府重视。2007 年，俄罗斯成立“国家渔业委员会”。2012 年俄罗斯政府将渔业正式并入农业部。

俄罗斯海洋渔业资源主要集中在远东地区和俄罗斯西部的欧洲海区。其中远东地区具有适合渔业发展的得天独厚的自然条件，四大温水海区中的白令海、鄂霍次克海、日本海都位于远东海域，渔业资源以鲑鱼、鳕鱼、比目鱼和藻类为主；俄罗斯远东地区内陆水域渔业资源主要集中在阿穆尔河、乌苏里江、勒拿河、堪察加河及兴凯湖、博隆湖和古比雪夫卡水库。其中，阿穆尔河是中俄两国的界河，渔业资源量是俄罗斯河流之最。据统计，阿穆尔河鱼类有100多种，其中20种为特有品种。主要的经济鱼类是鲑鱼（大马哈鱼、细鳞大马哈鱼和卡达白鲑）、鲫鱼、鲤鱼、白鲢、阿穆尔鲇鱼、狗鱼、白阿穆尔鱼和黑阿穆尔鱼；乌苏里江也是中俄两国的界河，该河水产品种类亦非常丰富，浮游植物有硅藻、绿藻、蓝藻、甲藻等，主要鱼类为鲑鱼（大马哈鱼和细鳞大马哈鱼），其他经济鱼类还包括鲫鱼、鲤鱼、鲟鱼、鳇鱼、狗鱼、哲罗鱼、茴鱼、鲇鱼、鮊鱼、江鳕、鳊鱼和鳜鱼等；勒拿河是俄罗斯的主要河流之一，该河浮游生物稀少，鱼类约有39种，主要集中在水温较高的河口地区，捕捞对象包括穆松白鲑、大北鲑、秋白鲑、哲罗鱼、江鳕等；堪察加流域是太平洋海域鲑鱼的产卵地，捕捞对象以鲑鱼为主；兴凯湖是中俄两国界湖，该湖鱼类约有70个品种，经济鱼类超过20种，主要包括鲢鱼（白鲢鱼和斑鲢鱼）、梭鲈鱼、乌鱼、鲤鱼、阿穆尔鲇鱼、狗鱼、鳇鱼、阿穆尔鲟鱼、哲罗鱼、鮊鱼和虾类；博隆湖，属营养化湖泊，约有50种鱼类。

2014年俄罗斯渔业产量422.5万吨，其中，远东地区的渔业产量占全国总产量的70%左右。远东地区的渔业资源主要集中在太平洋沿岸的东部海域，该地区海洋渔业也是俄罗斯渔业经济发展的重心。

俄罗斯的主要海洋捕捞品种有狭鳕、太平洋鲱鱼、鲑鳟鱼、鲆鲽鱼、大头鳕等。2013年世界狭鳕的产量共计324万吨，其中俄罗斯的产量156万吨（占48%）。据俄罗斯政府公布的数据，2017年狭鳕TAC增至195万吨。俄罗斯对本国渔业产量设定了长远目标，到2020年，俄罗斯国内的渔业产量由2013年的388万吨增加到525.5万吨。

2007年，俄罗斯成立了“国家渔业委员会”，制定和出台了一系列促进俄罗斯渔业发展的新渔业法规，包括：提高管理效率、调整渔业税收政策、增加政府对渔业的财政支持、加强渔业基础设施建设、兴建水产品加工厂、提高国内水产品自给率等。目前，俄罗斯渔业产业正逐渐复兴。

（二）俄罗斯农、林、牧、渔业发展的优势

1. 农业发展优势

（1）耕地面积广阔，土壤肥沃。俄罗斯农业资源丰富，国土总面积为 1709.82 万平方千米，农业用地占国土面积的 13%，并且拥有世界上面积最大的黑土带。

（2）农产品产量居世界前列。2000 年以来，农业成为俄罗斯发展政策的优先方向。政府加大了对农业扶持力度，农业发展状态转好。

2. 畜牧业发展优势

（1）俄罗斯联邦幅员辽阔，地跨寒带、亚寒带和温带 3 个大陆性气候特征带。全年平均降水量 550 毫米，除寒带和亚寒带外，广大的温带地区，雨水丰沛，气候温和，地势平坦，牧草茂盛，适合于发展畜牧业。

（2）2012 年 7 月，俄罗斯政府提出《2013—2020 年国家农业发展计划》。相比 2008—2012 年目标，新的国家计划对农业的联邦预算开支将增加 9.2% 至 1589 亿卢布，预计预算每年逐步增加。新计划规定到 2020 年，国内生产利用总量要达到指示性目标，其中，肉类 99.3%，牛奶及奶制品 90.2%。同时，地方政府更加重视发展肉牛养殖和乳品生产。2013—2020 年，约 33.1% 的预算份额将分配给畜牧业（肉类产量增加 4.3%），其中，包括 837 亿卢布专项支持小型家庭农场，占总数的 5.5%。

3. 林业发展优势

（1）森林资源丰富，林木种类多样，萨哈林州北部地区有大量的落叶松林，中部和西海岸地区分布着大量的云杉林，南部地区则生长着大片的混合林。

（2）俄罗斯与中国东北有着漫长的国境线，具有得天独厚的地缘优势。

4. 渔业发展优势

（1）俄罗斯政府对渔政管理进行了改革，将渔业管理职能划归到一个独立部门。2008 年 5 月 12 日第 724 号俄罗斯总统令将原来的国家渔业委员会更名为俄罗斯联邦渔业署，作为俄罗斯的渔业行政管理主体，下设联邦渔业署的地区管理机构，并确定了俄罗斯联邦渔业署管理条例。2012 年 7 月 27 日俄联邦政府第 772 号文件完善了俄联邦渔业署管理条例。

（2）在 2005 年至 2012 年期间俄罗斯政府部门制定并颁布了一系列渔业法律法规。法律法规涵盖内容广泛且细致，包括对捕鱼区限制、对水生生物资源的保护与监测、完善远东等各水域的捕捞和渔民管理等。2008 年出台的渔业新法规将大部分的渔业管理权限收归到中央权力机关，将分配给国内渔业企业的捕捞配额期限从 5 年延长至 10 年。这种新的配额机制保证了渔业资源的合理利用，减少了渔政管理中的腐败现象，促进了渔业生产。仅在 2011 年和 2012 年，俄罗斯联邦渔业署颁布的渔业管理条例就多达 80 余个。

（3）俄罗斯海洋捕捞资源丰富，海产品种类多、产量大，约占全球产量的 4.5%，产量的 40% 可用于出口。

（4）俄罗斯远东地区藻类产量不断增长，水产品加工产量不断增加。

（5）俄罗斯的海水养殖业具有较大的发展潜力，远东地区兴建了水产养殖场和育苗厂，亚速海和黑海沿线规划了 173 块水域作为未来的水产养殖场。

（6）俄罗斯在远东地区的符拉迪沃斯托克自由贸易区内建立了具备冷冻、冷藏设备的贸易物流中心。

（7）至 2020 年，沙丁鱼和鲐鱼的资源量会持续增长，这两种鱼将成为俄罗斯海洋捕捞的主要对象。

（三）俄罗斯农、林、牧、渔业发展的劣势

1. 农业发展的劣势

（1）俄罗斯自然灾害频发，俄罗斯领土 70% 的地区被认为是有风险的农业地区。俄罗斯昼夜温差大，农作物生长期短。气候条件不利于农作物的生长。

（2）俄罗斯在农业科研投入等方面仍存在明显不足。农业投资比例在固定资本投资中的份额极小且占比逐年减少。

（3）俄罗斯农村地区的农业基础设施较差，如道路、仓库、水利设施等都不能及时得到建设或修复。

（4）俄罗斯农村劳动力严重不足且逐年下降。农村劳动力短缺在远东地区尤为严重。

（5）外国投资开发俄罗斯农业用地的数额较少，仅占外国投资总额的0.4%左右。

2. 畜牧业发展的劣势

（1）由于俄罗斯政治体制，俄联邦政府出台的规划往往在各个地区难以有效实施。大多数情况下，许多政策在具体实施后都会大打折扣。

（2）相比于美国、中国等世界主要农业大国的资金投入，俄罗斯农业资金投入远远不够。

（3）苏联解体后，俄罗斯联邦的畜产品产量处于全面下降的状况。而且，下降的幅度很大，对畜牧业生产破坏极大，至今未恢复到苏联时代的水平。

3. 林业产业发展劣势

（1）俄罗斯林业产业建设、劳动力、资本、技术、信息、组织和制度等都有所欠缺。

（2）俄罗斯远东及西伯利亚地区的林业采伐工艺较为落后，森林的抚育、更新和间伐等森林管理滞后。

（3）劳动力严重不足，俄罗斯的远东及西伯利亚地区人口更加稀少，林业劳动力供给的质量也不高，“老龄化”现象严重，劳动力短缺。

（4）俄罗斯出口创汇的主要林产品是原木和锯材，缺少高附加值的林木产品。

（5）木材的深加工技术、设备的落后；数量也严重不足，导致俄罗斯半成品木材价格竞争优势不断下降，国际市场竞争力严重不足。

（6）缺乏足够的资金支持技术改造及设备更新。

4. 渔业发展的劣势

（1）法律不健全，非法捕捞现象严重。

（2）捕捞强度增加，给俄罗斯的传统渔业资源造成了极大压力，如俄罗斯远东地区的鲑鳟鱼资源量已经开始呈逐年减少的趋势。

（3）技术、设备落后。由于渔业基础设施建设落后、水产品加工能力不足等，俄罗斯每年的水产品进口总额高达几十亿美元。而俄罗斯海洋渔业公司为了追求高额利润，选择将渔获物卖给国外的加工厂，进一步阻碍了俄罗斯水产加工业的发展，致使国内不少水产品加工厂因缺乏原料鱼而歇业。

（4）水产品捕捞加工业无法吸引国内投资。渔业基础设施差，导致外商投资兴趣索然。

（5）水产加工品种少，加工程序简单，产品附加值不高。以远东地区马加丹州的水产加工制品为例，冷冻鱼的产量最高，为总产量的87%。

（6）俄罗斯水产品质量保证体系的推广速度较慢，导致很多水产品没有质量证明。

（四）中国与俄罗斯的比较优势

1. 农业产业优势

（1）政策优势。中国鼓励农业企业“走出去”，为企业外向型发展创造了良好的机遇。

（2）中国农业科技水平、农业增加值高，现已居世界第1位。

（3）蔬菜、水果、园艺等劳动密集型产品产量大，出口量大。蔬菜、水果等具有品种齐全、营养丰富、运输便利、价格低廉的优势。

2. 畜牧业产业优势

（1）规模化、标准化程度高。中国生猪、肉牛、肉羊、奶牛、肉鸡和蛋鸡的规模化程度分别达到44.4%、17.6%、18.9%、49.9%、65.4%和40.2%。

（2）生产效率高。中国每头能繁母猪每年提供的商品猪达16头；全群奶牛单产达2527.33千克/头·年（泌乳牛单产平均达6000千克/头·年）；蛋鸡产蛋量8.9千克/只·年。

（3）具有一批在国内甚至国际有影响力的品牌和企业，如伊利、蒙牛、三元、双汇、新希望、科尔沁等，这些企业资金、技术、管理经验及产业经验丰富。

3. 林业产业优势

（1）中国拥有成熟的木材加工产业链条和经验丰富的林业工人，坚实的林业技术基础，已经形成一支装备精良、训练有素的木材采运、加工工人队伍。

（2）先进的技术和设备，完整的林业工业体系和产业链。

（3）中国是巨大的木材及木制品消费市场，需求多样化。

4. 渔业产业优势

（1）具有丰富的劳动力资源和广阔的水产消费市场。

（2）具有较为先进的捕捞渔船、水产养殖和加工设备。

（3）具有成熟的水产加工业和水产养殖技术。

（4）具有强大的基础设施建设能力。

（5）具有优良的港口条件，巨大的大宗货物吞吐能力等。

（五）合作前景

1. 农业合作前景

俄罗斯自实施东方政策以来，加快了融入亚太地区的步伐。中国是俄罗斯在这一地区的主要战略伙伴。

俄罗斯加速发展远东的计划中，把农业作为优先领域予以支持，由此，俄罗斯政府在远东地区建立了 3 个农业方面的超前发展区“米哈伊洛夫斯基”“别洛戈尔斯克”和“尤日诺耶”，并对涉农的基础设施项目给予支持。同时还出台了“远东一公顷土地”赠予的计划，俄罗斯公民可以申请在远东地区拥有一公顷土地用于经营。超前发展区于 2015 年启动，一些大型的农业企业迅速随之而来。在别洛戈尔斯克超前发展区，将建设阿穆尔榨油厂、别尔格尔斯克面包厂、农业技术工艺饲料厂，以及阿穆尔农业中心的大豆深加工工厂。梅尔西萨哈林农业准备在尤日诺耶超前发展区投资兴建生猪养殖场。格林萨哈林农业将在此生产饲料，建设整条牛奶生产线，以及生产牛肉和牛肉半制成品。河岸农场与格林萨哈林农业将投资两个禽畜养殖场，温室农场将在此建设温室大棚。

与此同时，中国已成为世界上最大的粮食进口国。2017 年中国的小麦进口量是 760 万吨，玉米进口量为 720 万吨，进口大豆量占世界大豆出口量的一半。2018 年，中国自俄罗斯进口 32.1 亿美元农业品，同比增长了 51.3%。2019 年 1 月至 5 月，中俄农产品贸易达到 21.8 亿美元，同比增长 1.9%，其中，中国自俄罗斯进口 14.5 亿美元，同比增长 14.2%。中国已经成为俄罗斯农产品出口的主要目的地。双方农产品贸易还在继续扩大。2019 年 7 月 25 日，中国海关总署连发两条公告，允许从俄罗斯全境进口大豆，并且增加俄罗斯库尔干州的小麦对华出口。

2015 年底，俄联邦兽医与植物卫生监督局和中国质检总局，签署了关于俄罗斯小麦、玉米、水稻、大豆和油菜籽输华植物检疫要求议定书。中国对俄联邦产自阿尔泰边疆区、克拉斯诺亚尔斯克边疆区、新西伯利亚州和鄂木斯克州的用于加工的春小麦，取消了限制，同时放开了对来自哈巴罗夫斯克边疆区、滨海边疆区、外贝加尔边疆区、阿穆尔州和犹太自治州的加工用玉米、大米、大豆和菜籽的限制。2016 年，俄罗斯在远东设立了俄中农业开发基金，创始资本 100 亿美元。中国投资者出资 90%，俄罗斯方面出资 10%。俄方（俄罗斯远东开发基金）在基金管理公司中持股 51%。俄中农业开发基金对使用现代农业技术，并保证合理使用农业土地的项目，进行联合融资。

截至 2017 年，中国对俄境内农业开发已扩展到阿穆尔州、滨海边疆区、犹太自治州、哈巴罗夫斯克边疆区、克拉斯诺亚尔斯克边疆区、萨哈林州等 10 余个州区，形成了从以大豆、玉米等粮食和蔬菜种植为主，逐步向大豆、玉米、水稻、小麦等粮食加工，仓储，烘干，物流，粮食返销，以及生猪、肉牛养殖等扩展的综合性开发体系。到 2017 年为止，中国在俄罗斯建立的境外粮食与蔬菜种植、畜牧养殖和农产品加工基地重点项目 300 多个。

案例3　华信中俄现代化产业合作区被列为优先推进项目

2015年3月，国家级华信中俄现代农业产业合作区被列入国家“一带一路”建设规划中的优先推进项目清单。合作区位于俄罗斯滨海边疆区，是集种植、养殖、加工于一体的中俄大型农业合作项目。合作区拥有耕地面积6.8万公顷，建有7个粮食处理、仓储、加工园区，入驻10余家种植、养殖、加工企业。按照产业化发展思路，合作区已在建设油脂厂、饲料厂和现代化养猪场的基础上，计划继续投资，建设玉米深加工厂、复合肥厂、大豆蛋白加工、肉制品加工、农业机械制造等项目。

当前，中俄关系进入历史最好时期。俄罗斯将延续加强与中国平等信任的全面战略协作伙伴关系，中俄双方已把农业合作列为合作优先方向之一。中国对俄农业投资在未来几年极可能取得突破性进展。

中俄两国农业部正在联合编制中国东北地区和俄罗斯远东及贝加尔湖地区农业发展规划，该规划出台以后，可以为双边的农业合作提供更好的指引，为农产品贸易以及双向投资带来更多的便利。在政府高层的引领下，中俄两国的地区间农业合作将具有十分可观的前景。

2. 畜牧业合作前景

在俄罗斯的养殖业领域，西伯利亚与远东地区加在一起的份额是17.4%。西伯利亚和远东地区养殖业发展水平还很低，其生产的产品也仅供应国内市场，其现有规模和结构，在近期内还不能成为中国食品市场上的关键角色。此外，自2000年开始，中国限制进口俄罗斯偶蹄类动物及其制品，包括奶和奶制品、鸡蛋及其制品，起因是滨海边疆区乌苏里斯克暴发的口蹄疫。从2018年11月起，中国已经允许从俄罗斯进口鸡肉和奶制品。

俄罗斯许多的肉类和肉制品还需从国外进口。2015年俄罗斯从中国进口肉类及肉制品分别达2022千万美元、2.2725亿美元，这一进口数额较前一年相比已分别下降25.9%及38.8%。但俄罗斯畜牧业发展雄心勃勃，随着俄罗斯畜牧业的复兴，俄罗斯对中国的畜牧业产品出口额也必将增加。俄罗斯瞄准中国市场的需求，积极在远东地区发展畜牧业，以期占有更大的市场份额，进而带动远东地区的发展。在中国与欧亚经济联盟进行经济谈判的初始阶段，俄方最敏感的问题之一，就是中方是否取消对俄罗斯农产品尤其是肉类制品进入中国市场的限制。

中国在未来10年，将会成为国际市场主要的肉类进口国之一。中国学者利用CAPSIM模型，针对中国对主要食品的需求和贸易，所做出的推测结果显示，中国到2030年，除了鸡肉，其他肉类和饲料都将是净进口。中国对于进口的依赖程度会提高，特别是玉米饲料、大豆饲料、羊肉和牛肉。

3. 林业合作前景

俄罗斯是中国最重要的木材供应国之一，中国从俄罗斯进口木材以原木和板材为主（见表 6–2）。

表6-2　　2012—2014年中俄木材交易数量　　单位：万立方米

年份	2012	2013	2014
中国木材进口	3789	4515	5119.40
俄罗斯出口到中国的木材	1118	1025	1025.79
俄罗斯出口到中国的木材占中国进口木材的比重（%）	29.51	22.70	20.04

资料来源：2012年《中国林业统计分析报告》，2013年、2014年《中国林业发展报告》。

从表 6–2 可以看出，俄罗斯加入世贸组织后，俄罗斯木材在中国木材市场份额持续下降，且降低的幅度较大，反映了俄罗斯木材在中国市场竞争力的下降。

（1）俄罗斯是一个森林资源很丰富的国家。由于缺乏资金以及没有现代化的森林工业设备和良好的交通运输条件，俄罗斯林业发展水平不高，在林木产品深加工等方面的技术水平远远落后于发达国家甚至一些发展中国家。俄罗斯政府为了发展本国的森林工业产业，提出愿意与投资方进一步加强林木产品深加工领域的合作。

（2）中国和俄罗斯的林业产业具有很好的互补作用：俄罗斯拥有丰富的木材资源，但缺少劳动力资源；而中国是人口大国，木材资源稀缺。中俄于 2000 年 11 月签署了中俄林业合作协议对合作开发和促进俄罗斯林业可持续发展等问题达成协议。仅 2017 年前 9 个月，俄罗斯边疆区对华木材出口收入占其出口总额的 12.1%。经过 10 多年的经营，该地区的中资企业形成了从点种、采伐、加工、出口、单列运输、采伐设备销售和维护等相对完整的一条跨国产业链。中俄两国的林业合作还将进一步深化。中国大型国有企业也在关注这个领域的中俄合作，探索与俄方企业共建纸浆厂，或者开展其他形式的木材深加工项目合作。

4. 渔业合作前景

2015 年俄罗斯海洋渔业总产量为 420 万吨，2016 年计划将产量提高至 450 万吨，2020 年海洋渔业产量增至 600 万吨。为了建设年生产加工能力 60 万吨的水产品加工厂需要投资 9 亿美元；为了现有的 60 艘渔船的现代化和建设 15 艘现代化的新渔船需要投资 10 亿美元；为了完善渔业基础设施建设和渔船的更新、改造，俄罗斯需要更大量的资金支持。在这种形势下，俄罗斯必然会选择走国际合作、共同开发的道路，例如俄联邦渔业署已与韩国签署了在远东地区进行船舶建造和修理，渔业冷冻设施、加工设备和鱼类交易市场建设等方面的投资合作备忘录。俄罗斯政府建设渔业工业园区和加工产业集群的规划反映出俄罗斯远东地区渔业产业化的未来发展模式，即产业集群发展模式。中国企业应抓住这一良机，坚决贯彻“走出去”的战略，在俄罗斯渔业领域谋求一席之地。

俄罗斯鱼类产品大部分产自俄罗斯的亚洲部分。太平洋水域保障了俄罗斯 78% 的捕获量。俄罗斯鱼、贝壳和甲壳类产品已成为出口到中国的总量位列第四的大宗商品，仅次于能源原料、木材和有色金属。自 2016 年 11 月中国官方对绥芬河口岸实施入境食用水产品试进口以来，大量俄罗斯生鲜水产涌入绥芬河，改变了当地的经济结构和发展模式。受欧盟制裁的影响，俄罗斯水产品市场供应紧张，国内对水产品的需求量增大。2016 年，中国辽宁省将经检验合格的大菱鲆成功地打入俄市场，首次出口俄罗斯。2017 年，中俄公司开始合作，于 2020 年前在符拉迪沃斯托克建立水产品交易与拍卖综合体，包括批发配送中心、万吨级的冷库和鱼类加工设施。中俄两国渔业各具特点，有较强的互补性，中俄渔业合作将使双方受益。随着两国交流合作的增加，渔业领域的合作也会越来越多。

（六）重点合作领域

（1）农业领域重点方向：土地租赁、承包、联合开发，温室建设和相关技术，重型设备如拖拉机、联合收割机和其他农机具，农产品初级生产和深加工，农产品仓储和物流，农业科研领域的共同开发与合作，高科技绿色农业园区建设，农业领域的金融合作等。

（2）畜牧业领域重点方向：规模化、集约化养殖，畜牧业产品的初级加工和深加工，畜牧业产品仓储及物流，畜牧业科研领域共同研发与开发，种质资源改良与保护等，生物技术推广与应用。

（3）林业领域重点方向：中俄林产品贸易，木材深加工及精细加工，对俄罗斯森林工业领域投资或联合开发，林业技术合作，劳务输出等。

案例4　黑龙江省对俄开展森林可持续经营技术合作

黑龙江省对俄罗斯开展的森林可持续经营技术合作，内容包括对现有林“两高一优”经营技术，沼泽、湿地保护、改造与利用技术，劣质无林地引种栽培沙棘恢复森林技术，天然林保护技术等林地高效可持续利用技术，采伐和运输技术，林木的遗传改良与苗木培育技术以及相关的森林资源及植被的调查研究、森林火灾预测以及木材的综合利用等。

（4）渔业领域重点方向：技术合作，推广中国渔业技术和加工设备；建立水产加工、养殖、科研以及渔船建造等方面的渔业联合企业，或投资俄方企业；渔业投资项目，例如为远东地区制造修理船舶、制造制冷储存及加工设备、建立水产批发市场和其他基础设施等；远洋国际合作，参与组建俄罗斯国家渔业船队公司；劳务合作；水产养殖合作；水生生物资源保护合作，包括科研和开发等。

案例5　大连和俄渔业企业合作建造渔船

大连祥海林远洋渔业有限公司与俄方合作成立的东北渔业有限责任公司开展渔业合作项目，共计划建造4艘渔船，初期投资6000万元，首批2艘渔船“祥海林7”“祥海林8”于2015年2月6日在旅顺口区滨海船厂正式下水。渔船由东北渔业有限责任公司经营，所有权归属中方，俄方允许大连渔船在俄罗斯12海里以内进行捕捞作业，渔获收入按股份比例分配。双方合作项目受到农业部渔业渔政管理局和俄罗斯地方政府的高度关注。

（七）中俄农、林、牧、渔产业合作可能面临的挑战

（1）中俄之间的运输通道，尤其是大宗物资的运输渠道不畅。由于海运的发展，俄罗斯失去了基于运输成本方面的优势。

（2）法律法规不完善，变化较快。例如俄联邦政府对本国林业政策的调整，以及关税制度的多变等对木材等林产品的出口影响较大。

（3）疾病及病虫害频发。例如从俄罗斯进口的原木中带有检疫性害虫的比例高，

在内蒙古二连浩特检验检疫局、满洲里检验检疫局和绥芬河检验检疫局等口岸检出比例达到50%以上。

（4）国际竞争加剧，一些国家和企业借助散布不实言论为本国企业攫取利益，并打压中国企业的发展空间。

二、俄罗斯能源、矿产产业发展现状及投资前景

中俄两国既是世界大国，又互为最大邻国。近年来中俄关系达到前所未有的高度。能源、矿产合作是中俄传统的合作项目，中俄两国的能源合作已由最初的能源贸易拓展到能源、矿产产业链，并不仅仅局限于石油、天然气领域，在核能利用、新能源开发、电力等方面的合作也日益增加。中俄两国的能源合作已经从油气领域向核能、电力等领域扩展。

俄罗斯远东和东西伯利亚地区能源、矿产资源丰富，是俄罗斯未来经济发展的重点区域，而能源开发是这一地区发展的重要内容。近年来，俄罗斯连续出台了《2030年前能源战略》《2030年前天然气行业发展总体纲要》《东部天然气规划》等一系列战略文件，规定了东部能源开发的目标与原则。《2025年前远东社会经济发展战略》的制定，提出“工艺技术换资源”，力图实现通过引进国际最先进的工艺技术开发东部资源，实现自然资源利用效率最佳、环境保护最优、俄罗斯联邦的利益最大、产品附加值最多的目标。而中国目前已经具备了资金与能源技术优势，完全可以配合俄罗斯的东部开发战略，实现互利共赢。

（一）俄罗斯能源、矿产资源现状

俄罗斯是“一带一路”沿线能源、矿产资源最丰富的国家，有20多种重要能源、矿产的储量在世界上领先，储量居世界前3位的矿产就有9种。已探明的天然气蕴藏量48万亿立方米，占世界探明储量的1/3强，居世界第一位；石油探明储量65亿吨，占世界探明储量的12%～13%；煤蕴藏量2000亿吨，居世界第二位；其他固体矿产资源储量也非常可观，具体情况见表6-3。

表6-3　　　　俄罗斯主要固体矿产资源储量及世界排名

矿种	储量	单位	世界排名	占世界比例（%）
锑	350000	吨	2	17.50
金	8000	吨	2	14.29
铁	25000	兆吨	2	13.16
铂族	1100000	千克	2	1.67
硼	40000	千吨	2	10.53
钒	5000	吨	2	33.33
铅	6400	千吨	3	10.34
钾盐	600000	千吨	3	16.22
铼	310000	千克	3	12.40
钨	250000	吨	4	7.58
镍	7600000	吨	3	10.0
钴	250000	吨	5	3.52
钼	250	吨	6	2.27
磷	1300000	千吨	6	1.88
锡	350000	吨	6	7.29
稀土	25000	吨	7	0.02
铜	30000	千吨	9	4.17
银	20000	吨	9	3.51
铝	580000	千吨	13	2.07

资料来源：陈喜峰，施俊法，陈秀法等：《“一带一路”沿线重要固体矿产资源分布特征与潜力分析》[J].《中国矿业》，2017。（数据截至2017年8月底）

1. 俄罗斯能源、矿产分区分布

（1）西伯利亚联邦区主要矿产资源现状。俄罗斯西伯利亚联邦区，面积514.5万平方千米，占全俄罗斯国土面积的30%，以狭长地带与中国接壤。能源、矿产资源储量丰富且开发程度低，西伯利亚联邦区的能源、矿产主要集中在克麦罗沃州、克拉斯诺亚尔斯克边疆区和伊尔库茨克州，其采掘业生产总值分别占联邦区采掘业的34.75%、23.33%和21.84%。

西伯利亚地区共有油气田218处，石油主要集中在克拉斯诺亚尔斯克边疆区的尤鲁布琴—托霍莫和万卡尔油田群。2015年石油储量33.5亿吨，资源量140.2亿吨（占全俄罗斯的13%）；天然气储量集中在伊尔库茨克州的科维克金气田群，储量6.67万亿立方米，资源量41.3万亿立方米（占全俄罗斯的14%），该区供应着东西伯利亚—

太平洋石油、天然气管道运输系统的主要油气原料。全俄地质矿产研究所的资料显示，西伯利亚联邦区油气资源最具远景分布区在西西伯利亚油气省的中奥巴斯克油气区（位于托木斯克州）和格塔斯克油气区（位于克拉斯诺亚尔斯克边疆区），以及勒拿—通古斯油气省的巴伊基特油气区（位于克拉斯诺亚尔斯克边疆区和伊尔库茨克州）。

2015 年，西伯利亚区煤炭产量 3.12 亿吨，主要出口至中国。煤炭资源远景分布区在坎斯克—阿钦斯克褐煤盆地（克拉斯诺亚尔斯克边疆区南部）的卡缅斯基古西罕区和昆度尔含煤区，伊尔库斯克含煤盆地（伊尔库茨克州西南部）的切列目霍沃含煤区和沿贝加尔凹陷区，以及库兹涅茨含煤盆地（科迈罗沃州），预测煤炭资源量在 10 亿吨以上。

西伯利亚区现有铀矿床 34 处，主要分布在后贝加尔边疆区（20 处），布里亚特共和国（13 处）和图瓦共和国（1 处）。斯特列里佐夫铀矿田和上—维季姆铀矿田是该区铀矿主产区，铀矿预测资源量超过 110 万吨。

西伯利亚区铁矿储量占全俄罗斯的 13.4%，主要矿床有阿巴坎（哈卡斯共和国）、科尔舒诺夫和鲁德诺戈尔斯克（伊尔库茨克州）、塔什塔格尔和舍利戈舍夫（科迈罗沃州）、奇涅依（外贝加尔边疆区）等。2015 年开采量 640 万吨，约占全俄的 6.4%。

西伯利亚区锰矿资源也非常丰富，预测资源量超过 300 亿吨，大部分位于克麦罗沃州的乌辛斯克矿床（占全俄总储量的 50.9%）和克拉斯诺亚尔斯克边疆区的波罗任斯克矿床（占全俄总储量的 11.4%）。远景分布区主要在阿尔泰—萨彦地区的克麦罗沃州、伊尔库茨克州西南部（萨彦岭金属成矿带）、克拉斯诺亚尔斯克边疆区南部（希洛坎潜在锰矿结和杰伊比风化壳型锰矿）。

西伯利亚区铜矿储量占全俄罗斯的 64.6%，主要集中于外贝加尔边疆区的乌多坎砂岩型铜矿和克拉斯诺亚尔斯克边疆区北部诺里尔斯克矿区的铜镍硫化物矿床——诺里尔斯克、塔尔纳赫和“十月”铜矿床。

2015 年，俄罗斯镍产量 24 万吨，西伯利亚克拉斯诺亚尔斯克边疆区铜镍矿区提供了 77.7% 的镍产量。

西伯利亚区铅、锌矿储量分别占全俄罗斯的 78.9% 和 70.9%。其中，布里亚特共和国的特大型霍洛德宁矿床、奥泽尔矿床和克拉斯诺亚尔斯克边疆区的戈列夫矿床集中了全俄70%的铅储量和50%的锌储量。2015年，西伯利亚区生产了全俄罗斯90%以上的铅矿石。

西伯利亚区有钼矿床22个，钼的储量占全俄的84.07%。大部分的钼矿产于哈卡斯共和国的索尔斯克矿床，占据了整个俄罗斯80%以上的储量和开采量。

金的储量居俄罗斯首位（45.1%）。2015年开采量100余吨，占全俄的42%。金的储量和开采量主要集中在克拉斯诺亚尔斯克边疆区（奥林匹亚金斯克矿床和布拉格达特矿床）、后贝加尔边疆区、伊尔库茨克州（苏霍伊　罗格矿床）和布里亚特共和国。伊尔库茨克州的苏霍伊—罗格矿床的勘探储量占全区的40%，该矿床正处于详探阶段。

西伯利亚区铂族金属的储量占全俄的96.9%；铂和钯几乎全部的储量和开采量集中在克拉斯诺亚尔斯克边疆区的诺里尔斯克矿区。

（2）远东联邦区主要矿产资源现状。俄罗斯远东联邦区包括萨哈共和国、勘察加边疆区、滨海边疆区、哈巴罗夫斯克边疆区、阿穆尔州、马加丹州、萨哈林州、犹太自治州和楚科奇自治区共9个联邦主体。面积616.93万平方千米，占全俄面积的36.4%，人口619.5万，是俄罗斯面积最大、人口最少的联邦区（俄罗斯国家统计局2016年数据）。远东地区资源极为丰富，潜力巨大，尚未充分开发利用，且与中国东北地区边境相邻。远东地区已发现和探明储量的矿物有70多种，探明矿床共有1100个，经济评价矿床280个，矿点9300个。金、银、金刚石、钨、锡和硼等矿产是远东联邦区的优势矿产（见图6–1）。

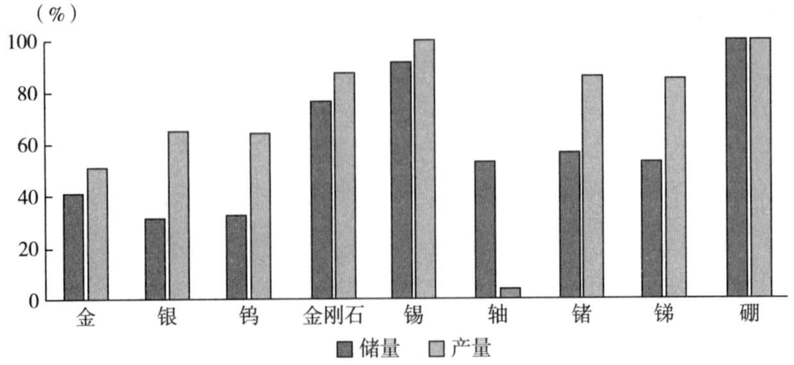

图6-1　俄罗斯远东地区主要矿产储量及产量占全俄比重

资料来源：周永恒，刘金龙，柴璐等：《俄罗斯远东地区矿产资源开发现状与潜力》[J].《中国矿业》，2017。

油气资源：俄罗斯远东地区（包括鄂霍次克海和日本海）共有油气田 116 处，石油和天然气储量主要分布在萨哈共和国（分别为 6.732 亿吨和 30310 亿立方米）和萨哈林州（分别为 4.256 亿吨和 18720 亿立方米），已开发的大型油气田有 10 处。2015 年，远东地区开采石油 2380 万吨。其中萨哈林州开采石油 1440 万吨，主要在奥多普图海油田、恰伊沃油气田、比利敦　阿斯托赫油田。萨哈共和国开采石油 940 万吨，主要在塔尔坎油田。2015 年，远东地区开采天然气 285 亿立方米，主要开采自萨哈林岛大陆架上的恰伊沃油气田和伦斯克油气田。

俄罗斯远东地区共有金矿床 3636 处，包括 182 个原生金矿床和 3454 个砂金矿床，总储量达 5792 吨（详见表 6–4）。其中，马加丹州占 40%、雅库特占 32.5%、楚科奇自治州占 13.7%；银矿床 172 处，主要分布在马加丹州的奥姆苏克昌区（包括杜卡特银矿床、月亮银矿床、阿雷拉赫银矿床、泥鳅银矿床、吉吉特银矿床）和滨海边疆区的远山区。

表6-4　　远东地区金银矿产的储量和开采量（吨）

矿产	A+B+C_1级储量	C_2级储量	2015年开采量
金	3385.9	2405.8	145.3
银	20252.3	24397.1	1482.1

资料来源：周永恒，刘金龙，柴璐等：《俄罗斯远东地区矿产资源开发现状与潜力》[J].《中国矿业》，2017。

金刚石：2014 年，远东地区金刚石资源量 12.42 亿克拉，77% 以上的金刚石储量集中在萨哈（雅库特）共和国西部的西雅库特金刚石省，划分为 6 个含金刚石区：达尔德诺—阿拉基特、小博图奥巴、中马尔欣、阿纳巴尔、勒拿河沿岸和穆纳—琼格。规模最大的金刚石矿床是乌达切（Udachni），其他还包括“和平”、“国际”、尤比莱、艾哈尔、博图奥巴、纽尔巴、泽尔尼察等大型矿床。金刚石的预测资源量主要分布在萨哈（雅库特）共和国地区的勒拿河沿岸、厄格阿塔、下奥列尼奥克等地。矿床主要由大型金刚石矿山公司阿尔罗萨及其子公司开采，开采量占全俄的 97%。

有色金属：俄罗斯几乎全部的锡矿床都分布于远东地区，共有锡矿床 103 处，主要分布在萨哈（雅库特）共和国、滨海边疆区和哈巴罗夫斯克边疆区；钨储量 46.26 万吨，占全俄罗斯钨总储量的 31.45%，其中半数分布于滨海边疆区；铜储量

1004万吨，大部分分布在环太平洋构造域以及蒙古国—鄂霍次克造山带（见表6–5）。

表6-5　　　　远东地区主要有色金属矿产储量、开采量

矿产	储量单位	A+B+C_1级储量	C_2级储量	2015年开采量
铜	万吨	445.66	558.16	0.16
锡	万吨	155.21	42.77	0.16
钨（以WO_3计）	万吨	29.86	16.39	0.26

资料来源：周永恒，刘金龙，柴璐等：《俄罗斯远东地区矿产资源开发现状与潜力》[J].《中国矿业》，2017。

目前，远东地区锡的开采主要在哈巴罗夫斯克边疆区的右乌尔米矿床和滨海边疆区的尤日锡—多金属矿床。另外，捷普达特锡矿床和贝尔卡卡伊锡矿床正在准备开发；钨的开采主要集中在滨海边疆区的东方二号钨矿床和莱蒙诺夫钨矿床，斯科雷钨矿床正准备开发；铜矿基本未开采。

（3）乌拉尔联邦区主要能源、矿产资源现状。俄罗斯乌拉尔联邦区包括斯维尔德洛夫斯克州、车里雅宾斯克州、库尔干州、秋明州、亚马尔—涅涅茨自治区、汉特—曼西自治区 6 个联邦，面积 178.89 万平方千米，占俄罗斯总面积的 10.52%。

乌拉尔联邦区矿产资源丰富、地理位置优越、交通运输系统较发达，形成了以采矿、冶金、机械、化工为主导的资源型重工业结构的乌拉尔工业区。主要出口产品为矿产品（占出口总额的 55.2%，其中 98.7% 为燃料能源产品），其次是金属及其制品（占 24.8%），乌拉尔联邦区已成为中国利用境外矿产资源的重要区域。主要出产的能源、矿产资源有石油、天然气、煤炭、铀、黑色金属（铁、锰、铬）、有色金属（铜、锌、镍、铝）、贵金属（金、铂），非金属矿产有石棉、滑石、石墨、菱镁矿、高岭土等。

油气资源：乌拉尔联邦区有油气田 751 处，石油、天然气资源集中分布在汉特—曼西自治区和亚马尔—涅涅茨民族自治区，其他优势分布区包括秋明州（南部区域）和斯维尔德洛夫斯克州。著名的油气田有萨玛特罗尔、红列宁、普里阿布斯克、萨雷姆、瓦季也冈、费多罗夫等。油气主要开采企业包括俄罗斯石油自由控股公司、卢科伊石油公司、苏尔古特石油天然气自由控股公司等。天然气最大的开采企业为天然气工业公司。

煤炭：乌拉尔联邦区的煤炭主要分布在汉特—曼西自治区，主要产煤区包括汉特—曼西自治区、斯维尔德洛夫斯克州和车里雅宾斯克州。$A+B+C_1$ 级储量 10.69 亿吨（25.1% 已配置），适合露天开采的褐煤占 29.7%。

铀：主要分布在库尔干州的霍赫洛夫矿床（已配置）和达布罗沃利矿床（未配置），C_1 级储量 6130 吨，C_2 级储量 9707 吨。

铁、锰、铬：乌拉尔联邦区铁矿主要包括古谢沃格尔矿床、索普斯特维诺—卡其卡纳尔矿床、素拉亚莫夫矿床（均以钒钛磁铁矿为主）、别斯恰斯克矿床、感恩山矿床、叶斯邱宁矿床、高山矿床（均以矽卡岩　磁铁矿为主）；锰矿主要分布在斯维尔德洛夫斯克州的北乌拉尔盆地；铬矿主要分布在亚马尔—涅涅茨自治区、斯维尔德洛夫斯克州和车里雅宾斯克州（见表 6–6）。

表6-6　　乌拉尔地区主要黑色金属矿产储量、开采量和占比

矿种	单位	$A+B+C_1$级储量	C_2级储量	开采量	储量占全俄比例（%）
铁	亿吨	95.77	70.98	37.99	16.4
锰	万吨	4194.8	276.8	153.5	30
铬	万吨	131.4	371.6	64	7

资料来源：柴璐，周永恒，李霄：《俄罗斯乌拉尔地区矿产资源现状及矿业环境》[J].《中国矿业》，2017。

乌拉尔联邦区原生铜矿床 $A+B+C_1$ 级储量 682.19 万吨，占全俄 10%，在俄罗斯国内居第三位，主要分布在斯维尔德洛夫斯克州（储量占 49.9%，产量占 33.6%）和车里雅宾斯克州（储量占 50.1%，产量占 66.4%）。

乌拉尔联邦区锌矿 $A+B+C_1$ 级储量 229.1 万吨，占全俄的 5.62%，主要分布在车里雅宾斯克州（乌杰李金、苏尔塔诺夫等矿床）和斯维尔德洛夫斯克州（萨菲亚诺夫、塔尔尼耶夫等矿床），91.8% 的锌储量已配置，88.4% 已开发。

钼矿：乌拉尔联邦区钼矿 $A+B+C_1$ 级储量 3.62 万吨，主要分布在斯维尔德洛夫斯克州的南沙美义矿床、车里雅宾斯克州的米赫耶夫矿床和库尔干州的卡克拉诺夫矿床。

铝土矿：乌拉尔联邦区铝土矿 $A+B+C_1$ 级储量 2.79 亿吨，占全俄罗斯的 24%，主要集中在北乌拉尔含铝土矿区（2.63 亿吨）。北乌拉尔矿区、伊夫杰利矿区、卡尔宾矿区是潜在的铝土矿矿区。

钛矿：乌拉尔联邦区氧化钛 $A+B+C_1$ 级储量 2076.6 万吨，几乎全部分布在车里雅宾斯克州的梅德韦杰夫矿床（准备开发）、卡盘斯克矿床和阿依河流域砂矿床（未配置）。

金矿：乌拉尔联邦区共有 309 处金矿床（原生金矿床 26 处，伴生金矿床 31 处，砂金矿床 252 处），$A+B+C_1$ 级储量 350.64 吨（79.2% 已配置，71.3% 正在开发），主要分布于车里雅宾斯克州（储量占 51.03%，产量占 60.81%）和斯维尔德洛夫斯克州（储量占 44.39%，产量占 38.58%）。

铂族元素：主要集中于斯维尔德洛夫斯克州，$A+B+C_1$ 级储量 13 吨，沃尔科夫 Cu-Fe-V 矿床是主要的生产铂族金属矿物原料基地。

稀有金属和稀土元素：乌拉尔地区拥有稀有金属（钨、钼、铍、钽、锆、钪、钒）和稀土（钇、镧、铈等）矿床。其中，威士涅沃格尔矿床（含锆、铌）和马雷舍夫矿床（含钽、铍）正在开发。其余的尚未开发，尤其在极地和滨极地乌拉尔地区（哈尔贝—塔伊凯乌斯矿结）找矿潜力巨大。

石墨：乌拉尔联邦区斯维尔德洛夫斯克州有 1 处储量达 50 万吨的晶质石墨矿床；车里雅宾斯克州也有 2 处石墨矿床，石墨储量达 89.8 万吨。

（4）俄罗斯陆架海域能源、矿物现状。俄罗斯是世界上大陆架面积最大的国家，其大陆架面积约 620 万平方千米，占世界大陆架总面积的 21%。俄罗斯北极区域的油气资源占俄大陆架油气资源总量的 85%，尚待发现的油气资源约占世界油气资源总量的 20%。俄罗斯大陆架固体矿产矿种繁多，有金、锡、铂族金属、铬铁矿、金刚石、稀有金属（钛、锆）、铁、宝石等矿物的砂矿、铁锰结核和结壳、介壳灰岩、有机矿物淤泥等矿床和大量矿点以及独一无二的猛犸象骨骼化石矿床等。因此，近年来俄罗斯一直把大陆架的地质调查，特别是油气勘查工作放在极为重要的地位。

俄罗斯政府预测，俄罗斯北极海域共有油气资源 666 亿吨石油当量，相当于 4710 亿桶石油当量，而其中 90 亿吨为石油。在俄联邦北极海域已发现 19 个油气田；俄罗斯西北部、北极和远东地带的陆架区已划分出 14 个含金砂矿区，14 个含锡砂矿区，1 个含铂砂矿区，2 个含琥珀砂矿区，7 个钛、铁、锆、稀土矿物砂矿区，3

个宝石（玛瑙—玉髓类）砂矿区，5个潜在的含金刚石砂矿区，5个猛犸象骨骼化石分布区。

目前，俄罗斯有6个海上油气田正在开采油气，包括波罗的海（加里宁格勒州大陆架）的克拉夫佐夫；里海的Ю·科察金；鄂霍次克海（萨哈林大陆架）的柴沃海、奥多普图海、伦斯克、皮利通—阿斯托赫。

2. 俄罗斯矿业产业发展现状

俄罗斯矿业产业发展成熟，冶炼加工产业发达。本国企业控制程度高，外企所占份额极低。

俄罗斯石油由俄罗斯石油综合体控制，共拥有12个公司，其中最大的是卢克石油（开采全国石油18.7%）。2015年，石油公司的名单又补充了一些已经解散的石油公司。俄罗斯目前有28个炼油厂，其每年的生产量为3亿吨。几乎90%的炼油厂位于俄罗斯的欧洲部分。

2013年，苏古特石油天然气公司的天然气产量达6150万吨，TNK–BP的产量3570万吨。俄罗斯天然气管道长度超过22.1万千米。其中的15.3万千米是干线输气管道，约70万千米是干线输油管道，20千米是干线石油产品管道。

2015年，俄罗斯有231个采煤企业，93个煤矿，采煤业每年产量365亿吨，46个选矿厂的煤产量每年145亿吨。其中，西伯利亚煤炭能源公司是俄罗斯最大，也是技术和设备最先进的煤业公司。库兹巴斯露天煤矿股份公司、西伯利亚煤矿冶金公司（Sibuglemet）和煤炭股份公司（Raspadskaya）也都是煤业开采领域的佼佼者。

铁矿开采领域，金属投资股份公司拥有全国铁矿生产量的40%。欧东集团、新利佩茨克股份钢铁联合企业和北钢铁股份公司每年生产50亿吨商品矿石（占俄罗斯铁矿石生产总量的48%）。

铜矿的大型控股公司有诺里尔斯克矿冶公司、乌拉尔矿业金属股份公司，这两个大型公司提供俄罗斯90%的铜，克什特姆电解铜厂提供10%的铜。

黄金开采领域，彼得罗巴甫洛夫斯克国际联合企业开采比例占全国的10.8%，多金属股份公司开采量为10.1%。除此之外，还有北金有限公司，南乌拉尔金股份公司，俄贵金属有限责任公司，苏苏曼金股份公司等23个公司从事开采黄金业务。

俄罗斯多金属股份公司勘探和开采银矿，其开采量占全俄开采量约 48%，该公司拥有 4 家企业：银马加丹有限公司，银地区有限公司，鄂霍次克采矿地质股份公司，哈坎贾矿床公司。俄罗斯铂族金属储存量世界排名第一。诺里尔斯克镍股份公司是铂的主要供应者。

（二）俄罗斯能源、矿业的优势

（1）中国短缺石油、天然气、铁、铜、铝土等资源，对外依赖性大，而俄罗斯储量丰富，且有尚未开发的北极海域，远景储量更大。

（2）虽然俄罗斯的矿业投资具有一定规模，但仍存在勘查程度过低的地区，具有发现新矿床的潜力。

（3）中俄互为最大邻国，经济上互补性强。

（4）中俄两国密切的全面战略合作伙伴关系。

（三）俄罗斯能源、矿业的劣势

（1）加拿大 Fraser 研究所 2016 年对全球 104 个国家和地区的矿业投资环境进行调查的结果显示，俄罗斯排名在第 65 位之后。

（2）俄罗斯矿产和金属行业被匆忙地私有化，落入少数垄断者手中，缺乏对私营资本的吸引力。

（3）西伯利亚和远东地区交通运输等基础设施极为落后，严重制约了上述地区的发展。

（4）东西伯利亚和远东地区气候恶劣，生产和运输等基础设施建设需要巨大的开支。

（5）老旧矿山缺少资本来更新设备，矿业水平呈下降趋势。

（四）中国与俄罗斯的比较优势

（1）中国经济建设快速发展和综合国力不断提升。

（2）中国在“一带一路”沿线海外矿产资源开发地区多、领域广，从业人员多，资产规模迅速扩大。

（3）中国具有相对全面的技术优势、装备制造能力和完整的工业化体系。

（4）中国具有全方位对外开放战略。

（五）中俄两国能源、矿产合作前景

俄罗斯是以矿业作为主要经济来源的国家，矿业产值占 GDP 比重约为 17%。近年来，受国际矿产品价格大幅下跌、矿业市场不景气等因素的影响，俄罗斯经济处于严重下滑阶段，而西方国家对俄罗斯的经济制裁更是令俄罗斯经济发展雪上加霜。据世界银行统计，2016 年俄罗斯 GDP 增速仅为 0.6%。为了缓解经济危机，俄罗斯对于矿业投资的需求尤为强烈，这为中资企业进入俄罗斯提供了新契机。

中俄两国经济互补性强。对于中国来说，与俄罗斯的能源合作满足了日益增长的能源需求，拓宽了中国的能源进口渠道，符合中国能源进口多元化的战略安排，在一定程度上减轻了中国对中东石油的过度依赖，减轻了能源运输对于马六甲海峡的依赖。对于俄罗斯来说，与中国的能源合作满足了其 3 个重要需求。首先，满足了俄罗斯迫切的资金需求，使俄罗斯得以完成重要的能源战略部署。其次，符合俄罗斯开发远东和东西伯利亚的战略安排。开发远东和东西伯利亚是俄罗斯 21 世纪面临的重要战略任务，能源开发与利用是这两个地区实现经济腾飞的重要途径。而中国日益增长的能源消费需求将为远东和东西伯利亚的能源出口提供广阔的市场。最后，有助于俄罗斯实现能源出口多元化，降低油气出口市场过于单一的风险。欧洲是俄罗斯传统的能源出口市场，俄对欧输出的原油约占其出口总量的 65%，天然气约占 70%。在俄欧能源关系日益复杂化和金融危机的影响下，俄罗斯的能源战略正逐渐转向东方。根据《2030 年前俄罗斯能源战略》，对亚洲市场的天然气出口到 2030 年达到 20%。俄罗斯能源界人士多次表示，之前俄能源主要输往欧洲，但现在金融危机导致欧洲需求大幅下降，而短期内俄罗斯经济还是主要依赖能源出口，调整经济结构是一个过程，在俄罗斯要开拓新的市场的情况下，中国最具有吸引力。

案例6　中俄东线天然气合作

2014年5月，俄天然气集团与中石油签署为期30年的沿东线对华供天然气的合同。合同金额为4000亿美元。从2018年起，恰扬金气田和科维克金气田将作为原料基地提供天然气，前期每年供应50亿立方米，供气量将达到每年380亿立方米。“西伯利亚力量”天然气管道预计2031年建成。

（六）中俄能源、矿产产业重点合作领域

（1）能源、矿产贸易。

（2）推动创立中俄自由贸易区。

（3）在俄罗斯东部地区的能源勘探领域投资。

（4）与俄罗斯合作在远东发展油气深加工项目。

（5）以适当方式开展在远东的能源基础设施建设，推进中俄天然气管道建设。

（6）能源深加工领域的合作。

（7）民营企业参与俄罗斯私有化和股权交易。

（8）中国企业在基础设施建设方面，尤其在铁路、公路、桥梁、港口和电力等设施建设方面有成熟经验和技术，把中国基础设施建设产能与俄罗斯的需求对接，实现互惠互利。

（七）中俄能源、矿产合作可能面临的挑战

（1）俄罗斯担忧“一带一路”建设淡化其建设欧亚经济联盟的努力。

（2）资源民族主义的影响，如俄罗斯媒体称中国夺取西伯利亚水资源，100 多万人及几十家企业将面临缺水甚至停产的境遇。部分俄罗斯人还担心俄罗斯会变成中国的“资源附庸”，大量的中国商品涌入俄罗斯，将挤垮俄罗斯的民族工业。

尽管在合作的领域和合作的深度上还有不同的声音发出，但不断提高和优化能源、矿产领域的合作将是中俄两国共同繁荣与发展的必然趋势。从地缘经济的角度来看，中俄两国合作广度和深度将持续加大，但其中也面临困难与挑战。只有双方

互惠互利，才能实现可持续发展。但需要注意的是，中国企业在俄罗斯开展矿业开发活动，应尽可能与俄罗斯公司成立合资公司，以求得俄罗斯中央政府、地方政府和社会民众等方面的全面合作，降低风险，切忌建立独资公司，利益独享，风险独担。

参考文献

[1] 滨巴苏仁.蒙古国肉类产品对中国出口的影响因素与对策研究[D].青岛科技大学，2017

[2] 凌志.蒙古国土壤类型分布与种植业发展研究[D].内蒙古师范大学，2017

[3] 曾翠红，王岫嵩，赵金鑫.蒙古畜牧业的发展现状、困境与出路[J].世界农业，2018

[4] 宝音都仍，其勒格尔.基于空间经济学的蒙古国农业产业集聚与区域差异[J].内蒙古社会科学（汉文版），2017

[5] 李富佳，董锁成，原琳娜等."一带一路"农业战略格局及对策[J].中国科学院院刊，2016

[6] 商务部国际贸易经济合作研究院对外投资合作国别（地区）指南:蒙古国，商务部投资促进事务局和中国驻蒙古国大使馆经济商务参赞处，2014

[7] 于江薇.中蒙俄经济走廊带矿业合作选区分析[D].中国地质科学院，2018

[8] 韩梅."一带一路"与蒙古国"草原之路"对接框架下的能矿产业合作研究[D].内蒙古大学，2017

[9] 黎青.中国对蒙古国直接投资风险研究[D].哈尔滨商业大学，2017

[10] 孟和格日乐.蒙中主要能源合作研究[D].哈尔滨工业大学，2016

[11] 于江薇，王小烈，于汶加.中蒙俄经济走廊带有色金属矿产开发利用现状及未来合作前景[J].中国矿业，2017

[12] 陈喜峰，施俊法，陈秀法等."一带一路"沿线重要固体矿产资源分布特征与潜力分析[J].中国矿业，2017

[13] 胡格吉勒图.蒙古国矿产资源开发现状及挑战因素分析[J].能源资源，2017

[14] 巴特巴桑.自然资源与蒙古国经济增长[D].吉林大学，2013

[15] 王豪.中蒙俄合作发展的潜力与策略研究[D].东北师范大学，2017

[16] И.А.马卡罗夫.俄中农业合作：期望与现实[J].俄罗斯研究，2017

[17] 刘佛翔.对中俄农业合作中的共识与分歧的研究[J].农业经济，2018

[18] 张红侠.俄罗斯农业:经济增长的新亮点[J].俄罗斯东欧中亚研究，2018

[19] Автор Легина Марина，钟欣译.俄罗斯农业发展前景探析[J].世界农业，2017

[20] 曲昊月，肖金波.俄罗斯区域农业经济空间异质性研究[J].俄罗斯研究，2017

[21] 刘婧.哈尔滨市与俄罗斯远东地区农业合作现状与发展对策[J].黑龙江农业科学，2017

[22] 王恒，王丹萌，冯永忠.丝绸之路经济带沿线国家农业自然资源特征评析[J].世界农业，2018

[23] 王慧敏，翟雪玲.中俄农业投资合作现状及发展方向[J].国际市场，2017

[24] 彭亚骏.中国东北地区与俄罗斯远东地区农业合作问题研究[J].2017

[25] 王永春，徐明，宋雨星.中国对俄罗斯远东农业投资潜力、制约因素及对策[J].农业经济问题，2015

[26] 时丹丹.中国与俄罗斯农业合作研究[J].世界农业，2016

[27] 刘纪稳.金融危机以来俄罗斯农业发展研究[J].哈尔滨：黑龙江社会科学研究院，2013
[28] 李睿思.“一带一路”背景下我国与俄远东地区农业合作研究[J].北方论丛，2018
[29] 李前，邱源斌.俄罗斯农机市场的秘密[R].借展出海，2018
[30] 俄滨海边疆区将在2020年前将对华出口猪肉[EB/OL]. http://www.soozhu.com/ article/294155/
[31] 蒲开夫，王雅静.俄罗斯联邦的畜牧业[J].草食家畜，2010
[32] 王明利.改革开放四十年我国畜牧业发展: 成就、经验及未来趋势[J].农业经济问题，2018
[33] 胡成波.俄罗斯畜牧业考察感悟[J].当代畜牧，2011
[34] 成华.2030年俄罗斯森林业发展前景预测[R].环球纸业，2012
[35] 郭立伟.俄罗斯入世后中俄木材贸易模式转变研究[D]. 东北林业大学，2015
[36] SUMAROKOVA MARINA（玛丽娜）.中俄林业经贸合作问题研究[D].哈尔滨工业大学，2015
[37] 李俊枝.中国东北地区与俄罗斯远东及西伯利亚地区林业合作研究[J].对外经贸，2015
[38] 张开明.中国进口俄罗斯木质林产品依存度研究[D].东北林业大学，2014
[39] 瓦丽雅.俄罗斯与中国林业合作的问题研究[D].黑龙江大学，2012
[40] 王文清，胡仁霞.俄罗斯森林工业发展现状与中俄林业合作[J].市场调查，2011
[41] 李励年摘译.国际渔业动态[J].渔业信息与战略，2017
[42] 王茜，李励年，熊敏思等.俄罗斯渔业现状及发展趋势[J].渔业信息与战略，2017
[43] 李明爽.大连加快与俄罗斯远东地区渔业合作步伐[J].中国水产，2015
[44] 缪圣赐摘译.俄罗斯计划提高国内海洋渔业产量和产值[J].日本水产周报，2016
[45] 辛亚梅.俄罗斯远东地区渔业的现状、问题和前景[D].黑龙江大学，2013
[46] 周永恒，刘金龙，柴璐等.俄罗斯远东地区矿产资源开发现状与潜力[J].中国矿业，2017
[47] 柴璐，鲍庆中，周永恒.俄罗斯远东联邦区金刚石　贵金属矿产资源概况及潜力[J].地质评论，2017
[48] 王淑玲，王铭晗，邵明娟等.俄罗斯大陆架地质调查及矿产资源开发利用现状[J].中国矿业，2016
[49] 蒋屹.“一带一路”战略背景下我国海外矿产资源开发外部安全风险研究[D].中国地质大学，2015
[50] 卡尔舒诺夫・巴维尔.俄罗斯资源型产业发展及对华合作研究[D].黑龙江大学，2015
[51] 柴璐，周永恒，李霄.俄罗斯乌拉尔地区矿产资源现状及矿业环境[J].中国矿业，2017
[52] 柴璐，李霄，吴涛涛.俄罗斯西伯利亚地区重要矿产资源现状与潜力[J].中国矿业，2018
[53] 刁莉，胡娟.我国政策性石油贷款与中俄能源合作[J].太平洋学报，2018
[54] 朱玉柱，陈孝劲.中国矿产资源对外依存度研究[J].中国矿业，2015
[55] 何金祥.俄罗斯矿产工业与矿业投资环境[J].国土资源情报，2015
[56] 于宏源.周边战略矿产资源治理合作探析[J].国际展望，2015
[57] 于江薇.中蒙俄经济走廊带矿业合作选区分析[D].中国地质科学院，2018

第七章

中蒙俄经济走廊沿线国家投资的生态环境风险研究

2018 年 11 月 6 日，“中蒙俄经济走廊生态风险与可持续发展国际研讨会”在中国科学院地理科学与资源研究所召开，三国的专家学者都提出生态安全、绿色发展理念，这是时代赋予“丝路精神”的新内涵。2019 年 8 月 16 日，在北京举行了“一带一路”绿色投资原则会议，强调在未来，把环境因素融入项目规划和建设中，通过环境风险分析、扩大绿色投资。不难看出，随着国际合作的加强，中蒙俄经济走廊沿线国家投资合作过程中的生态环境保护以及环境风险已经引起广泛的关注。我们来了解一下俄罗斯和蒙古国生态环境的现状以及与生态环境保护相关的法律法规。

第一节　俄罗斯和蒙古国生态环境现状

一、俄罗斯生态环境

（一）生态环境问题

俄罗斯地跨欧亚大陆，是世界上面积最大的国家，拥有广袤的国土和多样的地质地貌，这些赋予了俄罗斯极其丰富的自然资源，它在全球生态环境保护中占有极其特殊的地位，是生态环境恢复的主要稳定力量。俄罗斯 15% 的自然生态系统存在严重退化问题，而在这里集聚了俄罗斯大部分的居民区、工业区和农业区，其生态环境状况不容乐观。

1. 大气环境现状

2017 年《俄罗斯联邦生态环境现状和保护报告》显示，2017 年俄罗斯联邦有 44 个城市被定为空气污染水平高和极高以上，占所有定期监测空气污染城市总数的 21%。2017 年悬浮颗粒物的年平均浓度为 116 微克 / 立方米，SO_2 年平均浓度为 7 微克 / 立方米，NO_2 年平均为 32 微克 / 立方米，CO 年平均浓度为 991 微克 / 立方米，苯并芘年平均浓度为 1.5 微克 / 立方米，甲醛年平均浓度为 9 微克 / 立方米，这些污染物对俄罗斯公民及生态系统构成严重威胁。2017 年向空气中排放的污染物总量为 174.62 万吨，其中按经济活动类型划分，“贡献”最大的为“制造”是 5802.20 万吨，占固定排放总量的 33.2%；“采矿”为 49.189 万吨，占 28.1%；“提供电能、气体和蒸汽、空调”为 354.26 万吨，占 20.3%。在这种情况下，影响大气环境质量的决定性因素主要是生产工艺的现代化。应该使用更环保的燃料或其他原材料，从而减少污染物的数量。

2. 水环境现状

2017 年俄罗斯联邦的水资源总量为 4681.5 立方千米。根据经济活动的类型，不同行业的取水指标有显著差异。2017 年整个俄罗斯联邦的总水量为 68887.55 百万立方米，其中绝大部分与企业组织的经济活动类型有关：“提供电能、天然气和渡轮、空调”为 22.169 亿立方米，占总摄入量的 32.2%；而“农业、狩猎、林业、渔业和鱼类养殖”为 19.789 亿立方米，占总摄入量的 28.7%。2017 年，进入地表水体的废水总量为 425.7574 亿立方米，其中大部分来自活动类型“提供电能、燃气和蒸汽、空调”，为 219.8953 亿立方米，占废水总量的 51.6%。

3. 生物多样性现状

截至 2018 年 1 月 1 日，俄罗斯联邦森林的土地总面积为 118445.05 万公顷。在整个俄罗斯联邦，森林植被郁闭度约 67.1%。就联邦地区而言，不同地区该指标差异很大，从中部伏尔加联邦地区的 92% 到远东联邦地区的 58%。2017 年，俄罗斯联邦的森林火灾总数为 10226 单位；火灾覆盖的森林面积为 320.86 万公顷。自 2010 年以来，总体上，森林基金会土地上的森林火灾案例有减少的趋势，总数减少了 68.4%。火灾覆盖的林地面积在过去几年中有很大的波动，2010—2017 年增加了 35.5%。

现在，外来入侵物种已被公认为是对全球生物多样性的最大威胁之一，其分布可被视为动植物退化的最重要指标。不受控制的运输会导致世界上以前偏远地区的动植物混合，并可能造成严重的环境和社会经济后果。有各种各样的人为走廊，自然生态系统会沿着这些走廊发生入侵。

4. 固体废弃物

2017 年俄罗斯联邦产生了 62.206 亿吨废物。2017 年单位国内生产总值产生废物总量的具体指标为每 100 万卢布 98.3 吨。2010 年至 2017 年，每年产生的废物量从 37.35 亿吨增加到 62.21 亿吨，增长 66.5%。从 2011 年到 2017 年，单位 GDP 废物产生总量的具体指标总增加量为每 100 万卢布 30.3 吨，即 44.6%。2017 年最大的生产和消费废物产生量是“采矿”经济活动的类型，产生废物量为 57.862 亿吨，占产生废物总量的 93%。2017 年从整个俄罗斯联邦的城市居住区领土出口的固体城市废物量为 2.744 亿立方米，占总废物产生量的 0.88%。2017 年，在废物处理厂处置的城市固体废物量为 2790 万立方米，占城市固体废弃物总量的 10%。

在当前的环境保护总支出中，俄罗斯联邦在 2017 年全年的总支出为 320、946.57 百万卢布，其中企业以“制造”经济活动类型支出的支出最多，为 13396.390 亿卢布，占俄罗斯联邦当前环境总成本的 41.7%。在该指标方面排名第二的企业经济活动类型是“供水，水处理，废物收集和处置，消除污染活动”，为 904.519 亿卢布，占环境当期总成本的 28.2%。支出的数额微不足道的活动类型有:“提供电、气和蒸汽;空调”为 213.706 亿卢布，占 6.7%；“运输和储存”为 77.747 亿卢布，占 2.4%；“农业、林业、狩猎、渔业和鱼类养殖”为 23.224 亿卢布，占 0.7%。

综上所述，俄罗斯当前也面临生态破坏和资源耗竭产生的环境污染和能源危机等诸多环境问题。对外投资企业在投资过程中要充分了解东道国的生态环境，明确投资项目的开发和建设对生态环境的影响，从而更好地保证投资项目的实施。

（二）生态环境保护的相关法律

俄罗斯自然资源和生态部是负责在环境保护和生态安全领域制定国家政策和实施管理，以及在以上领域协调联邦其他权力执行机构工作的政府职能部门。俄罗斯颁布了很多与生态环境相关的法律，其中《俄罗斯联邦环境保护法》和《俄罗斯联邦生态评估法》在俄罗斯联邦环境法和生态法体系中处于基本法的地位，是制定其他规范性生态环境法律条文的重要依据。俄罗斯在环境保护领域的战略利益需求是俄罗斯的优先考虑，主要是维护国家安全、实现经济转型、争取国家利益。

俄罗斯联邦政府2017年3月31日第397号法令，确定通过了俄罗斯联邦“2012—2020年环境保护”国家计划的新版本，其中包括四个子计划：“环境质量监管”“俄罗斯的生物多样性”“水文气象学和环境监测”“北极和南极工作和研究的组织和支持”。其中，优先项目为“清洁国家”，以及两个联邦目标计划：“ 2012—2020年贝加尔湖的保护和贝加尔湖自然领土的社会经济发展”和“创建和开发一个在俄罗斯联邦领土上的地球物理状况监测系统”。

《俄罗斯联邦环境保护法》明确了违反环境保护法规行为的财产责任、纪建责任、行政责任和刑事责任。环境保护领域的纠纷，依法通过司法程序处理。

（1）法人和自然人，因污染环境，耗竭、损坏、毁灭、不合理利用自然资源，使自然生态系统、自然综合体和自然景观遭受退化和违反环境保护法规的行为给环境造成损害的，必须依法赔偿。

（2）由经济活动和其他活动主体造成环境损害，包括其活动方案取得了国家生态鉴定的肯定结论和取用自然环境要素的活动，由订货人和（或）经济活动及其他活动的主体赔偿。

（3）由经济活动和其他活动主体造成的环境损害，依照按规定程序批准的环境损害数额计算表和方法予以赔偿，在没有计算表和方法时，根据用于恢复被破坏的环境的实际费用并考虑受到的损失（包括失去的应得利益）予以赔偿。

违反环境保护法规造成的环境损害的赔偿程序如下。

（1）对违反环境保护法规造成环境损害的，赔偿自愿进行或者根据法院或仲裁法院的判决进行。赔偿数额根据用于恢复被破坏的环境的实际费用，并考虑受到的损失（包括失去的应得利益）以及复垦和其他恢复工程的方案予以确定，在没有这些项目时，依照实施国家环境保护管理的执行权力机关批准的环境损害数额计算表和方法予以确定。

（2）根据法院或仲裁法院的判决，因违反环境保护法规造成的环境损害，可以通过责成被告按恢复工程方案依靠自己的资金恢复被破坏的环境状况的办法予以补救。

（3）关于违反环境保护法规造成的环境损害的赔偿诉讼，可以在20年期限内提起。《俄罗斯联邦环境保护法》规定，因不遵守有关规定导致环境污染，超过最高许可证标准排污，拒绝提供可靠的环境信息等，则按如下标准缴纳罚金：对公民罚金可达最高工资的10倍，对官员罚金可达最高工资的20倍，对企业最高可罚50万卢布。

《俄罗斯联邦生态评估法》规定，要对与生态评估的客体有关的经营活动相关文件进行评估，确认其符合环境保护领域的技术规章和法律的要求，防止该活动对环境产生负面影响。在俄罗斯，公众参与环境管理的制度是对现行生态环境管理体制的一种必要补充。有许多地方环保非政府组织和一些国际环保组织在对企业违反环保的诉讼中起着非常重要的作用。

根据俄罗斯建设和住房公用事业部下设的国家鉴定总局的规定，外资企业在俄罗斯境内投资建厂需要向该部门提交环境评价报告进行审批，具体收费根据项目而定。在建设和投资过程中，俄罗斯国家环境保护部门会对企业的投资活动和生产经营过程进行监督检查与生态鉴定，若发现企业违反生态法规和环保标准，有权责令其整改甚至关闭，废止其投资许可证。在事后监管方面，俄罗斯环保部门可以向法院提供企业违反环保法律的资料，提起诉讼，追究赔偿责任。

二、蒙古国生态环境

（一）生态环境问题

蒙古国属于典型的大陆性气候，年平均降水量约200毫米，水资源严重短缺，且分布不均衡，尤其是蒙古国的中南部地区，水资源的严重短缺，形成了很多戈壁。蒙古国是全亚洲荒漠化最严重的国家，再加上受西风、高纬度气压的影响，常年有风，且风力大。土壤以沙质为主，生态环境属于非常脆弱的敏感地区。气候变化、超载放牧、盲目开垦、矿产的无序开采等众多因素，加剧了蒙古国草原荒漠化。

蒙古国荒漠化程度由西南向东北逐渐减轻。极重度、重度荒漠化土地主要分布在蒙古国西南地区。陈芳等基于 MODIS 归一化植被指数产品数据，得出 2013—2017 年极重度、重度荒漠化土地面积占国土面积的 50.70%，有面积减少趋势，而轻度和非荒漠化土地所占比例为 28.13%，有所增加，表明近 15 年蒙古国生态环境整体有一定的改善。

蒙古国是传统的草原畜牧业国家，但放牧过度和矿业的发展加剧了草原荒漠化，使该国草原畜牧业也面临严重挑战。近几年，牧民、牧户数量逐步减少，再加上自然灾害来袭，牲畜量大幅减少，迫使牧民纷纷离开草原。另外，由于蒙古国自然灾害频发，如沙尘暴、雪灾，使生态系统平衡受到威胁，动植物种群数量减少，许多动植物正濒临灭绝的危险。

中国和蒙古国同为世界重要的矿产资源和矿业国家。内蒙古和蒙古国都具有丰富的矿产资源，矿产资源开发是中蒙经贸合作的重要领域之一。矿产资源是经济社会发展的重要支撑，然而，矿产资源的开发利用，必然会改变自然面貌和人们的生存环境，如果过度或者不适当地开发利用矿产资源，生态环境便容易被破坏和恶化，最终反作用于系统，并将影响到人类自身的生存和发展。一方面，矿山开采过程中对水源的破坏比较严重，由矿山地下开采的疏干排水导致区域地下水位下降，出现大面积疏干漏斗，使地表水和地下水动态平衡遭到破坏，以致水源枯竭或者河流断流。另一方面，矿山企业和选矿厂在生产过程中产生了大量的废水。

（二）生态环境保护的相关法律

蒙古国主管环境保护的政府部门是自然环境绿色发展与旅游部。主要职能为在社会经济增长的同时，保障生态平衡发展，妥善利用自然资源，保护环境可持续和稳定，积极发展绿色旅游产业等。

蒙古国政府和公众都非常重视环境保护，绿色发展和环境保护的相关法律法规较多。蒙古国矿产资源开发行业快速发展，随之产生了一系列环保问题。针对这些问题，蒙古国议会和政府通过了一系列法律法规，对矿产资源开发行业矿区环境保护和恢复、矿区附近水源和森林地保护等进行了严格规范。企业申请矿产开采许可证时需提供详细环境评估报告。水源和森林地一定范围内禁止从事矿产资源勘探和开发等活动。近年来，蒙古国发生了多起企业因违反环保领域相关法律法规受到蒙古国政府各类处罚的案件。

蒙古国《矿产法》（新版）对环保方面的规定包括以下四方面。

（1）向主管环境问题的中央国家机关和有关省、县（市、区）行政长官提交对环境影响的评估和环保计划。

（2）许可证持有者在没有取得有关环保部门书面批准同意之前，禁止开始进行勘探和开发活动。

（3）对开采过的矿区要恢复原地貌。

（4）实行环保抵押金制度。为确保许可证持有者完全履行在环保方面承诺的义务，要求将相当于实施环保措施所需年度预算 50% 的资金作为抵押金，转入项目所属县（市、区）行政长官办公室专项账户内。该抵押金必须在项目实施前（季节性施工的项目在 5 月 1 日前，全年施工的项目在第一季度内）转入专项账户内。当年 12 月 1 日前施工企业按环保规定提交报告后，如未违犯环保条款，在 21 个工作日内将抵押金退还企业。

蒙古国《矿产法》几乎是每五年变化一次，这使很多外国企业不满，尤其是已经签署长期投资协议的企业，矿产法出台引发重重矛盾。可见，蒙古国相关法律法规的不稳定使中资企业投资蒙古国风险较大。

第二节　中国企业到俄罗斯和蒙古国投资存在的生态环境风险

中蒙俄三国围绕中方“一带一路”建设、俄方发展战略特别是跨欧亚大通道建设、蒙方“发展之路”倡议相互对接这条主线，依托互为邻国的地缘优势，推动合作逐步深入。随着合作的深入，有关各方越来越多地关注生态环境，提倡由过去的黑色投资向绿色投资转变。企业在投资中面临的生态环境风险，它不仅来自自然，更可能来自法律，甚至可能来自政治文化。

一、中蒙俄经济走廊沿线复杂的生态环境状况对海外投资的风险

中蒙俄经济走廊沿线地区面临生态环境退化、土地荒漠化、生物多样性减少、气候变化、水资源短缺、地质灾害、跨境污染等多领域和全球性等严峻挑战，因而开发建设活动可能进一步加剧地区生态系统的脆弱性，极易引发环境问题。对外投资的金融机构和企业应充分了解东道国的自身的生态环境问题是否会对投资项目的建设产生影响，如煤炭勘探，需要耗费大量的水资源，对于水资源匮乏的国家，在投资中要考虑其生态环境风险。现今，生态环境保护已成为国际投资不可或缺的重要方面，因此中国企业在中蒙俄经济走廊沿线国家的投资过程中也应该更多地关注其生态环境风险，积极地开展更多的绿色投资项目。

火灾、干旱、荒漠化等自然灾害与区域生态密切相关，自然灾害的影响不仅涉及政治、经济和社会问题，更涉及区域生态环境安全。如果灾害超出了自然环境的承载能力，将对人类健康和经济社会的可持续发展构成重大威胁。以蒙古国为例，蒙古国跨境火灾每年都严重威胁中国边境地区的林草资源。蒙古国土地荒漠化和旱灾问题也非常突出，特别是临近中国的南部地区。天气恶劣与自然灾害多发的地域面积广阔、地理地貌复杂决定了中国在蒙古国直接投资的难度。蒙古国有 13% 的小型湖泊干涸，有近 10% 的河流断流。水资源的不足是造成在南戈壁矿区小规模开采的重要因素之一，甚至使部分矿产集中区未能进行矿产开采。水资源的缺乏以及对当地不合理的开采都加大了在当地投资的难度。与此同时，不能及时准确地预知类似冰雪、地震、泥石流等自然灾害的来临也极大地增加了在蒙古国投资的风险。

蒙古国，平均海拔超过 1500 米，这对物流运输、旅游观光等产业的投资造成不

便；蒙古国地广人稀，很难开展劳动力密集型的大规模制造业；中蒙俄经济走廊沙漠化和冻土灾害风险对交通和管线布局及项目生产的安全性和设备设施的使用寿命都具有深远的影响，给中国企业在中蒙俄经济走廊国家对外投资带来了生态环境的风险。

二、中蒙俄投资项目聚焦环境敏感高的行业领域存在的生态环境风险

中蒙俄在合作投资过程中尤其以基础设施建设、资源能源开发和产能合作为重点领域。这些领域对环境敏感度较高，尤其是矿产开发、基础设施建设，需要占用大量的土地，不可避免地加剧环境污染、破坏地表植被、分割自然景观、增加废弃物排放等。中国对俄罗斯和蒙古国石油、天然气、矿产等行业投入的资金存量和资金流量皆呈快速上升趋势。由于上述投资产业是在自然环境中直接掘取资源和能源，或需要大量使用能源及资源，带来的生态环境问题无疑比其他海外投资产业更突出，使生产经营面临较高的环境风险。投资者需要重视项目建设生产中是否会给东道国造成新的生态环境破坏，如违反东道国环境法律法规，则要付出相应代价。正因如此，生态环境保护现今已成为国际投资需要考虑的不可或缺的重要方面，因此中国企业在对蒙古国和俄罗斯投资过程中也应该关注其生态环境风险。

上述风险是由生产建设引起的纯粹的环境问题，即跨国企业的经营活动确实对东道国环境造成了伤害，如违规排放废水废气、滥采滥伐破坏生态环境等。如日本大量木材加工企业为了扩大企业生产规模向东南亚一些发展滞后的发展中国家投资设立子公司、分公司，这些企业对东南亚一些发展中国家的森林资源进行了过度开采利用，对当地生态环境造成了严重破坏，引起了诸如水土流失以及山体滑坡等一系列生态破坏问题。

然而，由于不同国家环境保护法律以及相关制度的差异，对投资过程中生态环境破坏程度的界定以及赔偿程序都存在差异。我们尤其要注意以下三种类型。

（一）东道国环境法律体系宽松，可能会造成企业降低自身履行环境责任的风险

东道国的生态环境问题会使跨国企业面临一定的风险，但反过来，一些企业经营业务不当，也会不可避免地对当地生态环境造成一定的负面影响。如果东道国环境法律体系宽松，企业将降低自身履行环境责任的风险，从而加速东道国生态环境的恶化。

假设东道国法律体制宽松，那么，很多企业宁愿去承担因污染环境而遭受的惩罚，也不愿实施正常的环境标准以减少对环境的危害。因此，在东道国宽松的环境法律体制下，跨国企业出于节约成本的考虑，降低自身履行环境责任的要求，不重视制定科学完善的环保管理制度，或者在东道国实行差别化环保标准，危害东道国生态环境。如果这种环保责任缺位、环保管理机制不健全的问题长期存在，最终将可能会引发较为严重的环境危机，跨国企业也将遭受东道国政府严厉的制裁。跨国企业不仅要支付高额的罚款赔偿款，面临更加严格的环境监管，而且可能会因环境危机彻底退出东道国市场，对母公司的全球业务产生冲击。总之，虽然跨国企业能够利用东道国宽松的法律环境，借助降低环境要求和标准等手段获得一时之利，但从长远来看也是在不断累积自身的环境风险。跨国企业长期忽视经营活动对环境的负面影响，最终可能会酿成大的环境灾害，受到政府规制。

（二）东道国与投资国之间的环境法律存在差异，可能会造成企业投资的生态环境责任风险

一个环境法律体系相对成熟的国家，最主要的特点就是环境法律类型多样、深入细化。一般以环境保护基本法为基础，涵盖水利、矿产、土地、森林等一系列自然资源保护法，还有大气、水、噪声、固体废物等环境污染防治法，以及环境诉讼法。各种法律内容完整、规定细密、相互补充，形成完善的环境保护法律体系。目前，在环境法制方面，世界上最先进的是美国环境法和德国环境法，许多发展中国家都在吸收和借鉴这两个国家的经验，构建本国的环境法律体系。由于不同国家之间环

境法律发展程度存在差异，已经成为跨国投资者必须跨越的天然屏障。东道国与投资国之间的环境法律存在差异，跨国企业习惯于国内法，未能充分了解或适应东道国的环境法律，触犯相关法律规定，被当地政府追究法律责任。尤其是对由发展中国家到发达国家投资的跨国企业而言，熟悉东道国繁杂的环境法律是一项艰巨的任务，但也是规避环境风险的重要条件。近些年相比其他行业，中国石油企业境外能源投资成功案例并不多，投资管理团队不熟悉最新的国际投资规则、东道国环境保护法律是导致投资失败的关键因素之一。

（三）东道国相关环境法律的制定和变更，会造成企业投资的生态环境责任风险

在发展中国家，发展经济和提高居民收入是政府的首要任务，但同时又受制于资本和技术的短缺，只能选择基于大规模开发利用自然资源的粗放型经济发展模式，因此，在早期东道国对生态环境的法律相对宽松或者有些法律还未完善。随着经济实力的增强，政府和民众的环保理念也会有所增强，国家立法机构会出台或变更一系列法律法规，有针对性地逐个解决经济发展带来的环境污染问题。同样，在发达国家，虽然环保法律制度已非常成熟和完善，但也需要不断探索改革法律体制，提高法律资源的利用率和治理效果。目前，大部分发展中国家还停留在以不同环境介质为对象的单个的法律对应上，这种对症疗法容易造成法律间的冲突，降低法律的监管效率。然而，现今许多发达国家的环保法律已经突破了对症疗法，对各种环境介质进行综合规制，从整体上提高了治理环境污染的效果。东道国环保法律的制定与变更，可能会扰乱跨国企业的正常经营秩序，对外投资企业需要熟悉东道国经济发展阶段以及应对不断完善的生态环境相关法律法规。

三、中蒙俄经济走廊投资面临环境规制及其衍生风险

目前的环境保护往往与民意、政治、法律和经济因素掺杂在一起，环境风险可能只是政治、法律和经济等单个或多个风险的最终表现形式。随着环境保护意识逐

渐觉醒和投资所在地居民尤其是非政府组织对环境问题的参与或干预，东道国政府在国内强大政治舆论、民众舆论压力下随时可能采取措施（如颁布法令等）限制或取缔外国投资行为或外资经营，这使环境风险逐渐成为海外投资者不得不考虑的决策因素。在这类环境风险中，跨国企业可能并不存在环境方面的过错，或者说根据业务特性衡量其对环境产生的负面影响在合理范围之内。如美国政府为了保护自己国家的矿产资源，竟然提出了“国家安全”的理由，为此，在亚拉巴马州以及阿肯色州禁止开采矾土矿产，这一政策导致美国企业在奎亚纳以及牙买加争相开采矾土矿石，从而使这些国家的矿产资源被不合理地开采，导致环境被破坏。

目前，在东道国的民意、政治、经济和法律多因素的影响下，跨国投资企业将面临一些衍生问题。这些问题最终以生态环境风险表示，大体可以分为三类。

（一）当地居民环境保护意识会对海外投资项目造成潜在风险

海外投资者的投资不仅要取得东道国政府的行政许可，还要获得最重要的利益攸关方，即投资地居民的社会许可。由于民众的压力，东道国政府可能不颁发行政许可证，而且，即使东道国政府已经颁发了行政许可证，但迫于民众压力，东道国政府也可能停止续发或撤销行政许可证。东道国的规制措施无论是否正当，都将使投资者面临营业困难。

环境保护问题如果得不到妥善处理，会引发海外投资者和当地居民之间的关系紧张和冲突，并可能迫使东道国政府采取环境规制措施。蒙古国出现了以能源、资源保护为旗帜的社会运动。在资源保护主义思想的影响下，蒙古国的商业法律政策出现一定的不稳定性，投资门槛不断提高，对外国劳务的比例也有所限制。再加上蒙古国人民崇尚自然，他们历来就以草原为生存之本，当地居民非常重视保护环境，中石油和中石化在蒙古国的某些项目也都遇到了当地环境组织的抵制及政府环境规制方面的问题。这都加大了中国企业投资蒙古国的系统性风险，也提高了企业的综合运营成本，使投资利润空间进一步缩小。

当地居民的抗议往往是东道国采取规制措施的前奏。在海外投资过程中，如果对环境保护问题没有进行通盘的考虑，会引起当地政府、民众、非政府组织（NGO）

的规制和抗议，从而会导致重大损失，甚至使经营陷入困局。例如，《俄罗斯联邦环境保护法》第 11 条和第 12 条详尽规定了公民和从事环境保护活动的社会团体及其他非商业性团体的权利和义务，并且把公民生态教育作为环境保护的基本任务。俄罗斯公民环保意识强，对外资企业对环境的影响也较为关注，对此中国投资者也需特别注意。公民的生态权利是当代俄罗斯生态法的核心内容。对公民生态权利的承认，可以视为俄罗斯生态法的一个最实质性发展趋势。

（二）东道国和投资国的政治、经济、文化的矛盾会以保护环境为借口，造成企业投资风险

东道国政府对跨国投资所产生环境影响的评估标准和容忍度会随国内局势的变化而有所调整，因此，环境风险往往只是政治、经济、法律和社会文化等国家风险的最终表现形式。当东道国政府出于对民意、政治和经济利益的考量，想要限制跨国企业在本国的投资活动时，就会以保护环境为借口，依靠各种法律和行政手段，对跨国企业实施环境规制。这些手段表面上看“合理合法”，但实质上都是东道国政府借助自己的强势地位，完全基于环境保护之外的理由，滥用环境规制权，由此给相对处于弱势地位的跨国企业带来的环境风险也就难以完全避免。海外投资者存在被东道国受害公众通过诉讼追究民事责任的风险。实际上，如果海外投资者存在环境犯罪行为，还可能被东道国追究刑事责任。虽然各国因社会发展状况和法律制度沿革不同，对环境犯罪也缺乏统一界定，但基本上都存在环境刑事责任，并且入罪门槛越来越低。还有西方势力借助国际舆论和公众对于环境问题的关注，利用媒体及 NGO 对对外投资企业产生的环境影响进行批评，试图借此矮化中国国际形象，阻碍了对外投资的政策发展。

（三）企业面临环境规制的衍生风险

除了东道国政府环境规制行为对跨国企业造成直接经济损失之外，因同样的环境问题，跨国企业还可能会遇到衍生性风险，遭受潜在损失。例如，陷入长期的诉讼风险，付出高昂的诉讼成本；国际仲裁结果和执行情况的不确定性，可能无助于

挽回由东道国规制行为造成的经济损失；企业声誉和国家形象受损，可能会增加未来开拓国际市场的难度，以及降低在金融市场融资的便利性；等等。

跨国企业可能因环境问题而陷入长期的诉讼风险，付出高昂的诉讼成本。诉讼风险是指跨国企业因环境问题而被东道国政府、民众、公益组织发起民事和刑事诉讼的风险。实际上，无论跨国企业能否在民事或刑事诉讼中胜出，只要被受害者发起诉讼进入司法程序，都将付出高昂的诉讼成本。跨国公司面临的环境侵权责任诉讼一般都是跨国诉讼，诉讼费用高、时间长，而且可能会被受害者反复提起诉讼。

另外，环境问题导致跨国企业声誉和国家形象受损，降低企业的国际竞争力。跨国企业一旦因环境问题而遭到东道国的环境规制，肯定会背负破坏环境的“污名”。与此同时，为了防止污染事件再次发生，东道国政府一般会加强对此类企业的监管。例如，增加企业获得行政许可的难度、对企业进行经常性环保抽查，这些措施都会增加企业的经营成本。不仅如此，企业声誉受损还会增加企业开拓国际市场和外部融资的难度。随着绿色投资理念的盛行，许多国家在引进外资时，可能会直接将有污染环境劣迹的企业拒之门外，或者在双边投资协议中设定严格的环境限制条件，增加企业的投资成本。

第三节 应对中蒙俄经济走廊沿线国家投资的生态环境建议

目前，中蒙俄经济走廊沿线国家已经制定了绿色发展的规划及倡议，如《蒙古国的绿色发展战略》《俄罗斯联邦 2012—2020 年生态发展纲要》《俄罗斯联邦 2025 年前生态安全战略》等重要的文件，这意味着中国企业在投资合作时必须基于共同的绿色理念，必须以对环境负责的态度开展生产和经营活动。

当然，在目前环境灾害频发和环保理念盛行的时代背景下，引发环境风险的原因也复杂多样，既有跨国企业环保意识淡薄、环保责任感不足、对东道国法律法规不熟悉等自身因素，也有东道国政策调整、法律更新等国家风险层面的客观因素，二者往往相互叠加共同引发风险。总的来看，生态环境风险正在逐步凸显，中国企业应该学会应对中蒙俄经济走廊沿线国家投资建设中的生态环境风险。

一、企业需了解并自觉遵守生态环境的法律、法规及其相关政策

中蒙俄经济走廊沿线的生态环境状况复杂，而且企业投资中主要聚焦环境敏感的行业，因此对外投资企业需要全面地了解中蒙俄经济走廊沿线国家的环境法规、标准和相关的环境风险。

另外还要充分了解项目所属行业的环境法规和标准，以及该行业环境风险的主要类别和防范与应对的方法。高度重视采矿、火电、基建、钢铁、水泥、建材、化工、纺织印染等项目可能带来的环境影响，还要充分识别和评估投资项目对大气、水、土壤和森林等环境要素的潜在影响。

2013 年中国商务部和环境保护部颁布的《对外投资合作环境保护指南》倡导企业将环境保护纳入发展战略，了解并遵守东道国与环境保护相关的法律法规，审慎考虑投资所在区域的生态功能定位，推动对外投资合作的可持续性。如果当地环境法律严于国内法律，必须以当地法律为准；如果当地环境法律体系相对薄弱，也应自主提升对外投资活动的环境标准，参照国际规则和国内环境法律法规执行，做好环境调查和项目的环境影响评价，采取预防性措施控制、规避环境风险。

另外，跨国企业在东道国引发环境危机，不仅在当地的子公司需要承担主要责任，而且东道国的环境受害者还可能会通过投资国法院追究投资国母公司的连带责任。有的研究甚至支持投资国政府对本国跨国企业所造成的环境损害承担责任，因为投资国政府既然能从对外投资中获取收益，就有责任和义务监管跨国企业的经营活动，最大限度地限制企业危害生态环境的行为。

二、企业要完善生态环境风险的评估和管理

跨国企业要想避免因污染环境而遭受环保制裁的风险，必须从企业管理理念的源头重视环保工作，将环保意识纳入企业发展的战略体系，贯穿企业生产经营管理活动的每一个环节。在制度层面，健全环境保护管理体制，包括制定完善的环境保护措施、环境风险评估体制和科学的应急处理措施，并保证各项措施执行到位。如美国联合碳化物公司印度博帕尔农药厂毒气泄漏事故，就是企业环保意识淡薄和环境保护管理机制缺失导致重大环境危害的典型案例。该事故中，投资方违规储藏大量的剧毒液体异氰酸酯，并对安全稽查队的风险提示不予重视。同时，企业管理体系存在较多漏洞，如设备管理人员不足、检修和保养不到位、缩短工人安全培训周期。毒气泄漏之后，缺少应急处理机制，导致灾难后果扩大化。因此，中国企业应该吸取相关风险案例的经验教训，真正认识到环保意识和管理体制对预防环境危机的重要性。

鼓励投资者进行自我规制，包括通过行为守则及合同进行力所能及的自我规制。在全球化时代，跨国公司日益强大，它需要对利益攸关方承担更大的责任。跨国公司要考虑和决定各利益攸关方的要求，承担更大的社会责任。跨国公司的繁荣取决于公司处理与不同利益相关方关系的能力。实践中，中国公司在采掘业等行业已经引入了国际环境标准，但仍需使相应的规制框架真正发挥作用。从环境保护的角度，这需要公司识别其主要环境影响、系统地改进环境绩效以及引入独立的第三方认证系统。发挥非政府组织对海外投资环境保护的监督作用。非政府组织在各个方面对于海外投资环境保护的参与，包括国内立法的通过、国际投资协定的谈判、国际投资争端解决各个阶段，尤其是作为法庭之友对国际投资仲裁的参与，表明了非政府组织在海外投资环境保护中的重要作用。非政府组织对中国海外投资者及服务机构的态度并不宽容，相反却更加严苛。中国海外投资者和中国政府应该注意与这些非政府组织的沟通与合作。

在“走出去”环境管理方面，中国企业尚缺乏经验和指导。国际上许多跨国公司在履行社会责任方面具有较为丰富的经验，对企业的社会、环境等外部影响的管

理相对成熟，应借鉴其在环境可持续领域的最佳实践，通过强化内部建设和自我规制，看齐行业标杆，主动提升应对环境风险的能力。

另外，建议在环境高风险领域的对外投资企业积极使用环境责任保险作为环境风险管理的工具，充分发挥保险公司在监督企业降低环境风险、减少环境事故方面的作用。对外投资企业应遵循项目所在国关于在环境高风险领域（如采矿、石油、化工、危险品运输等）对环境污染责任保险的投保要求，积极使用国际保险机构提供的环境责任险来管理环境事故可能造成的法律和财务风险。

三、建立生态环境专业化团队并积极参与国际环境可持续项目

随着世界环保形势和人类认知的改变，环境风险在国家风险各要素中所占的权重不断提升，而且很多情况下环境风险只是政治、经济、法律和文化等主要风险要素的最终表现形式。因此，研究环境风险必须与其他国家风险要素相结合，才能得出科学的预判。例如，在对俄油气资源投资过程中，中国企业面对的是俄罗斯错综复杂的法律环境，所以投资管理团队必须拥有精通经济、法律和技术的专家队伍，来对俄罗斯油气田分布区域、地质结构、生产状况，以及俄罗斯法律法规、税收制度和合同模式及条款充分研究。从油气田项目的原始数据、项目的技术可行性、经济可行性、专业化的法律应对建议出发，认真研究和分析西方石油公司在俄罗斯的成功投资案例，做到既熟悉中国对外投资政策，又精通俄罗斯国内的法律法规，更是了解国际市场规则，还能针对不同投资风险给予专业的应对建议。未来俄罗斯将进一步对东北亚地区开放其石油天然气资源，中国可以选派一些年富力强、熟悉业务、懂管理且外语基础好的骨干接受专业系统培训，还可以选派人员到跨国石油公司学习与锻炼，从实践中积累投资项目风险管理经验。企业投资管理团队除了掌握必要的俄罗斯油气田勘探产地、投资设施和重点项目的信息，还应立足长远制订契合实际的投资合作计划，为俄罗斯石油企业提供技术支持以及其他配套服务，通过良好的贸易合作获取俄罗斯石油天然气来进一步保证国家战略能源安全。

目前，中国还未建立起类似西方国家的海外投资国家风险评估机制，主要障碍

是信息情报收集与风险研判脱节。一方面海外投资企业长期根植于东道国市场，对东道国国情有深入了解，可以及时掌握最新的形势变化，可是缺少完善的风险研究方法和专业化的人才队伍，对信息情报的综合分析能力相对不足；另一方面国内的国家风险研究机构拥有完备的多学科研究队伍，可是受限于机构属性、经费拨付等制度瓶颈，没有能力设立海外分支机构或开展经常性海外调研活动，这就导致严重缺乏一手的风险信息，主要通过网络了解与分析东道国的政策和经济数据、行业发展动态、相关机构已有的国家风险研究成果等一些公开的信息。如果不能打通企业与研究机构之间的信息交流屏障，就无法形成高效、准确且符合企业市场化需求的风险研究产品。

同时，制订与项目开发配套的"环境管理计划"和补偿机制，尽力减少项目运营对当地环境的影响；鼓励与国际机构和非政府组织进行适当的协同合作，开展一系列提升当地环境质量、促进当地资源可持续利用的环境可持续项目。同时，企业要提高自我营销意识，积极宣传正面的环境保护社会责任案例，打造、经营负责任企业的品牌形象。

四、切实加强中国政府对外投资的相关保护和约束力

中国政府可以尝试从立法层面升级对跨国企业海外投资行为的监管，不必担心严格的监管措施可能会增加跨国企业海外投资的成本，损害企业竞争力。因为在当今世界，跨国企业之间的竞争已不单单是资本、技术和产品的竞争，企业的社会责任感和先进的经营理念也成为帮助其在竞争中脱颖而出的核心优势，综观美国、澳大利亚等国家执行高环境标准的跨国企业，依然在国际市场上保持超强的竞争力就是最好的例证。另外，除了政府层面的监管，银行、保险和担保等中介机构，也可以在与跨国企业的合作中设置严格的环保标准审查条件，强化对跨国企业履行环保责任的直接约束。

从投资国的角度看，中国无论从立法还是司法方面，都要加强对海外投资者的约束，从而规范其影响海外投资环境的行为。在立法方面，全球化导致一些全球问

题的解决需要各国的合作与国家主权的弱化，对于东道国的环境保护问题，投资国与东道国必然需要加强合作。海外投资者为投资国带来收益，投资国自然应承担规制义务。在司法方面，要积极通过司法渠道间接保护海外投资环境，使投资者在做出恣意损害环境的行为之前有所顾忌。

中国于 2014 年通过《境外投资管理办法》，但其中缺少环境保护问题的相关规定。为了规范投资者在投资过程中与环境相关的行为，中国应建立对外投资环境保护法律体系，并且逐步建立涉外投资环境影响评估和监管制度，为投资者提供法律法规的指导，促进并督促其在对外投资过程中保护环境。此外，中央政府和各级地方政府可以在其发布的“一带一路”相关政策中加入规范企业对外投资过程中环境行为的规定和鼓励企业环境保护的措施。

中国还应通过银行、保险机构和证券交易所对海外投资者履行环境保护义务进行更直接的监督。银行、证券和保险机构是海外投资者需要依赖的中介机构，其对海外投资在环境保护方面的规制作用会更有效。世界银行及监察小组和多边投资担保机构与国内银行和保险机构的监管类似，但由于条件更加严格，其所具有的约束力可能更强，有能力的海外投资者可以向其申请贷款和保险，从而接受其环境监管。监察小组的工作在环境保护方面是有成效的，对环境政策的遵守在世界银行的贷款要求之外再提供了一层保障。

五、争取签订包含环境条款的国际投资协定

随着国际环境保护的迫切需要，越来越多的双边投资条约中开始出现环境保护条款。目前，中国对外签订的 104 个双边投资协定中，中国与特立尼达和多巴哥共和国、中国与日韩签订的双边投资协定中，在前言部分含有“不放松对健康、安全和环保措施的普遍适用”的内容。“一带一路”沿线国家和地区俄罗斯、哈萨克斯坦等国，在水质标准上大多数高于中国。以俄罗斯为例，俄罗斯对水质衡量的指标多达 1000 余项，在具体的标准上，有些标准大大地高于中国。此外，东盟国家在水质中的重金属标准控制上比中国严格。“一带一路”沿线国家和地区的不同的环境

保护标准，对中国的“一带一路”生态环境保护工作标准的制定和实施提出了协调兼顾不同国家情况的要求。

强调可持续发展的国际投资协定应该是中国的价值取向，但鉴于中国目前海外投资的发展状况，即在快速发展却仍然处于相对弱势、面对众多障碍的情况下，不宜矫枉过正和操之过急。一方面要认识到，在协定中强调环境保护的必要性；另一方面也要认识到，这种保护可能成为一些国家设置环境壁垒和投资保护主义的一种手段。所以，在将投资国和投资者的某些环境保护义务上升为具有强制约束力的条约义务时要审慎，在目前阶段，仍应以软法义务为主。东道国的环境规制措施应符合真正为环境保护目的、非歧视、比例原则、善意等要求。中国的海外投资者应该借鉴西方跨国公司的成功发展模式，尽量减少由自身投资引起的生态环境方面的风险。这要求我们一方面要将保护环境作为一种法律义务来对待，而不是将其仅仅视为仁慈或道德上的义务；另一方面又要认识到，国际投资协定中的环境保护义务大多还处于软法阶段，软法仍是主要的规定方法。但无论如何，国际组织保护环境的软法文件被视为国际组织的非凡成就，国际组织正是通过这些软法文件进行环境治理，对企业投资过程中的环境保护发挥重要作用。

参考文献

[1] 毛显强，刘峥延，刘菲. 中国对外投资面临的环境风险及管理探析[J]. 环境保护，2013，41（14）:52-54

[2] 董欣. 俄罗斯利用外资的政策与环境研究[D]. 黑龙江大学，2014

[3] 陈晗. 新常态背景下中国对俄投资研究[D]. 黑龙江大学，2016

[4] 娜仁图雅. 中蒙外国投资法比较研究[D]. 山东大学，2010

[5] 韩宇. 中蒙矿产资源合作研究[D]. 哈尔滨工业大学，2016

[6] 奥云. 中国企业境外投资环境的影响因素研究：以蒙古国为例[D]. 南京理工大学，2017

[7] 拉木苏仁. 中蒙俄经济走廊视阈下中蒙贸易发展模式研究[D]. 内蒙古大学，2017

[8] 黎青.中国对蒙古国直接投资风险研究[D]. 哈尔滨商业大学，2017

[9] 王世鹏. 中国企业参与蒙古国矿业投资的机遇与风险[J]. 中国矿业，2015（s1）:169-173

[10] 依娜达. 中俄能源合作关系法律问题研究[D]. 复旦大学，2013

[11] 张儒伟. 中国对俄罗斯油气资源投资研究[D]. 对外经济贸易大学，2015

[12] 杜拉维尼娜·达丽娅. 中国对俄罗斯投资问题研究[D]. 黑龙江大学，2013

[13] 内蒙古自治区发展研究中心，内蒙古自治区经济信息中心. 中蒙俄经济走廊建设重点问题研究[M]. 人民出

版社,2016

[14] 李雄. 论国际投资的环境保护法律风险及其防范[D]. 湖南师范大学，2013

[15] 王洪凯. “一带一路”战略下我国海外投资的环境保护问题及应对[D]. 华侨大学，2017

[16] 陈韵莹，何芳. 中俄生态合作的现状及前景分析[J]. 区域经济，2018，6（10）:43-53

[17] 林英梅，庞昌伟. 俄罗斯生态治理的对策与措施[J]. 求索与借鉴，2017（3）:70-72

[18] 敖仁其，娜琳. 蒙古国生态环境及其东北亚区域合作[J]. 内蒙古财经学院学报，2010（3）: 34-37

[19] 布仁高娃.蒙古国荒漠化现状、成因及草原畜牧业前景研究[D].内蒙古大学，2011

[20] 白乌云，金良. 蒙古国与内蒙古草原生态环境问题及其解决途径比较研究[J].经济论坛，2015（5）:18-21

[21] 赵盼盼. “一带一路”下中蒙矿产资源合作与环境风险研究[J]. 内蒙古财经学院学报，2016，2（14）:8-10

[22] 孟和图拉嘎.蒙古国矿区生态文明建设对策研究[D].哈尔滨师范大学，2017

[23] 赵然.生态保护在中蒙俄经济走廊建设中的地位与作用[J]. 中国经贸导刊（理论版），2018（5）:22-24

[24] http://www.igsnrr.ac.cn/xwzx/kydt/201811/t20181112_5169470.html

[25] 朱育漩. “一带一路”绿色投资原则第一次全体会议在京举行 绿色发展引领“一带一路”绿色投资[J].环境经济，2019（15）:62-65

[26] 李亚楠.《当代俄罗斯生态安全：保护政策》（节选）的翻译报告 [D].内蒙古师范大学，2017

[27] 2013年12 月4 日俄罗斯联邦总统令《俄罗斯联邦2025年前生态安全战略》

[28] Проект Государственного доклада «О состоянии и об охране окружающей среды РоссийскойФедерации в 2017 году». M.: Минприроды России；НПП «Кадастр»，2018. 896 c.，http://www.mnr.gov.ru/docs/proekty_pravovykh_aktov/ proekt_gosudarstvennogo_doklada_o_sostoyanii_i_ob_okhrane_okruzhayushchey_sredy_v_2017_godu/

[29] 陈芳，刘虎俊，刘淑娟，Ariunaa Ochir.基于MODIS的蒙古国2003—2017年荒漠化动态监测[J].西北林学院学报，2019(5):167-171

[30] 商务部国际贸易经济合作研究院，中国驻蒙古国大使馆经济商务参赞处，商务部对外投资和经济合作司.对外投资合作国别（地区）指南——蒙古国（2018版）[R]，2018

[31] 董正信等.绿色投资[M].中国环境出版社，2016

[32] 龙永图等. “一带一路”案例实践与风险防范[M].海洋出版社，2017

[33] 葛察忠. 中国对外投资中的环境保护政策[M]. 中国环境科学出版社，2010

[34] 刘正. 中国国际投资协定的环境条款评析与完善思考[J]. 法学杂志，2011（12）:90-93

[35] 吴芳芳. 国有中资企业在海外经营中的社会责任问题研究[D].北京大学，2013

[36] 邱煜. 双边投资协定（BIT）中环境保护法律问题的研究[D].南京财经大学，2014

[37] 廖昌军，周承材. 中国对外直接投资的环境保护问题及其对策探析[J]. 未来与发展，2010（07）:27-31

[38] 李晓西，关成华，林永生. 环保在我国“一带一路”战略中的定位与作用[J]. 环境与可持续发展，2016(1):7-13

[39] 刘恩媛. “一带一路”建设中的环境保护法律制度构建[J]. 理论与现代化，2015（06）:108-112

[40] 刘万啸.全球治理视野下环境保护与国际投资体制的冲突与协调[J].齐鲁学刊，2017（07）:97-102

[41] 韩秀丽.中国海外投资中的环境保护问题[J].国际问题研究，2013（05）:103-115

[42] 蓝虹. 中国海外投资对东道国环境和社会的影响[J]. 中央财经大学学报，2013（07）:65-71

[43] 吴岚. 论我国海外投资保险制度的完善途径[J]. 山东科技大学学报（社会科学版），2016（01）:25-32

[44] 张明扬. 中国对外直接投资中的环境保护问题探究[D].云南财经大学，2015

[45] 腾讯网.缅甸为何拒绝中国大坝[EB/OL].http://view.news.qq.com/zt2011/miandian2/bak.htm，2010-05-12/2016-12-18

[46] 马迅. 国际投资协定中的环境条款述评[J]. 生态经济，2012（07）:39-46

[47] 韩秀丽.中国海外投资的环境保护问题研究——国际投资法视角[M].法律出版社，2013

第八章

中蒙俄经济走廊沿线国家的投资风险防范

中蒙俄经济走廊是“一带一路”倡议的重要走廊之一，也是连通俄罗斯、蒙古国，建立与欧洲经济圈的重要通道。中国对外发展投资需要的矿产、木材、油气资源在当地相关利益集团看来不利于本国的产业升级与创新，担心自身成为中国原料的供应地，对投资合作的开展抱持谨慎态度，同时由于存在地方保护主义以及中国对外投资的准备不充分，中国对蒙古国和俄罗斯的国家投资经常在最后环节被否决或者实施过程中受到地方政治因素的阻挠，有损中国企业对蒙古国和俄罗斯的投资信心。这其中涉及多方面的问题，是中国企业对外投资过程中不可忽视的风险问题。

第一节　中蒙俄经济走廊范畴内中国企业的投资风险

一、中国企业对蒙投资工程和项目实施时存在的风险

（一）政治风险

1. 蒙古国政局不稳定因素增多，未来走向存在不确定性

蒙古国实行多党制，国家大呼拉尔（议会）是蒙古国国家最高权力机关，行使立法权，可提议讨论内外政策的任何问题。蒙古国现行政治体制导致总统、议会、

总理经常相互牵制，有时甚至对立，已经成为制约国家发展的瓶颈。

2. 蒙古国一院制制度下的国内政治连续性和稳定性较差

由于蒙古国实施一院制制度，一院审案难以周全、有争议性的法案容易通过，导致每逢政府换届均需要重新对上届政府未实施的议案进行审议，这给外国投资者带来了较大的政策风险。

3. 蒙古国国内贫困问题突出

蒙古国自政治制度转型以来，政权平稳过渡，政局基本稳定，经济发展起色明显，但贫困与贫富差距问题仍十分突出。根据蒙古国统计局的数据，2017 年蒙古国人均 GDP 为 3771 美元，在发展中国家处于较低水平。

（二）经济风险

1. 蒙古国处于经济发展的过渡期

蒙古国在经济转轨和培养市场经济体系的关键时期，企业也面临转型。在经济体制转轨初期，企业代理人会利用法律空当使企业的财产私有化或者对外贸易经营比较自由，不受法律约束。这些行为都会导致企业的经营者在经营企业的过程中出现一些虚假行为，会给企业带来发展风险。

2. 不同执政党执政的过程中经济政策变化较大

蒙古国的政治体制也决定了不同执政党在执政的过程中经济政策变化较大的问题存在，不同的执政党所代表的利益主体不同，因而会导致党派竞争过于明显，选举过后带来经济波动，因此，政府的行政运行效率不高，压缩企业的生存和发展空间，使经济政策执行不起来。

3. 无法通过拉动内需促进经济发展

蒙古国气候恶劣，地形复杂，人口稀少，而企业在生产经营过程中技术条件有限，工人的需求量过大，这样会出现工人供给不足的情况，导致市场需求受限，无法通过拉动内需的方式来促进国家的经济发展。同时蒙古国的人民生活水平不高，主要消费一些基本的生活用品，对于一些高端产品的消费量有限，因此也会加剧市场经济效率低下问题。

4. 蒙古国债务形势严峻，汇率波动较大，投资环境不明朗

蒙古国经济正在复苏，但目前面临严峻挑战。蒙古国拥有大量的铜、金、煤炭和其他矿产资源，这些矿产资源许多处于待开发或已投产状态。蒙古国经济拥有多元化发展涉农产业（尤其是乳业、肉类和羊绒业）以及旅游业的良好潜力。另外，由于其重要的战略位置，蒙古国有可能从更紧密的区域一体化中受益。基于以上原因，蒙古国经济前景向好。然而，目前蒙古国经济增长低迷、外汇储备较少、财政赤字规模较大、债务不断增加、银行体系脆弱。外部冲击给脆弱的蒙古国经济以沉重打击。此外，扩张性政策加剧了这些冲击对蒙古国经济的影响。

（三）外交风险

1. 蒙古国对外战略探索“永久中立国”

蒙古国是一个典型的内陆国家，南北相邻中俄两国。面对两个不论在地理上还是在国际战略格局中均举足轻重的军事大国和政治大国，地缘因素决定了蒙古国的国家安全战略和对外政策选择都会受到较大限制。冷战结束以后，苏军从蒙古国全部撤出，蒙古国的安全环境发生了极大的变化。蒙古国奉行开放、不结盟的外交政策，强调同俄罗斯和中国建立友好关系是蒙古国对外政策的首要任务，主张同中俄均衡交往，发展广泛的睦邻合作。同时重视发展同美日德等西方发达国家、亚太国家、发展中国家以及国际组织的友好关系与合作。

当前，中蒙俄三边关系也处于良性互动中，蒙古国方面希望推动中蒙俄经济走廊建设来发展经济，也希望积极构建和落实“永久中立”政策来巩固国家安全。

2. 中蒙关系在曲折中发展

中蒙建交 70 多年来，虽然睦邻友好是两国关系的主流，但两国关系并非一帆风顺。1994 年两国签订《中蒙友好合作关系条约》，两国就在和平共处五项原则基础上发展友好合作关系达成共识。1998 年两国建立睦邻友好合作关系，2003 年建立睦邻互信伙伴关系，中蒙关系迈上新台阶。2011 年中蒙建立战略伙伴关系，2014 年中蒙建交 65 周年之际，双边关系又被提升为全面战略伙伴关系。

（四）安全风险

1. 蒙古国社会治安形势基本尚可，但犯罪率不低

蒙古国刑事案件主要以盗窃、抢劫和诈骗为主，集中在集贸市场、超市及车站等人流密集场所。

受经济危机影响，蒙古国社会贫富分化严重，引发诸多社会矛盾，直接影响社会治安状况。根据蒙古国国家统计局的数据，截至 2018 年第二季度，蒙古国国内失业率为 7.5%，发生犯罪数量 20042 起。根据蒙古国法律，允许当地居民合法持有枪支，也增加了治安管理难度，对安全形势产生负面影响。

2. 极端天气常见，影响正常生活

蒙古国冬季极为寒冷，且持续时间较长，排除外部因素影响，每年供暖期从 9 月到次年 5 月，一年的施工期只有不足 6 个月的时间。此外，由于夏季天气极端炎热，蒙古国多次发生森林大火，应急处置能力尤其是森林灭火力量严重不足。2017 年，蒙古国首都乌兰巴托市附近及中央省、色楞格省、布尔干省发生多起森林、草原火灾。

（五）法律风险

蒙古国法律修订频繁，严重影响了外商投资信心。投资者应充分考虑到法律环境的复杂性和不稳定性，就蒙古国的整体投资环境和相关行业法律法规进行深入调研和评估。

1. 新的《投资法》效果有待观察

2013 年 11 月 1 日，蒙古国颁布了新的《投资法》，旨在通过法律的形式为外国投资者提供税收的稳定与优惠，并保护外国投资者的权益，以吸引外来投资。《投资法》对投资形式、投资者的保护、鼓励投资措施、投资者的权利和义务、稳定投资环境措施、外国国有法人的投资均做出了较详细的规定，但在企业实地经营中很难真正享受到相应权利和优惠。

2. 税收优惠审批存在相当大的变数

税收方面，蒙古国《投资法》对投资提供的扶持优惠政策包括税收扶持和非税

收扶持两部分，具体包括税收减免以及土地、劳工、手续、融资以及签证等多方面的优惠。但需特别注意的是，投资者想享受这些税收的优惠，则需要向蒙古国议会申请，得到议会的审批后才可以享有。蒙古国议会共76人，需要得到一半以上的投票通过，才能获得《投资法》“税收优惠”的审批 。

3.“土地使用权”不得转让、质押

根据蒙古国外资企业的划分标准，只要合资企业中外资占有超过25%的股权，即为外资企业。根据蒙古国《土地法》规定，外资企业只能拥有“土地使用权”。“土地使用权”不得转让、质押，而在项目投融资时，将土地权属质押给金融机构是基本规则之一，也是基本的担保条件之一，所以，蒙古国现行法律直接阻碍了项目的投融资。

（六）其他风险

1. 蒙古国人口较少，劳动力短缺

蒙古国存在一定的结构性劳动力短缺，尤其是一些技术工种。但是蒙古国市场容量有限，失业率较高。蒙古国为保障本国公民就业，限制外国劳务进入，实行严格的外籍劳务工作许可审批制度，企业引进外籍劳务，需要经过蒙古国多个政府部门的逐级审批后，才能办理劳动许可，并需缴纳名目繁多的费用。

2. 蒙古国属于内陆国家，没有自己的出海港口，运输能力有限

蒙古国没有属于自己的出海口，对外联系依赖中俄两国领土和领空。蒙古国有两个出海通道，一个是北方对外运输线，另一个是南方对外运输线。北方运输线最近出海口在俄罗斯太平洋沿岸，需要经过西伯利亚地区。这里常年积雪，地冻层多，不利于交通运输，路线也较长，服务对象只有美国、欧洲、日本地区，在暖冬时节也可向欧洲地区扩展业务。南方运输线主要是中国渤海地区出海口，出海便利，可以享受和中国北方地区一样的对外贸易便利。从天津港出发，可面向东南亚、南美洲、非洲、印度等新兴市场。蒙古国对外运输十分不利，考虑到铁路和公路运输成本，跨海贸易费用比靠近沿海国家普遍较高。

3. 基础设施建设缓慢

蒙古国基础设施建设水平整体较差，近年来蒙古国政府正逐步增加对道路等基

础设施建设的投入，目前处于较快发展的阶段。但受经济下行和财政赤字压力的影响，蒙古国建筑业仍然处于低迷状态。由于近年来移居蒙古国首都乌兰巴托市的居民数量不断上涨，住房刚性需求增加，建筑与销售市场也应声上涨。但在蒙古国经济放缓的大环境下，建筑业逐渐降温，目前已建成项目的销售状况堪忧。

二、中国企业对俄投资风险工程和项目实施时存在的风险

（一）政治风险

1. 中俄关系是影响在俄中资企业经营的重要风险因素

近年来，中俄关系呈现强劲发展势头，双方互信日益增强，政治、经济、安全等广泛领域合作成果丰硕。中俄两国领导人也建立了良好的个人关系，多次表示中俄关系处于历史最好时期。俄方对于发展中俄互利友好合作的政策具有持久稳定性，因此政治风险较低。

目前，中俄合作的重要性得到了广泛共识，但是具体的合作平台与协作机制迟迟无法实现，受到国内外的政治经济因素影响，仍处于理论研究阶段，双方合作仍存在阻碍，投资变数较大。

2. 俄罗斯政策决策过程缺乏透明度，兑现投资优惠承诺存在不确定性

俄罗斯的外资政策特点之一是经常变动，缺乏相应的连贯性和一致性。为了适应国际惯例，尽量符合 WTO 的需要，同时为满足国内经济结构调整的需求，俄罗斯对本国的立法进行了很大的修改，尽量体现出其对于外资尤其是直接投资的优厚承诺。然而，尽管俄罗斯目前制定的法律法规符合 WTO 规则的要求，但是在大多数情况下，被纳入俄罗斯法律体系中的 WTO 法律规则并没有反映到受法律约束的文件中，从而缺乏实际具体的措施，这增加了俄罗斯在其法律法规的实际执行中，兑现其投资优惠的承诺的不可预测性。

外资政策执行缺乏附加保障体系且执行不透明，因此境外投资者与俄罗斯政府之间很难互相信任，从而致使外资流失。

3. 俄罗斯政府对国内市场和产业保护意识浓烈，投资领域限制措施繁多，中资企业可能有遭遇投资障碍的风险

在俄罗斯，不仅具有很多的垄断行业，而且该国政府对外商投资的领域有较多的限制，从而对中资企业的投资和经营构成一定的阻力。2008 年 5 月，普京签署了《有关外资进入对国防和国家安全具有战略性意义行业程序》的联邦法。对于一些敏感行业如军工航天领域，政府在环境、技术等方面设置许多壁垒，阻碍外资的进入。同时，政府往往会特别关注诸如能源产业等敏感产业的外资投入和海外并购。另外，俄罗斯规定，公共采购和政府预算项目优先考虑本国产品，对进口车辆及工程机械征收报废税，等等。这一系列相关限制政策极大地影响了中资企业赴俄罗斯投资的积极性。

4. 美欧对俄罗斯持续施压，存在外部环境风险

美欧对俄罗斯持续施压，如何摆脱和应对，对俄罗斯外交来说是艰难的任务。美国和欧盟对俄罗斯的经济制裁还在延续，俄罗斯在叙利亚的行动遭到袭击报复的事件频频发生。种种情况表明，俄罗斯外部环境虽然得到改善，但乐观的局势尚未形成。

（二）经济风险

1. 受美国制裁的影响，俄罗斯经济放缓

自苏联解体后，处于经济转轨时期的俄罗斯出现持续多年的经济下滑现象，客观上影响了中俄双方贸易合作。普京执政后，由于对经济加强了治理，不仅使经济摆脱了严重的转型危机，而且逐步走向复苏直至进入经济增长期，俄罗斯的通货膨胀率随之下降。但 2014 年，国际油价的下跌使俄罗斯国内的经济形势进一步恶化。2015 年的低油价几乎拖累了俄罗斯所有的主要经济指标，俄罗斯的 GDP 约为 1.2 万亿美元，下降了 3% ~ 5%，通胀率高达 14% ~ 16%，用卢布结算的贸易额下降约 12%。尽管俄罗斯经济面临重重困难，但应当看到，近几年来俄罗斯正在从油价下跌的影响中逐步恢复，卢布汇率保持相对稳定的状况，通货膨胀也得到了逐渐缓解。

2. 俄罗斯经济结构性问题突出，改革动力不明显

长期以来，经济结构问题始终是困扰俄经济发展的重要因素。目前在俄罗斯，原材料尤其是能源的出口仍是带动经济发展的主要引擎。由于俄罗斯的经济发展模式对能源产业过度依赖，因而其经济发展存在着较大的脆弱性，使经济增长具有较大的波动性，有碍于经济的长期稳定发展。

自 21 世纪初以来，不断增长的石油收入支撑了俄罗斯联邦政府收入，并向国内银行业注入了大量流动性，使人均收入、公共服务和生活水平得以大幅提高。然而，2015 年的经济衰退和油价暴跌，导致俄罗斯人均收入（以美元计算）较 2013 年水平下降了 40%。俄罗斯当前所面对的经济困局，对快速发展的中俄经贸合作尤其是高科技和大项目领域的投资合作将产生一定的影响。对俄罗斯而言，实施中俄双方已达成的协议和签订的合同仍有一定难度。这增大了中俄经贸合作的不确定性。

3. 俄罗斯人口老龄化严重，经济生产力受到影响

据俄罗斯联邦统计局预测，2018 年，俄罗斯人口可能会缩减到 1.36 亿。另外，美国全球政策智库兰德公司的报告指出，由于俄罗斯生活水平下降，死亡率高、生育率低，俄罗斯人口到 2050 年前后可能下降到 1.11 亿。面对大部分地区人口减少或老年居民人口减少的情况，俄罗斯未来几十年的财政和增长前景将面临越来越大的压力。经济生产力有可能降至最低。人口因素是俄罗斯迫切需要外籍劳工的重要因素之一，出生率下降、死亡率上升、人口老龄化等社会现象突出。俄罗斯联邦统计局的一项研究指出，俄劳动力人口平均每年减少 100 万。由于人口的下降，达到服兵役年龄的男性人数不断减少，俄罗斯可能还面临服兵役人员缺乏的问题，从长远来看，这可能会削弱俄罗斯自卫的能力。

（三）金融风险

1. 汇率风险

2018 年受美国制裁影响，俄罗斯卢布汇率快速下挫使中国出口俄罗斯货物以卢布标记的价格显著上升，买方可能因此拒收货物或拖欠货款。

同时，根据克里米亚危机爆发时的经验，俄罗斯央行将很可能针对自然人和法人限定每日购汇额度或对换汇申请设定较高门槛和严苛要求以限制汇率波动。因此，俄罗斯进口商或将面临一定的换汇困难，影响买方或银行正常付款，进而导致出口企业无法按时收汇。因此，中国企业投资俄罗斯需密切关注俄罗斯卢布汇率波动情况，实时跟踪收汇，及时调整付款方式，做好应对汇率风险的相应措施。

2. 中资企业在俄罗斯融资贷款困难

俄罗斯的信贷一般按市场条件分配，私营部门可以获得各种信贷工具。外国投资者可以在俄罗斯市场获得信贷，但利率差异往往会促使发达经济体的投资者在投资俄罗斯时在自己的国内市场上借款。此外，俄罗斯银行的业务时间很短，限制了可用于长期投资的资金。在俄罗斯境内经营的外国企业必须在俄罗斯注册为商业实体。

中资企业在俄罗斯融资贷款困难，中资银行针对终端（包括个体用户和二级经销商）的贷款较少。中国在俄中资金融机构为防范经营风险，对开展企业信贷服务业较为谨慎。目前中资企业在俄罗斯主要融资方式有出口买方信贷，海外中资金融机构，如中国工商银行（莫斯科）股份公司、中国银行（俄罗斯）股份公司、丝路基金，以及政府优惠贷款。

3. 在技术操作层面搜寻、评估俄罗斯基础设施项目的收益率和潜在风险是中国出资主体的重要挑战

从整体上看，面对大规模的城市化进程，中国资本输出必将是一个渐进的过程，这要求在融资前仔细分析俄罗斯项目的收益和风险，避免盲目输出资本。从风险上看，经济学家认为，在债务违约方面国家开发银行与丝路基金面临的违约风险要显著高于亚投行。鉴于基础设施建设的需求，俄罗斯准备在新的经济周期里扩大外债。目前，从债务结构来看，俄罗斯的外债水平并不高，2017 年俄罗斯外债总额为 5290.84 亿美元，占 GDP 比重为 40.5%，总量虽然不高，但增速快。在严峻的外部环境和结构改革并不明朗的条件下，外债规模扩大过快会导致大量低利率资本的注入催生泡沫，中国需要长期监测俄罗斯的经济走势，审慎提供廉价融资。

（四）生态环保风险

中国经济发展对资源的巨大需求，使中国海外投资在一定程度上具有资源导向性。到目前为止，中国对蒙古国和俄罗斯的投资多涉及矿山开采、水力发电等资源性项目，本身对生态环境影响较大。中国对俄罗斯和蒙古国的石油、天然气、矿产等行业投入的资金存量和资金流量皆呈快速上升趋势。由于上述投资产业是在自然环境中直接掘取资源和能源，或需要大量使用能源及资源，带来的生态环境问题无疑比其他海外投资产业更突出，使生产经营过程中面临较高的环境风险。

1. 环境保护标准高，对外商投资环保监管严格

俄罗斯重视对自然资源的保护，环境保护是该国一项重要的战略，其环境保护法的相关规定标准较高。《俄罗斯联邦环境保护法》和《俄罗斯联邦生态评估法》是环保基本法律。俄罗斯对外商投资环境保护有严格的监管制度。根据俄罗斯环保相关法律规定，外资企业到俄罗斯建厂需要向该国国家鉴定局提交环境评估报告，进行审批。对于与生态评估客体相关的经营活动，如石油、天然气开采等同样需要进行评估，只有在活动符合俄罗斯环保领域的相关法律法规和技术规范后才能颁发投资许可。若俄罗斯国家相关环保部门对外资企业的投资活动和生产经营过程中进行检查和监督时，发现企业有违反生态法规和环保标准的现象，有权责令其整顿，严重则关闭，废止投资许可证。

2. 当地居民的环保意识会对海外投资项目造成潜在风险

当地居民的抗议往往是东道国采取规制措施的前奏。在海外投资过程中，如果对环境保护问题没有进行通盘的考虑，会引起当地政府、民众、非政府组织（NGO）的规制和抗议，从而会导致重大损失，甚至使经营陷入困局。《俄罗斯联邦环境保护法》第 11 条和第 12 条详尽规定了公民和从事环境保护活动的社会团体及其他非商业性团体的权利和义务，并且把公民生态教育作为环境保护的基本任务。俄罗斯公民环保意识高，对外资企业对环境的影响也较为关注，对此中国投资者也需特别注意。公民的生态权利是当代俄罗斯生态法的核心内容。对公民生态权利的承认，可以视为俄罗斯生态法的一个最实质性发展趋势。

（五）其他风险

1. 中俄边界口岸通关仍存障碍

俄方口岸基础设施建设及改造投入不足，通关环境及查验设施、设备较为落后，在检验检疫、口岸名录等方面还存在诸多限制，通关效率低，过货品种有待扩大。

2. 中俄之间的运输通道，尤其是大宗物资的运输渠道不畅

铁路运输费用高昂，企业物流成本过高，保税区功能尚未完善。新华社分析师实地调研时发现，目前从东北地区到俄罗斯远东地区铁路运输约 15 天，海运约 2 个月，如果不是客户急需，企业主通常不会走铁路。因为即使算上国家补贴，每个集装箱的货物都要比海运贵 1500 美元，企业几乎无利可赚。

3. 疾病及病虫害频发

从俄罗斯进口的原木带有检疫性害虫的比例高，内蒙古二连浩特检验检疫局、满洲里检验检疫局和绥芬河检验检疫局等口岸检出率在 50% 以上。

4. 俄罗斯在劳动力资源方面存在较大缺口

外来劳务大多为劳动年龄人口，能直接进入劳动力市场，对优化俄罗斯劳动力市场结构起到很大作用。俄罗斯劳动部建议大幅削减外国务工者在俄罗斯某些行业的比重，如建筑、蔬菜种植和陆路交通等。

俄罗斯移民政策将向吸引高技术人员倾斜。为引进高端人才，俄罗斯移民局向外国专家发放 2 年劳务许可，向高端专业人员发放 3 年劳务许可。俄罗斯 2020 年前创新发展战略中提出，2011—2013 年俄罗斯政府主要工作是提高并激励企业创新意识，从 2014 年起进行大规模的工业现代化改造升级。财政鼓励政策将向引进人才方面倾斜，吸引创新领域的科学家、企业家、专业人士等人才。

根据《俄罗斯联邦外国公民法律地位法》规定，外国公民根据劳资双方签订的劳动合同，取得俄罗斯工作许可证的情况下，可以在俄从事相关的劳动活动。在俄罗斯合法居留的外国公民与俄罗斯公民享有平等权利并承担相应义务。外国公民应根据《俄罗斯出入境法》办理工作签证和到俄罗斯后的居留手续。

雇主需向俄罗斯移民局提供雇用外国劳工许可证，为每名外国工人办理劳务许

可的文件（其中含有批准俄联邦各地劳务配额）。俄罗斯移民局将根据每年劳务市场需求情况发放劳动许可证。

在外资信贷机构中俄罗斯雇员的数量不能少于雇员总人数的75%；产品分成项目中，投资者聘用的俄罗斯籍雇员数量应不少于所聘雇员总数的80%，只有在按协议进行的工程初期或在俄罗斯联邦国内缺乏具有相应专长的工人和专家的情况下方可聘用外国工人和专家。

俄罗斯新《移民法》自2015年1月1日起开始生效。新法对与俄罗斯实行免签证的国家取消了移民配额，代之以个人或者法人工作许可制度；所有移民必须用俄语通过俄罗斯法律和历史基础知识考试；免签证入境在无工作许可情况下180天内可停留90天；签署劳动合同时，必须参加医疗保险，用人单位缴纳额度为工资总额的1.8%。

鉴于此，中资企业在俄罗斯开展业务，面临劳动力不足、本国工作人员签证办理时长较长等问题，在远东地区劳动力不足问题尤为突出。

第二节　中蒙俄经济走廊沿线国家的风险防范及投资建议

一、投资蒙古国风险防范及建议

（一）推动多途径合作机制，实现战略对接

1. 不断增强两国互信，共同落实好两国领导人重要共识

秉持亲诚惠容的周边外交政策，坚持与邻为善、以邻为伴的方针，增强两国互信。各级政府应紧紧围绕两国高层达成的承诺，以增进两国互信，构建人类命运共同体

为目标，夯实双边关系政治基础。设立对接中蒙俄经济走廊相关事务的机构，制订统一的实施方案，在投资领域内获得中蒙双方的共同保护，特别是获取蒙古国执政者的认同和支持。

2. 实现两国发展战略的有效对接

近年来中蒙关系稳步发展，双方政府不断深化友好合作关系。在当前的国际新形势下，这两项发展战略相互补充、相互促进。同时对于两国来说，这两大战略的对接合作能够实现“1+1>2”的效果。具体而言，蒙古国的“草原之路”意在通过发展高速公路、铁路、天然气管道、石油管道等基础运输设施来发展国家经济，和“一带一路”的亚投行、丝路基金等具有一致的发展目标。这两个项目的确立与发展必将为亚洲乃至世界的发展提供强大助力。因此，两国倡议的对接能够推动区域经济合作进程，进一步提升中蒙贸易便利化，增加投资量，还可以通过海关合作、银行间特别是贸易融资、信贷、结算等领域的合作深化中蒙经贸关系。

（二）加强合作交流与政策保障，明确投资领域与意向

1. 以交通基础设施的建设为基础

综合中蒙两国现阶段的发展特点与战略规划，中蒙两个发展战略的对接可以以交通基础设施的建设为基础，以互补性经济的合作为重点。“草原之路”建设的重点就是跨境铁路、跨境高速公路的修建。蒙古国认为，当前其较为落后的交通基础设施是制约其发展的重要因素。希望通过修建跨境铁路实现与周边国家尤其是中俄两国更深层次的合作。蒙古国跨境铁路的修建可以与中俄之间的跨境铁路实现对接，按照中国铁路的国际技术标准进行建设。由于其工业的欠发达性，科技的落后，蒙古国跨境铁路的修建，既可以与中国加强技术层面的交流合作，又可以借参与“一带一路”发展的契机，通过国家间的合作，尽快完成其跨境铁路、跨境高速公路等的修建。中国较为雄厚的资金、技术优势将给蒙古国交通基础设施的改善带来极大的便利。应该充分发挥各自优势，寻找中蒙经济合作中新的经济增长点，应该在互联互通的基础上实现中蒙两国的互惠互利，充实中蒙俄经济走廊建设的内容。

2. 职能主管部门对接，搭建长效对话平台

中蒙双方应在原有会晤机制的基础上，建立更加规范、更加正式的会议机制和磋商机制。

蒙古国主管外国投资的政府部门是外国投资局，而中国负责对外投资的部门主要是国家发改委、商务部以及外汇局，因此在明确职能主管部门的前提下，加强管理部门之间的联系，尽快达成长期稳定的投资贸易对话通道，搭建类似于上海合作组织的稳定的会晤磋商平台，组建中蒙联合办公的投资协调委员会，由中蒙两国主管部门派出外派机构，及时有效地解决在中蒙投资贸易中产生的一系列问题，加强国家之间的政治交流。

积极开展各类论坛会议来推进两国社会的彼此认同，建立各种层面和各种行业领域的政府沟通平台，例如中蒙俄旅游论坛、中蒙合作论坛、中蒙影视合作论坛等，逐步加强相互融合、相互信任的协作通道，从而在国家利益、社会民间以及产业相关性方面达成发展共识。

3. 建立法律和政策的保障，保护企业利益

中国企业对外投资多为基础设施建设和能源领域的投资，与其合作的往往是政府或国有企业，且合同期限较长。东道国政府既是既得利益的一方，又是规则制定的一方，这对中国企业来说十分不利。商务部和相关立法部门应从保护企业的角度出发，完善境外投资法律体系，为企业提供法律保障。

政府应该建立完备的对外政策，对所涉及的企业投资的具体规格制定明确的鉴定标准，尤其在对蒙矿业方面，要有详细、完善的投资政策，使企业在蒙古国矿业投资时能有明确的指导方向。与此同时，政府为了实现企业的经济效益应该鼓励国内企业的投资“走出去”。

中国的法律应当为在境外投资时合法利益受到侵害的人提供保护，同时为了避免出现更多的国际经济纠纷事件，应对投资企业的行为进行规范和监督，防止本国企业形象受到影响。中国对外投资法律的制定要契合两国的经济情况和蒙古国的投资法律条文，保护两国经济主体的利益，阻止因国家的不好行为妨碍两国的经济合作。除建立支持中国对外投资的法律体系外，还应该积极与蒙古国进行法律体系方

面的对接，从国家层面对中蒙两国的法律进行协调，在保证各方利益和国家安全的基础上，达成一定的共识，从而打通投资贸易之间的法律政策壁垒，推动中蒙投资贸易的快速发展。

4. 经济特区、自贸区的衔接

中蒙加强区域经济合作符合两国经济发展的现实需求，也是两国扩展对外贸易的重要路径。国际政治经济的激变与国际产业体系的转变，给发展中国家带来了新的挑战。在这种形势下，中蒙两国应该充分利用地缘优势、人文优势和经济互补优势，早日启动共建中蒙自贸区协定，积极探讨开展边界互贸活动。两国共同协商，借鉴国际惯例，以两国边境城市为依托，在内蒙古自治区境内选择适当的地点建立与扎门乌德自由经济区对应的狭义上的中蒙自贸区，从而形成互动机制，减免有些产品的关税，降低贸易壁垒，扩大国内市场，吸引更多企业在此自贸区入驻，并培育商贸、旅游和仓储等相关产业集群，创造更多就业机会，使中蒙自贸区成为两国加强区域经济合作的最重要桥梁和纽带。

5. 加强智库合作

近年来，中国智库在政府决策过程中逐渐发挥着越来越大的影响力。为推进“一带一路”中的中蒙俄经济走廊建设，根据中蒙俄三国副外长北京会议关于建立三方学术和智库交流机制的要求，在中国外交部的倡议下，中国内蒙古自治区发展研究中心联合中国国务院发展研究中心国际合作局、俄罗斯科学院远东所、蒙古国科学院、蒙古国国立大学，以及北京、内蒙古、黑龙江、吉林、辽宁等智库，于 2015 年共同发起创立“中蒙俄智库国际论坛”。论坛每年在相关国家举办，旨在汇聚三国智库力量，推动三国发展战略，为共商共建中蒙俄经济走廊搭建高端交流合作平台。论坛期间，由中国国务院发展研究中心国际合作局、内蒙古自治区发展研究中心、蒙古国科学院、俄罗斯科学院远东研究所等 14 家智库共商成立中蒙俄智库合作联盟，签署了《中蒙俄智库合作联盟章程》，制定了《中蒙俄智库合作联盟行动方案》，选举产生了智库合作联盟理事会。

构建三国智库网络平台，转变和创新智库交流合作方式。利用大数据资源和“互联网 +”，实现三国智力“联姻”，芯片串联，以三国智库网络为平台，建立智库研究成果交流、资源共享、成果发布、成果转化机制，联合召开小型学术研讨会和智库对话等；创新合作方式，建立常态化智库对话、人员交流与合作研究机制；建立智库专家互访机制，重点支持三国智库学者访问、研究和培训。通过三国智库开展全方位的合作与交流，充分调查、反映三国经济合作方面的困难、问题、关切与疑虑，就经济发展战略和对策进行充分交流对接，增强信息交流，促进政策沟通，共同制定推进区域合作的规划和措施，协商解决合作中的问题，促进“中蒙俄经济走廊”建设的思路创新、决策咨询、磋商沟通与方案设计，进而实现国家间政治互信、政策协调。

（三）中国企业赴蒙投资建议

根据蒙古国投资合作环境的特殊性，中国企业投资者在蒙古国投资合作应该注意以下问题。

1. 严格遵守当地法律法规和风俗习惯

聘请具备资质的单位提供相关中介服务，做到依法经营。紧密跟踪蒙政治、经济及社会形势走势，认真研究当地市场特点和投资环境，做好风险防范。

2. 注意人身、财物及交通安全

尽量避免夜晚单独外出，降低人身伤害和财产损失的发生风险。不要向不明身份之人显露财富或告知其企业经营情况，不要在办公地点和住处存放大量现金和贵重财物，提高防范意识。

3. 充分考虑法律环境的复杂性和不稳定性，注册公司要慎重

蒙古国法律修订频繁，中国企业到蒙古国投资，首先应该注意法律环境问题，就蒙古国的整体投资环境和相关行业法律法规进行深入调研和评估，切忌盲目从众。同时，密切关注当地法律变动的情况，及时调整决策和部署。在当地聘请律师作为公司法律顾问，处理所有与法律相关的事宜。

在蒙古国注册公司手续相对简单，但退出机制烦琐。在蒙古国注册公司前，一定要做好项目可行性研究，慎重决策后再启动公司的注册手续；在注册公司时，应带蒙语翻译亲自到国家登记局办理，对申报材料做到心中有数，事后核实，不要找熟人或中介公司办理，以免引发争议或纠纷。

4. 做好企业经营成本核算

从表面上看，蒙古国商品消费价格较高，有限的几个税种税率均不高，投资项目大部分利润丰厚、前景看好。但由于蒙古国政府部门办事花费时间较长，办事成本较高等因素，企业实际的经营成本很高，成立企业前如不进行认真的成本核算会使企业在经营中陷入进退两难的境地。

二、投资俄罗斯的风险防范及建议

（一）加强政策沟通，增强政治互信

1. 推动中俄关系取得更大发展

中俄关系走向，直接影响着中俄经贸合作的发展壮大。近年来，中俄全面战略协作伙伴关系取得长足发展，不仅在双边层面收获丰硕合作成果，也为维护全球战略稳定注入巨大正能量。

应继续深化中俄良好关系，为中俄进一步合作奠定坚实基础。一是应加强高层互访、互信，为中俄贸易做好上层建筑设计。二是提升战略协作水平。应通过落实双方领导人会晤时达成的协议，将战略协作关系进一步细化，特别是要细化有关双方经贸合作的相关议定事项，打造更加便于双方经贸往来的环境。三是以高科技合作为切入点，扩大经贸合作规模。

2. 加强“一带一路”倡议与欧亚经济联盟对接合作

“一带一路”倡议与欧亚经济联盟对接合作的基本架构是推动区域经济合作的重大战略举措，它也是一种新型合作模式。欧亚经济联盟的成员国包括亚美尼亚、白俄罗斯、哈萨克斯坦、吉尔吉斯斯坦和俄罗斯。“一带一路”倡议意在打造纵贯中亚、东亚、南亚、欧洲国家之间的运输、能源和贸易走廊，强化科技合作，深化各国间的经济往来。

“一带一路”倡议与欧亚经济联盟对接是中俄发展伙伴关系的新支柱。学界认为，中方“一带一路”倡议与欧亚经济联盟要实现真正对接，尚存若干障碍。第一，

在诠释“一带一路”概念时，人们倾向于认为这是以基础设施建设为主的项目，但并不能以偏概全，视之为倡议的全部内容。第二，大障碍体现在国家间层面上，两国偏重于讨论国有企业参与的大型甚至是巨无霸项目，其实，两国实业界同样能够找到对接点并展开卓有成效的合作。第三，高科技领域的合作目前并不受追捧，但对中俄双方而言，这一对接方向最具前景，目前欧亚经济联盟正与第三方国家酝酿一系列自由贸易协定，为此提供了契机。第四，落实中俄联合项目最具前景的平台是深化边境地区合作。中俄在当地的边境合作不仅有利于欧亚经济联盟成员国和中国，还将令亚太地区的其他国家从对接中受益。第五，扩大投资和产能合作。加强能源资源勘探开发、深加工技术、装备与工程服务合作；推动新兴产业合作，加强在信息技术、生物、新能源、新材料等领域的合作。探索投资合作新模式，鼓励合作建设境外经贸合作区、跨境经济合作区等各类产业园区，促进产业集群发展。

（二）利用两国政府间和地方间合作机制，建造良好的营商环境

当前中俄关系处于历史最好时期，全面战略协作伙伴关系不断升级，为了有效规避对俄投资风险，中国政府还应从国家层面积极推动与俄罗斯的双边合作及多边合作，通过更加适宜的投资政策，加快自由贸易区的建设，建立全面深化的能源合作伙伴关系，签订互惠的投资贸易协定，从而为企业投资争取最大限度的优惠，也给企业提供制度保障。同时也要保障各方利益，建立公平公正公开的投资纠纷调解平台，并提供必要的国家援助。加强中俄两国省州级政府的互动，同时，充分利用智库、商会、行业协会、NGO 等“二轨外交”途径，提早参与项目前期设计过程，共同推动项目合作。

1. 加强合作，改善域内投资环境

挖掘与打造域内优质项目是提升资金互融互通及对域外资金吸引力的关键，为此应加强合作，大力改善域内投资环境。合作的重点包括三个方面：加强三国多边、双边沟通与协商，构建致力于改善区域投资环境的合作与对话机制；在资金与基础设施项目之间搭建起信息互通、风险共担、利益共享的平台，在条件允

许的领域率先形成制度化合作机制；在域内投资风险的识别、防范与应对方面加强合作。政府换届、汇率大升大降、他国干预、民众抗议、宗教运动等，都会造成合作项目的停滞甚至终止，风险的暴露使企业、金融机构和国家利益遭受严重损失。对此，沿线国家应就风险考察指标设计、风险因素跟踪、重大风险防范与应对等展开积极合作。

2. 加强政府对外投资的相关保护和约束力

从投资国的角度看，中国无论从立法还是司法方面，都要加强对海外投资者的约束，从而规范其影响海外投资环境的行为。因此，中国需要一部具有可操作性的专门针对海外投资的法规或法律。在司法方面，要积极通过司法渠道间接保护海外投资环境，使投资者对恣意损害有所顾忌。此外，还应通过银行、保险机构和证券交易所对海外投资者进行更直接的监督。

3. 推进基础设施建设加强道路联通

基础设施是经济走廊的基础，是三国政府进行投资合作的前提。基础设施的建设会使三国在中蒙俄经济走廊建设背景下的经济合作更紧密。基础设施落后是影响投资的重要因素。俄罗斯远东地区拥有丰富的矿产资源，可通过铁路与高速公路运输到中国，但俄罗斯远东地区的交通网不能满足运输的需求，阻碍了中国对俄油气的投资开发。因此，三国首先要加强道路交通为主的基础设施联通建设，联结中蒙俄的国际运输通道；其次加强油气传输管道的联通建设，进而推进供水、供电、通信及绿化环保等基础设施为主的保障工程建设，从而为中蒙俄三国开展投资合作奠定良好的硬件基础。中蒙俄毗邻地区作为中蒙俄经济走廊的桥梁与中枢，应利用自身优越的区位优势，积极发挥经济走廊桥梁的重要作用，加强边境城市基础设施建设，完善通关口岸配套服务设施，提高边境贸易的效率，推动边境贸易的发展。

4. 推动技术和行业标准对接

2015 年 10 月，推进“一带一路”建设工作领导小组办公室发布《标准联通“一带一路”行动计划（2015—2017）》。国家市场监督管理总局、国家标准委员会认真贯彻实施该行动计划，全面深化中国与沿线国家（地区）在标准化方面的双多边务实合作与互联互通，有效支撑中国产业、产品、技术、工程、服务等“走出去”，促进投资贸易便利化。

通过三国技术和业务部门的协商，消除在海关体制、行业标准、法律体系等方面存在的障碍，建立更高效、便利的海关通关和贸易机制。

5. 培养与整合人才队伍，加强人才流通

中蒙俄经济走廊作为跨区域的经贸合作战略，涉及合作伙伴多元，投资领域广泛，投资深度复杂，是系统性的复杂工程。在开展投资合作时需要中蒙俄各方的人才队伍出谋划策以规避不确定风险的发生，因此经济走廊的建设需要大批同时精通中文、俄语与蒙古语，具有较强专业知识与管理水平的国际化复合型人才。三国应把国际化人才培养提升到战略高度，设立人才开发培养和交流的专项基金，加大教育投入与人才培养力度，创新人才培养模式。国家间应经常举办各类合作论坛，加强中蒙俄人才交流；中国应积极邀请俄蒙青年学生来华留学，提供贸易管理、技术与司法人才培训，建立“科学人才流通”“大学交流联通”的人才储备与共享机制。

6. 以项目对接为切入点，打造多领域示范性项目

加快推进投融资条件较好的项目建设，将其打造成早期收获项目，发挥示范引领作用，增强域内外投资者对中蒙俄经济走廊基础设施项目的信心。

以现有的跨境合作区为依托，将其设计为战略政策对接的试验区，尝试以项目推动政策创新和政策衔接的有效机制。

结合三国目前的发展状况，中蒙俄经济走廊实施项目推动的路径为：①以基础设施项目合作为桥梁，尽快实现国家大型企业合作的机制，搭建中蒙俄区域协作的框架；②以产业项目协作为重点，满足各国发展利益的诉求，建设区域协作的利益共同体；③以生态建设项目为保障，明确生态环境发展的红线，保障区域可持续发展和各国价值体系的统一；④以社会自由合作项目为目标，破除国家民族之间的壁垒，建立中蒙俄全面开放与民间合作发展的新模式。

7. 积极构建中俄自由贸易区

区域经济一体化已经成为现代经济发展的必然趋势，而中俄两国实际上早已具备了合适的政治经济条件，明显的地缘优势及资源的互补性为更亲密的贸易往来夯

实基础。中俄自由贸易区的建立将为两国的经济贸易合作提供更广阔的平台和前景，更深层挖掘双边贸易互补性优势，以增强两国的互联互通并实现双赢互利。

建立中俄自由贸易区，可先着眼于航空航天和能源等重点领域，再逐步发展和延伸到其他行业，同时建立和完善处理贸易纠纷的专门协商沟通机制。中俄贸易投资一体化将为贸易服务、交通运输等基础设施建设提供完善的资金链条，从而保证自贸区施工项目的正常运行。两国可以借鉴世界以往主流自贸区成功经验，充分发挥自身的贸易互补性，在推行过程中不断地探索和完善。

8. 进一步完善投融资机制

基于中蒙俄经济走廊沿线国家基础设施建设资金缺口较大的现状，单一的投融资模式难以满足项目建设的需求，因此应在传统与创新融资模式有机结合的基础上，不断探索新的投融资模式，在充分发挥政策性金融支持的基础上，打通多条融资渠道，加快人民币国际化。

第一，充分发挥现有政策性金融机构的作用。政府应鼓励支持国家开发银行和中国进出口银行重点开展对中蒙俄跨境基础设施的融资业务；第二，加强多边金融合作，特别是充分利用亚洲基础设施投资银行、丝路基金、金砖国家开发银行等融资平台，为中蒙俄经济走廊的海外投资提供强有力的资金支持，优先解决跨境基础设施建设领域的融资缺口；第三，借鉴"一带一路"成功经验创新中蒙俄跨境基础设施融资模式，积极运用 BOT（建造—经营—移交）、ABS（基于资产的证券化）等投融资模式。另外，加快国内金融体制改革，推进人民币国际化，以人民币进行对外基础设施投资可以避免汇率风险所造成的损失，降低投资和运营管理成本。

（三）企业赴俄投资建议

根据俄罗斯投资合作环境的特殊性，中国企业投资者在俄罗斯投资合作应该注意以下问题。

1. 密切关注俄罗斯与西方国家关系走向

欧美国家对俄罗斯的经济制裁是导致俄罗斯经济陷入困境的重要原因之一。短期内，美欧制裁的扩大和延续使俄罗斯外部环境持续恶化，地缘政治风险难以改善。因此，俄罗斯与西方国家关系的走向不仅将对中俄关系产生影响，相关政策的变动也与当地中资企业和投资者的权益息息相关。中资企业赴俄投资需关注西方制裁对俄罗斯经济的影响，降低与俄罗斯被制裁公司合作的风险，同时与俄罗斯有常规合作的公司企业需要尽快加强对每一个潜在项目的评审以及设置有效的内部合规风控措施。

2. 加强对俄罗斯政策法规的研究，做出合理的投资方案

企业在进行国家投资的过程中，要充分认识到投资国的各项法律、政策以及管理体制存在的风险，做好自身的投资计划，提出针对性的方案，避免不必要的损失和麻烦。例如，俄罗斯的办公效率较低，我们在制订计划的时候要按照当地的情况制定工作时间表，并做好财务准备，以免由于时间问题产生额外的负担。

在 2012 年加入世贸组织后，俄罗斯为了适应国际市场规则，不断地对其贸易政策和相关法律法规进行调整，这对与俄罗斯进行经贸往来的企业造成一定的风险。俄罗斯对外资进入关系国家安全的行业领域有明确的法律规定，对外商的投资比例严格设限，在市场准入、国民待遇、土地使用、劳工配额、保险及就医、签证、税收体系、外资银行经营模式等方面对外资还存在诸多限制。俄罗斯注册企业要提供的文件较多，并有一定的文件格式和程序。俄罗斯各边疆区、州、自治区、特区对外资企业的税务优惠政策不同。建议投资方充分了解相关法规内容，并向当地专业律师咨询项目投资可行性，项目领域、规模、期限等方面的限制，以及税收、优惠等政策；聘用当地律师协助准备文件，正确履行相关程序，获得必要的书面材料及保证。俄方严格按合同办事，如对合同条款不够了解，可能会面临不合理的投资争端解决机制、小股东的权益保护等问题。中俄两国签有相互保护投资协定等协议，建议投资者充分了解其内容，以维护自身利益并保护合法权益。

3. 重点选择互补性产业进行投资

近年来俄罗斯相继出台政策支持远东地区发展，致力于改善远东地区投资环境，并积极吸引外资，这为与远东地区的合作创造了良好的机会。中俄两国地理相邻，

经济结构具有较大互补性，发展战略也高度契合。中俄双方可以能源、跨境基础设施等领域的战略性项目为依托，通过推进两国中小企业合作，扩大和深化地方间经贸合作，加强多边和区域经济沟通，全面推进经贸关系的转型升级。

4. 密切关注俄罗斯汇率变动情况，做好应对汇率风险的相应措施

随着全球经济换挡风险带来主要资产波动率上升，包括俄罗斯、土耳其在内的多个新兴市场国家的货币都有较大跌势。投资者需要做好汇率风险的管理。密切关注俄罗斯卢布汇率波动情况，实时跟踪收汇，及时调整付款方式。对于新客户要着重核实买方汇兑路径是否通畅并做好应对汇率风险的相应措施。就货物出运安排加强与重点买方的协调、沟通，注意遵照销售合同谨慎把控货权和出货节奏，合理安排出运。在与新、老买方的合作过程中均应落实好销售合同正本和全套贸易单据，合法保障债权的确立。对有可能产生的拒收和拖欠风险，制定应对措施，做好风险防范工作。中小买方抗汇率波动能力偏弱，尤其需要重视。

5. 选择可靠的、实力雄厚的合作伙伴，聘请有经验、有实力的顾问，帮助协调解决与各级政府部门和企业之间的相关事宜

俄罗斯幅员辽阔，东西跨 11 个时区，南北气候差异较大。俄罗斯各地工资和税负水平因地区及行业而异，并且有相关法律以配额方式限制外籍劳务，且配额逐年递减。俄罗斯基础性建材价格居高不下，且产能不足，造成原材料供应出现问题，如砖、瓦、水泥、钢筋等基础性建材市场价格比国内高出数倍，且不能保证交货期。投资方应充分考虑区域政策、产品生产条件、销售市场、交通运输、人文、气候和民族风俗等各种因素。拥有可靠的合作伙伴有助于融入当地社会，加强与所在地政府部门、执法机关的沟通，解决在当地面临的各种问题。

6. 注重本土化经营，承担社会责任

在引用人才方面，第一，聘用当地管理人才，以优化企业内部结构和组织治理；第二，雇用当地精通财务的专业人员，从而有效避免在纳税环节出现漏洞和疏忽；第三，注重引进俄罗斯当地的设计人才，从而确保产品符合当地消费者的审美和实际需求；第四，聘请俄罗斯法律人才充当企业的法律顾问，协助企业签订合同或处理各种纠纷。

企业在本土化经营中应当处理好与当地社会的关系。一方面，要重视处理与地方政府、立法机构以及业内同行的关系；另一方面，也要理顺与当地民众、政党、社会团体和行业协会的关系，这是实现企业本土化经营的重要保障。同时，在交往过程中要充分尊重俄罗斯的文化习俗与礼节。另外，企业注重承担社会责任，遵守商业道德，积极参与当地的社会公益活动，进行慈善捐助等都能提升自身在当地民众中的形象，为企业的本土化经营创造良好的舆论环境。

后　记

为深入贯彻国家提出的“一带一路”倡议，加快推进中蒙俄经济走廊建设取得实质性进展，聚智协力对中蒙俄经济走廊投资过程中可能遇到的投资风险进行评估，为降低对外投资中的各项风险提供理论参考，受内蒙古自治区发展和改革委员会委托，内蒙古自治区中俄蒙合作研究院联合新华社中国经济信息社“新华智库”、内蒙古自治区社会科学院、内蒙古财经大学开展了“中蒙俄经济走廊国别经贸投资风险评估及对策”研究课题。杨臣华主任担任总负责人，内蒙古自治区中俄蒙合作研究院院长刘兴波任执行负责人，内蒙古自治区中俄蒙合作研究院乌日丽格博士、张遥、王秋香，内蒙古财经大学张晓娜，新华社内蒙古分社张素桂担任协调和联系人，组织内蒙古自治区内外青年学者进行研究。

此书为课题的最终成果。各部分分工如下：《在建设中蒙俄经济走廊范畴内的投资风险防范》和《中蒙俄经济走廊沿线国家社会经济基本情况》由新华社“新华智库”负责撰写，《中蒙俄经济走廊投资的政策环境风险研究》《中蒙俄贸易风险评估及对策研究》由张晓娜负责，《中蒙俄经济走廊沿线国家基础设施现状与投资风险》由王慧负责，《“一带一路”倡议下中国同俄罗斯金融合作现状及风险》由李洋负责，《中蒙俄经济走廊沿线国家产业发展现状及合作前景》由牟艳军负责，《中蒙俄经济走廊沿线国家投资的生态环境风险研究》由王静负责。统稿由乌日丽格、毛艳丽负责。

中国社会科学院俄罗斯东欧中亚研究所所长孙壮志教授、内蒙古社会科学院副院长包思勤研究员、内蒙古社会科学院于光军研究员、内蒙古大学蒙古国研究中心娜琳教授、内蒙古师范大学国际交流合作处原处长周全胜、内蒙古财经大学金融学院杨瑞成教授、内蒙古财经大学许海清教授、内蒙古大学经济管理学院赵海东教授、内蒙古自治区政府研究室工交财贸处洪冬梅处长等专家学者为课题提出了宝贵的建设性建议。此外，在课题研究过程中，我们得到相关政府部门、高校的大力支持。在此，我们向以上所有人员和单位表示诚挚的谢意。

课题组

2020年4月